U0903633

中国当代民间史料集刊 3

华东师范大学中国当代史研究中心 编

物资局整风鸣放材料

本集刊出版获得东方历史学会资助

中国出版集团 東方出版中心

出版说明

《中国当代民间史料集刊》是一套记录1949年以来中国历史的资料丛书，由本中心组织编辑。这套丛书收录的是流散于社会的各种民间文献，包括日记、笔记、记录、信函、小报、表格、账册、课本等等。与已经出版的许多中国当代史资料不同，这套丛书以反映社会底层的政治、经济、文化状况和日常生活、人际交往、家庭关系、个人境遇等为内容，为读者提供记录底层历史变迁的原始资料。

相对于中国古代和近代各种民间史料，中国当代民间史料数量更大，种类更多，抢救、发掘的难度理当比前者要小得多。但实际的情况却颇不乐观。由于在相当一段时间里政治运动频发，特别是经历过“文化大革命”以后，许多私人记录性史料大量抄没、毁坏或遗失。而各种运动过后，尤其是改革开放初期“拨乱反正”，也曾将大量个人材料交还个人处理，或由组织代为销毁。再加上单位变动频繁，过去曾经保存在单位里的各种油印资料或个人记录材料，也不断地被处理或销毁。所有这些都使得原本应该浩如烟海，取之不尽的当代民间史料，如今竟成急需抢救的“国宝”。

近十几年来，意识到并重视当代史料搜集和抢救工作的民间人士和专业研究者，已不在少数。但十分遗憾的是，这方面的工作迄今为止仍处于一种分散游击、割据自守的状况。由于收藏者多将自己搜集到的史料藏诸深山、秘不示人，从而使得原本就显得十分稀少的民间史料愈显其缺。

历史研究，关键在史料。当代史料通常有几类，一是官方档案文献；二是口述或回忆；三是影像或录音；四就是民间记录的各种文字材料了。在所有这些史料当中，官方档案的形成、留存和开放，都难免会受到时政的极大影响，因而具有很大的片面性；口述回忆史料因时过境迁，加之当事人的主观意向和记忆误差，也极易造成对历史的误读。至于影像录音之类的史料价值，自然局限更为明显。因此，当代史料当中最大量的，也是最能够真切反映社会当时各种情况的，恰恰是这些民间史料。如今，当代中国历史的研究正方兴未艾，已有越来越多的学者和学生开始关心和研究当代历史的问题了，但因为民间史料查找不易，除极少数近水楼台者外，真正能够利用民间史料来做研究的学者和学生，还寥寥无几。

本中心成立不久，但深信应该在这方面有所建树。因而不惜大家动手，不取分文，费时费力并以极为有限的财力资源，编辑出版这样一套丛书，以利推动民间史料的整理与出版，进而逐渐打破现在史料收藏过于分散、难以利用的情况。

必须说明的是，本中心在民间史料搜集上着手较晚，故我们所推出的史料无论从面上，还是从点上，都不成系统。同时，由于整个当代史料的整理和出版工作在全国范围也都还只是处于起步阶段，无论编辑还是出版工作都还有一个摸索适应和逐渐规范的过程，因此，在许多方面都难免存在着缺失甚或不当之处。凡此种种，还有望各方读者包括原文作者及时提醒和指正。

本丛书的编辑，遵循反映历史原貌的原则，各种文献一律按照原文体例、格式、文字录入编辑。文献中的错别字以[ ]符号订正，漏字以( )符号填补，衍字以〈 〉符号注明，辨认不清的字以■符号标明，明显语句不通处用括号说明，当加标点而未标点处仍依原文。出于维护原始资料所有者名誉的考虑，书名隐去了单位或个人所在地名称，请读者谅解。

这套丛书由韩钢、杨奎松主编。《省物资局整风鸣放材料》原由该局整风办公室汇编，这次由谢敬初校，肖安淼二校并整理。

华东师范大学中国当代史研究中心

2010年7月

目　录

一、省物资局大字报汇集

（一）右派分子高华的言论

1. 高华的反动文章

无　题

不要看他样子古老，
也不要以为他是戏台老生，
他还是真真实实“新时代”的人。
他，
生就一张大口，
还有一只“伟大庄严”的手。
大手指事，大口责人，
指指责责，这个本领他世无比伦。

不过，话说回来，
我看还是向他大喝一声：
放下你那官僚臭架子！
口开小些，眼睁大些，可以多看点儿东西，
两只手一齐干事，才是劳动者的本能；
还是脱掉那高人一等的官靴，
不然，老实说，很难真正做到深入下层。

（6 月 10 日）

（附图从略——编者注）

洋　相

（半分钟演完的相声。表演时，要“洋”一些，故曰“洋相”）

——随便什么舞台。幕启——

甲：我建议你对别人提的意见虚心一些，多考虑考虑。

乙：（急）那[哪]里话，那[哪]里话！我一贯就虚心对待任何人的意见的。

我……,人家的意见,嗯……哪一点不是……嗯……虑之再三,想到深更半夜的?

甲:那么,你对我现在提的这一点意见有没有考虑过呢?

乙:……(揩汗)

——幕急下。犹闻乙"嗯……嗯……"之声。——

献给那些没有时间考虑问题和急于解释的人。

(6月10日)

试帮局长反对主观主义

局长的主观主义是相当严重,相当系统的。

主观主义的实质是轻视以致忽视客观实际。局长的领导方法论恰正是这样。在研究本局一季度物资检查总结时,局长认为领导干部可以靠听汇报然后出点子就行了。有人认为赵洪新同志下厂检查时不够深入,局长却认为这样提太偏激了,并且说:不一定就要那么具体。因此把加[嘉]兴组领导搞好上层关系的优点和不够深入的缺点一并认为是一个完整的好的"领导方法"。可以说,局长自己也就是这样做的。

物资供应的情况是极其复杂的,矛盾很多。但是局长除了听汇报得到一些印象以外,没有对什么问题进行过亲自深入的研究。局长经常自己也说,上级领导问一个到两个"为什么"时,就没有下文了。可是局长对这个情况却又很泰然,没有严肃地采取过什么措施。在局长看来,领导就不是那么具体的。可是我要问,领导不能对每个问题都那么具体,当然是对的。但是领导对每个问题都可以这样不具体么?领导上不应该经常深入具体地研究一两个问题么?没有具体的研究,领导干部不成了空架子了么?没有具体,原则岂不成了空话?长此下去不就要落到形势后面去了么?我建议局长深深地考虑这样一个事实:农民对合作化深为感激,说:"毛主席好象[像]知道我们村的情况一样。"请看,这才是多么动人心的领导方法!

局长不重视具体分析达到了这样的程度:例如在今年年初,全国正在大张旗鼓的[地]提倡增产节约。储运科王祥同志和上办解学仁主任都反对买汽车,认为还没有迫切需要,可是局长还没有算什么账,就认为一定要买。结果也就以局长的想象代替了算账和储运部门同志的意见——第一次预算造上了。虽然,当时保留一天到两天时间做一些算账工作是完全可能的。

主观主义是形而上学的，脱离辩证法的，对动机与效果、思想与实践的看法是割裂的。而局长的动机与效果脱节也正是给我印象极深的一点。局长说了不少和做了不少使效果实[适]得其反的话和事。党整风，要群众毫无顾虑地提意见。但是，在我有顾虑时，你指着我鼻子说："你就是还有顾虑。"这会使我顾虑少些么？不，顾虑更多。局长不择方式的批评，固然治了一些毛病，可是，可以说生出来的病恐怕更大更危险，不敢和你局长亲近了。请问还能听到我的真心话么？"怕局长"，这是客观存在的真事。

主观主义也必然产生片面性。赵连璧同志写了篇有缺点的好文章，叫大家节约，可是说人家结婚是"哭笑不得"，而且说的是我（她当我面和王科长谈的），我却不以为然，于是就当面向她提出反批评。可是局长却认为文章是好的就批不得，鸣不得，以致说我是"反进步"。我不禁要请问局长：这样说来，共产党是好的，向共产党提反面意见岂不要成了"反革命"了么？好的就是好的，坏的就是坏的，不承认有两面性，这是什么呢？主观主义的公式！而这一点，局长却多少用来看人的。局长说过："领导干部就是比一般干部强。"这种话真惊人。毛主席怎么说的呀？毛主席说："（先）当群众的学生，再当群众的老师。"中国有句老话："三人行，必有我师焉。"这是值得深思的。我想举例，我认为局长看人够不上起码的客观。真理的标准是客观实践，恐怕局长还欠真正深刻地承认这一点。局长可能是把自己革命多年来自己提高了的思想作为客观标准了。可是危险的是这样容易认为和自己亲近的、一致的就好，相反就坏。这后面还会有什么呢？宗派主义。

主观的人，和我一样，是不善于或者说不懂得谦虑[虚]的。我看局长也有那么一点和我一样的资产阶级思想尾巴。局长批评人时，是以严声厉色来反对人家解释的。局长只能"自我批评"，不能别人批评。比方，局长可以自己说："我两点论做得还不够。"但我说局长不够时，就不行了。局长说："怎能做得那样完正[整]呢？"于是，我后面的具体意见就吓跑了。局长有些怕反面意见，喜欢人提那种象[像]似全面鉴定那样的意见，否则就是"不全面"。根据自己的生活经验感觉到，一个人在什么地方自满时，什么地方就有问题。斯大林把自己的意见看得对，而且太肯定，结果也犯了错误。因此，我说局长自认公正就不公正，自认好就不好。可是我这个意见，也许由于说的时候过于激烈，局长根本没有很好考虑，相反，替我夸大得变了质。说我这样说的：说好话的没有好人。局长有时不虚心得令人气忿[愤],有时说话不认话;有时出尔反尔,前后说话自相矛盾。我请局长不妨自己考虑一下。

我说完了。如果说我还有什么顾虑的话,那就是微微担心自已[己]说了一篇[通]废话。

(6月13日)

这不是"咬文嚼字"

咱局对一般干部有个奇怪的叫法:"具体干部。"顾名思义是"干具体工作的"。当然,下一步推论就是:不是"具体干部"也就不是干具体工作的。

为什么说这称法是奇怪呢?答曰:未见人事、组织部门及其他机关有"具体干部"之称,此其一;其二,主要的,世间未尝有不通过具体工作、具体劳动而能创造世界的。

有些人很喜欢说"具体干部"以及"做具体工作的"等等。我想,说话有因,这种不当的说法后面或许是有一些"指导思想"的。不然,为什么正好是喜欢这样说的某些同志不喜欢具体地、踏实地干一些工作呢?

与"具体工作"对应的,该是"原则工作"了。可是"原则"二字是个抽象的,"原则工作"不就成了"没有工作"或是"不干工作"了么?

最后,特附图画一张,敬希不喜欢做"具体工作"而迄今似尚无转变的"原则干部"多看一眼。

(具名:一个一般干部)

(7月3日)

(附图从略——编者注)

这是"帮腔"吗?

我们正处在一个不平凡的时代,而今年上半年,更是一个不平常的春天。因为人民正在反右派斗争中得到不平常的提高。

但是,群众的革命觉悟是在斗争的风雨里培养而不是在温室里培养起来的。因此,我认为,起初暂时不给右派以回击,让群众充分认识他们的面目,这样做是正确的。而且尚可让他们再多抛出一些恶毒的东西来使他们凶狠的面目更加暴露无遗。至于中国人民,那是不能因为他们的毒素而毒害了,天下大乱了的。相反,反右派的斗争将使毒素刺激人民抗毒素的生成。

可是,据斯德元同志说,这样的看法(即所谓"批判太早啦"的看法)说得轻一些是替右派“帮腔”。我想，斯德元同志，这样恐怕并不太好。分析一句话，不妨从原则上和本质上多考虑一下，你说对吗？附一张图画（原载《人民日报》）仅供参考。（图画是谈敌我的区别问题，我想，也适用于其他应该区别的问题。）如不同意，欢迎你的“严肃”的“批判”。

《大智若愚》（附图从略——编者注）

（7月9日）

解剖开来看右派言论

一、要挖老根找本质

右派言论的根是见不得人的，因此它的特点也就是首先含混前提。比仿[方]说：“你们（指党）搞‘双轨制’啊……”等等。但是，为什么党就不应该设立一些自己的工作部门呢？党不这样做，党的工作加强了还是将会削弱呢？这就是“以党代政”吗？你想怎样呢？

当然，右派分子是不敢回答的。因为他们论证问题时，根本的前提是见不得人的。中国人民大学的程海果就是这样地被广大同学叫了一个“死将军”。

再如，“这样要有付[负]作用的呀……”等等。请问，批判了右派言论之后，你有什么意见不敢提了？你怕的是什么呀？

二、明辨是非——首先是站稳根本立场

有人说：“黑暗呀……黑暗呀……”等等。是的，什么人也不免有缺点，共产党也需要正[整]风。但是，同志们，我们要想一想，究竟什么是主要的？究竟什么才是我们的根本道路？作为从旧社会和非无产阶级家庭出来的人，是难免在有些地方和党的原则有些抵触的。但是，可要当心，屁股坐在那一边讲话。——这一点，可决不是教条！因为，即使小资产阶级，甚至民族资产阶级，他们的出路也只能是跟着共产党走啊！为什么还怀疑呢？难道解放前的日子你没过过吗？

三、谨防诡辩

右派论的底是见不得人的。因此，它不敢正面直言，而是诡辩的。比方说“埃及啊，千余年前的大唐帝国啊，没有共产党领导也没有卖国啊……”等等。这真是笑话！我们讲的是现在的中国没有共产党就完蛋了。这是千真万确的。不信，请回想百余年来的中国历史；再不，可请看看台湾的那个“自由中国”！解放还没有几年当然不会那么健忘吧！

右派言论在这里要的，就叫做诡辩，就是其中的一个手法——偷换概念，也就是把我们所说的内容，变换到千余年之前，然后偷偷转了一圈之后再变回来，得到结论是：“没有共产党，也不卖国。……”

我想，只要是有勇气，坚持真理的人，都会深思把自己和右派的界限严格分开的。

(7月9日)

2. 高华的书面“检讨”

对肃反以来思想言行的检查

我在肃反以前，个人主义、自由主义就是非常严重的，特别是清高自大，目空一切，欣赏自己的“正义感”，把“自尊心”放在最高的位置上，因此没有从思想上领会自己的问题——“思想反动”。不仅没有接受肃反教训，化消极因素为积极因素，相反，恶性地发展了自己的消极因素。

在肃反转入深入调查阶段，自己怀疑敏感，以为别人会把自己看成敌人，将来也会以为我只是为了混饭吃而工作的。钻牛角尖的结果，使自己精神上极为痛苦，并发展到厌世的地步(把“自尊心”看得比什么都重)，对党给我的严正的思想批判极其反感。当时有人劝我说：“在任何时候都要靠拢党，将来还应该争取入党。”但是这时我对党的抵触情绪已发展到顶点。在“靠拢党争取入党”这问题上，我连“党”这个字也不愿意提(在肃反开始时，我曾抱着不纯动机书面表示要争取入党。肃反中受到批判，我没有承认自己的错误，反而非常反感，绝口不提)。

在发展起厌世的念头时，对社会主义前途也情愿不再留恋。这样，我就成了社会主义社会里的“亡命之徒”和“无恒心者”。问题严重而危险的是生活准则不是社会主义利益第一，而是个人自尊心至上，因此是经不起考验的。在当时的思想情绪之下，积极投入反动、反革命分子组织的大民主闹事，即如章伯钧等所企图掀起的“匈牙利事件”乃是很自然也很必然的发展结果，而且自己完全掉进反革命泥坑也完全有这种可能的。

以后听了“十大关系”的传达，对于“动员一切积极因素为社会主义服务”的口号，感到鼓舞，感到精神上的安慰。但是这种接受鼓舞还存在着根本性的问题：我只看到党对我这样的人还是看得起，要争取和团结的一面，因而在一定程度上向党接近了一步，但是并没有触及和改变自己的错误立场。虽然这结束了自己对党不信任、犹豫、徘徊、终日思想情绪苦闷的状态，但却逐渐形成了另一种错误态度。实际上是只要不反革命，仍然我行我素，甚至使以前的有些错误（主要是清高自大）得到了发展。虽然有时不免怀疑自己这样终究要犯大错误，但坚持错误，迷信自己仍旧占了上风。

这一系列的错误表现在如下几个方面：

（1）对自己"终身事业"作了打算，反映着[在]政治上的衰退。自己觉得过去曾想无论如何也要做政治上的活动分子，现在自己犯了错误，泄气了，没有信心，觉得过去标准订高了，结果弄得不好，错误也犯得大；现在则单纯搞技术，觉得标准订低些，弄不好，犯起错误来性质也不严重。

由于自己对自然科学的确也还有着较深厚的兴趣，觉得只要尽量克制名誉地位思想，不要生野心妄想，就很好了。没有从根本上认识自己政治上的衰退是"远离政治"、"少与人接触"的根本思想反映，相反认为这对自己的思想最适合，客观上是对社会主义唯一最好的道路。在与领导谈话时，也公然表示了坚持错误的态度，说我就是这样好，但要求领导不要批判。

（2）对党、对领导的态度：肃反以后仅只承认党对工作的领导，实际上旧知识分子的狂妄自大，不承认党的思想领导，对党的思想领导愈来愈淡薄。因此自由主义以狂妄的态度表现出来，主要是对党的领导任意褒贬。如对张协祥说："省计委领导年轻不稳重，肃反时把陆谷仑[昌]捕错了。朱大同的问题解决不了，只好'拥之出门'。肃反后提拔干部又弄了那么一下子，在全省成了典型。我们李局长到底年纪大些，多干了几年就稳重得多。"在另一些时候则又对杨宛华说："我登[蹲]了几个单位，没见物资供应局这样与领导没有感情。"认为物资局领导上缺点很多，说："全国的党是光荣、正确、伟大的，物资局不能这样提。"

在对省计委领导的"褒贬"上，口气是很狂妄的。问题在于我渐渐使自己站在与党不同的立场上，傲然对党进行"想到那[哪]里说到那[哪]里"的指责。例如我曾表示："怕局长干啥？我怎么想就怎么讲。去年吵过，我也不怕。"

严重的就在于本来对党的领导思想就是不够的，加上自己还认为这是敢于表示和坚持自己的看法。因而，用党的思想为言行标准这一点在我思想上就愈来愈削弱了。

在对一般领导干部的看法上是不尊重的，不是工作必须就尽量不发生联系。对他们的缺点看得严重，暗自认为“也不过如此”。对赵洪新在团小组会上说他不深入，业务能力还是科里其他干部强。

(3) 对群众：逃避思想斗争，自己不耐心，自以为是，清高自大，反觉得与人打交道不如与机器打交道那么单纯。对别人的批评最反感，不合自己的意总要加以反击，在原则上反击不了时，在态度上、措词上也要吹毛求疵，以求不要对我批评(例如对赵连璧)。甚至自己的父兄写信批评我的政治上消极不开展，也用半年多不回信来表示对抗。

由于这些原因，我公开表示：“我最感困难的是人与人相处，我与人之间的关系最搞不好。”

也正由于这些原因，却与思想有相同问题、对我不批评的人关系搞得好。这就形成了感情团结的一伙。主要是有杨宛华、杨淑君、毕兆岗。他们的一个共同点就是对我不批评，因而我就感到和他们好处，回报的也是不批评或轻描淡写。例如毕兆岗说：“我的能力不比省计委那些科长弱，不过我自己知道政治条件不好。”这明明是对党团员有不正确的看法，但我只说：“这样看不大好。”杨宛华在小组会上说：“物资局没有一个象[像]样的党员。”我没有批评她，相反在两人谈话时都讲：“登[蹚]过几个机关，不象[像]物资局这样，对领导没有感情。”对于杨宛华，我同情她对领导不满的地方很多，在大鸣大放中，取材于她的也很多。杨宛华一段时间对我比较好，还有这样一个原因，就是我强调团结，抹杀改造。在综合科开始时，领导上批评过她所表现出来的不安心情绪，而我则强调“发挥她的积极性”。同时因为过去在肃反时关系很不好，有心想改善一下，所以在工作上特别尊重她一些，生活上多接触一些。

(4) 对政治理论的学习：一方面，我承认马列主义是正确的。如在大鸣大放期间毕兆岗问我：“为什么只有马列主义才正确呢?”我说：“马列主义是发展的，正确的本身也就是马列主义的；错误的东西就是非马列主义的。”同时从自己少年时就接触的物理学、几何学、生物学以及天文学等知识中也完全从思想上承认马列主义辩证唯物主义的伟大。但另一方面由于政治上的倒退，同时想改行。肃反以后一个时期开始，对社会科学——政治理论的学习，渐渐愈益不感兴趣。在两次与领导的谈话中，公然地表示不愿意根本改造自己的立场，说自己“不是学社会科学的坯子”。怕在理论学习中犯立场错误，采取不是改造自己而是逃避理论的态度。

这种错误态度，在周围群众中也造成了一些恶劣影响，主要是单纯科学技术观点，轻视政治理论。有一次郑永年见我政治经济学方面书籍不少，问我：“你这方面以前有一点基础，现在何不再干起来呢?”我发挥了自己的错误论点说：“我是不感兴趣了。不好学。你看艾思奇在资产阶级问题上又犯了个错误；我更不是那么个坯子了。要能真正学到一些东西，要党的领导干部他们常看到中央文件，了解全国情况——这是一个很重要的条件。”这些话更是阻碍了郑永年学习政治理论，同时也反映了我思想上抹杀政治经济学在改造人的立场方面的作用与意义。

形成以上错误的主要根源是长期以来的清高自大，把个人利益、个人“自尊心”放在党的利益之上。因此以坚持错误对抗与逃避思想改造为中心，形成一系列错误的生活态度(政治态度及对人、对事的态度)。

在这里，我完全忽视了由于坚持错误而可能使非对抗变为对抗的矛盾转化规律及有错必纠的方针的意义。

由于长期抗拒思想改造，对党的领导和任何对我作尖锐批评的人对立起来。在与领导关系上，逐渐形成鸿沟，站在对立的立场上反对批评。把自己与领导的关系看成简单的工作关系，否认思想领导。实际上是雇佣观点，因此戏称领导为“大人”。在整风座谈会上说：“在工作上实行民主集中，下级服从上级；但是思想上应该只有不同意见的争论，而且可以保留意见。”也就是把思想领导限制在形式上的劝导，承认坚持错误的合理合法。

整风运动开始以后，借着大鸣大放的机会，放肆地发挥了反对领导和思想改造的思想，恶意地攻击了党的领导的威信和思想改造。先后在6月10日、13日，7月3日、7月9日利用黑板报发表了一系列文稿。在这些文章中，严重地存在着以下几个主要问题：

(1) 反对党的思想领导

一、借反对主观主义为辞说领导对错误思想的批判不切实际。以吹毛求疵的态度，从措词、方式等方面硬找“缺点”。抹杀思想批判的正确性和必要性。

二、把自己坚持错误的责任，一笔划到领导的账上，说成是领导动机与效果脱节,说成不靠拢组织的原因是领导上的毛病。

(2) 打击领导威信:反映了站在错误的立场上发泄平日的不满情绪,进行报复性的打击,同时为了使反对党的思想领导更有力,把缺点夸大和无中生有。

一、站在和领导对立的立场上,用漫画和打油诗把领导丑化成反动统治阶级的形象,认为不是新社会的人物,说得简直一钱不值。

二、把领导存在的轻微的缺点(局长的主观主义)说成是“严重的”,“相当系统的”,有的达到了“惊人”的程度,“令人气忿[愤]”。

(3) 极力说局长不虚心,说局长“不能接受批评”,不诚恳到有时说话不认话。“有时出尔反尔”,简直是“出洋相”。以此来阻碍领导正确的反批评,任自己滥发攻击言论。

(4) 在群众中散布了极恶劣的影响,宣扬了与领导对立,反对思想改造,反对领导反批评等错误思想。特别对杨宛华,在我的文稿中,很多不加考虑,采用她的材料,如:“说我有顾虑,我真有顾虑了”;“局长说‘领导干部就是比一般干部强’”;“局长解释又把以前自己讲的话否认了”。这些材料的引用更直接支持了杨对领导的不满。

反右派斗争开始后,我从自己的思想出发,开始时也起来阻碍运动的开展,说:“本机关不会有右派分子——没有象[像]章伯钧那样性质的人。”主张和风细语[雨]的讨论,追求真理,舍弃错误,也使错误的东西可以得到大胆的暴露。对有人说“批判太早了”就是为右派帮腔这一点公然表示反对。以后则在自己态度(立场)的转变上进展很慢。

以上这些,表明我在对社会主义思想改造和对领导的态度上,已经站到和工人阶级对立的资产阶级立场上了,因此错误性质是严重的。

虽然,从整风到反右派我没有听过一次报告,没有参加学习讨论,甚至直到反右派开展以后才看了六条标准,这成了我犯错误的一个客观原因。但是,从我的主观思想发展来看,犯错误却是必然结果。这就是肃反以后,在坚持错误的立场上,发展了错误思想。我曾认为只要不想反革命就不会犯大错的,但事实打破了我企图摆脱党的思想领导、不问政治和拒绝接受思想改造的幻想。

不问政治和政治上反动,只差程度上的一步;企图摆脱党的思想领导除非打消,否则必然就要起来反对党的思想领导;而坚持错误,已长期地站到反动资产阶级立场上不能自拨[拔]。资产阶级和小资产阶级思想在党合法还必须有一个条件，这就是接受党的思想领导，不断地进行改造。

高 华

3. 辩论大会"交代"记录

8月14日辩论会

自整风以来，言论行动都有错误。大致分：

一、总的是站在资产阶级立场与领导的基本观点不一，不从社会主义角度看问题，把好的看成坏的，把坏的看成好的。如写局长的稿子，由于自己主观主义，不从社会主义出发，强求具体事实的完全对。如赵连璧的节约稿子，出发点是对的，不过是方式方法问题。一个被批评者是不该反驳的。当时对局长说我反进步这点有反感，认为局长批评反进步是主观，对动机和效果没联起来，只说不考虑效果。加[嘉]兴工作组问题，基本是好的，但我一定要按自己一套来搞。这些无中生有的根源：自己站的角度不一，致看法不同，特别是主观主义的以我的标准要领导一点架子没有，深入群众。故此官僚主义看法犯了官僚主义，表现在：

(1)"指指责责"是官僚主义，而不是从这就是领导作风来考虑。实际上下面工作有错误，领导不指责是不对的。

(2)"高人一等的官靴"实际是没有的，而我看起来是有的。

(3) 本局成绩是基本的，领导也不是没事做。而我由于领导上的迁就，抹煞了党的成绩，对党看法不顺眼。

以上反映了我资产阶级的民主、平等的思想。关于民主自由问题，原认为党有宗派主义。

二、整风运动中的错误，是对党不满、对领导不满。平时我写稿很少，整风运动中写得很多。主要的动机就是要党的正确意见下台，自己的错误意见上台。是有意图的，但没有以代理人上台。《洋相》是堵住党的嘴，其他如漫[谩]骂，这竟很自然。当时写出此稿件很得意。致[至]于思想根源很深，只准我讲不准你讲。以上主要企图是：把党的正确意见引导到错误上来，以反主观主义的幌子拒绝思想改造，反官僚主义是想把领导威信来整一下。对肃反问题情绪非常抵触，觉得伤害了我的自尊心。

(1) 犯错误的影响：有人说有小集团。综合科有人确有思想问题，其他科亦有，不过综合科突出一些。在机电科时自己错误思想没有散布，在综合科碰到一些气味相投的人，有错不批评，有些明显反党情绪亦不揭发。如杨宛华开始叫有委屈，积极性没有发挥。肃反时我与她关系不好，为了改善关系，使她不会批评我，就尽量迁就。杨在前一段时间里对领导意见一大堆，工作上和我一致。我曾讲："全国党是光荣，伟大、正确的，物资局党是难以令人置信的。"杨宛华说："物资局没有一个象[像]样的党员。"《洋相》是配合杨宛华的，根据她的一篇(关于)房子(的)稿子而写。考学校前后自己散布的思想很坏。批准我亦要去，不批准亦不干了，这样对组织纪律起了很坏作用，并说自己反正要走了，致[至于]有意识动员大家不要安心工作是没有的。对毕说自己大材小用，党团员有特权而我没有支持，对杨不想在这里工作，许想去考学校没有支持帮助。

(2) 自己的思想根源：从资产阶级民主思想发展到反党情绪。思想已历来已久。十四五岁就与父亲一起住在浙江大学宿舍里，直接接触高级知识分子。从小就没有人管教我，发展了骄傲情绪，现在这种情绪碰到了抵触，把领导看成压在我头上的与旧的统治者一样。因而吹毛求疵，背道而驰，发展到反对思想改造。在省委党校时感情上与领导格格不入，提意见提不出，到本局思想发展更系统。我曾想我这一生不会反革命，如拉拢。我也很清高。认识到反革命是不可能复辟的，但对党进行了合法斗争。摆在面前的二条道路：脱离组织，脱离群众，脱离政治。

(3) 表明态度：前几天不想搞检查，自尊心放不下，现在不是说没有了。表明态度：

① 今后对人、对事要以社会主义有利出发，要努力改造思想。

② 继续揭发别人，继续考虑(原文如此——编者注)自己。

8月17日辩论会

思想的发展，肃反后思想起了很大变化。由于立场站错，因而看法不同，很明显的事物就分辩[辨]不出。

(一) 家庭出身是地主，收租占家庭总收入的五分之一，在旧社会里没受过苦，收入富。14岁受高级知识分子及资产阶级影响，如九三学社主任我也认识。解放前有正义感，好出风头，参加进步学生运动全班只有二人，我也在内。

实际进步思想没有感染,解放后没有进步。

(二) 青年人对自己“新社会”有另一种幻想,也可说是资产阶级的新社会。因此,一接触新社会后,觉得对[和]自己幻想的新社会不对头,所以过去接触中有进步的也有反动的同学,还有三青团员、特务等,总之分不清。解放后在学校里第一次反对党的领导,原因有三点:(1) 因当时社会上谣言很多,自己接受了谣言思想很深。(2) 军事代表对自己一些小事情(如一次打破玻璃)说得很厉害,因此思想不满,认为这不是人过的日子。(3) 直接〈受〉导火线(受)三教员(其中一个是正义的,一个是特务,一个是脱党分子)诉苦(影响)。自己同情,起来反对,攻击党,后因对自己采取姑息,感情拉拢,入了团并参加了土改。

对社会不满是从小的事情开始的,叫人人不应,感到失望不温暖,因此情绪动摇。土改时要求复学,不批准。当时(我)认为党不应在欺骗我,有人说:“你要复学,要开除团籍。”因而不满,在山区搞农村工作,觉得自己没有出息,认为总有一日要与党闹翻。表现在:

(1) 对领导权威不满,〈应〉凭良心工作,用不住[着]靠拢党。

(2) 偏[片]面强调个人自由,反对必要集中。

(3) 反对思想改造,对工作能力弱的同志瞧不起。

(4) 抱两种态度看新社会,因此对新社会采取挑剔。在党校时团支部教育是老一套放之四海,与党校领导始终格格不入,如 54 年考学校不准,对领导不满。至于党校小集团是没有的,但思想情绪是有的。我把以上错误归纳二点来讲。

① 自己过去一贯吃不开,人家靠近领导好,到物资局后以两面派来骗取领导信任。

② 党有原则。思想在肚子里不讲没有用,讲就有问题。自己思想有两面性:接受和否定。肃反下火线后,当时对党是除■病绝,资本主义复辟不可能,因此要死,要就是转变。实际是反动思想占上风,因此对党不满,对同志没有以真正对同志看待,而是脱离组织,脱离群众,脱离政治。民主自由思想很严重,暗暗瞧不起人,对社会科学不感兴趣,认为马列主义是领导干部学学。要退团做民主人士,民主人士寿命比较长。

想考学校问题,主要是想摆脱党的领导,在机关工作不是胚[坯]子。去年要考学校已与领导〈和〉大闹。今年为不使与党闹翻,一面宣布自己不是个人主义,说社会主义要以个人兴趣,青年人当干部没有好处是浙江日报语(原文如此,疑为"(是《浙江日报》语)"——编者注),考学校是有意制造空气的。

对整风运动不正确的看法:

由于长期站在反动立场把有些问题(夸)大,有的无中生有,对党进行了污蔑,用反对主观主义幌子来反对领导。对"指指责责"的解释,"指"——发号施令,"责"——批评,高人一等的官靴是指一个性质。几篇黑板报是确有煽动性的,这次有目(的)想把党整一下。反党反领导的行动是很明显的,想削弱党的领导,指思想改造,但没有存心推翻党。如处在匈牙利情况自己也会暴乱,对党争民主,争自由,争平等,这与右派分子无一样。致[至]于恢复旧社会是没有的,本质还存在,自己不是社会主义思想。如:

(1) 本局没有右派,本局不会大乱。想把局内正确思想来争鸣一下,不是有别的阴谋的。

(2) 自己没有想把领导拆下台来,只是思想上不服气。邵汝瑾说:"同你看法不只你一个,恐怕不少。"

(3) "大敌当前,不计小份[分]"大敌是指右派,这点说明。

8月21日辩论会

前几次谈的思想情况,没有谈具体事实。现在来谈谈具体事实:

(1) 社会关系方面:社会关系比较复杂。在杭(杭州)的有亲戚、同学及认识人:

亲戚——姐夫在省百货公司,春节前后没有去,原因因情绪关系不想去。大姐回家来时也没去,曾经父亲批评。考学前后,为打听同学水平,通过二封信。

同学——肃反前交代的坏同学都不在杭了。现有三个:一个在杭二中;另一个吴山没有招呼他,因肃反要他写证明材料;其次是农村高中教员姓张的。还有个朱顺泉,以往是学校团支书记。在新华电影院碰到过她,谈过考学问题,说今年考学不通(过)组织批准也不犯错误。主要是干部多。考学问题与父亲联系过,父亲在六月分[份]来过杭州说考学要通过组织,经济无问题。另外父亲最近来一信叫我谈谈情况,担心我在大放大鸣中有问题。我清(轻)描淡写地告诉了他。

（2）肃反后的情况

肃反后想自杀，对社会主义、共产党都没兴趣，觉得共产党对我毫无需要。如匈牙利事件那时在中国发生，我一定要去闹事。此思想产生时间前后大约二个月。

（3）反党的问题

① 放鸣时在小组会上曾暴露思想请领导帮助，说共产党三害要提却不愿提。

②《试帮局长克服主观主义》一文中，说局长说话不算话，出尔反尔，根据杨宛华所说而写——关于房子问题。

③ 肃反后自己思想很抵触。仅想思想改造并恶毒地把责任推向领导，把事实扩大。

④ 对社会主义不满，主要是思想改造，觉得精神生活很苦恼，脱胎换骨很苦，并没有"社会主义非推翻不可"。反领导的思想主要是"指指责责"。至于对推翻社会主义还没有发展到这样地步，而是想消灭自己，不想消灭社会主义。另外觉得自己组织观念很薄弱，终会有一天会被开除掉，原因：〈是〉从兴趣观念出发；自己没有名利思想；觉得学数学没有秘密之处，不想学社会科学；学习马列主义不熟悉情况就要犯错误，不是否定了马列主义，而是否定了我自己。有人提出我要花样，如果我真的反对马列主义，不会将毕兆岗的言论加以批判。《无题》诗，打击领导威信，脱下官靴，实际上就是反对领导。《洋相》是根据杨宛华房子问题来堵住领导嘴巴。《试帮局长克服主观主义》一文中有许多适合杨宛华胃口的，大敌当前，我要反驳，对我不利，"我愿暂时忍受"，我没有这样的胆量，文字措词也不会这样搞。撕掉的目的，是想把事态缩小。

8 月 24 日辩论会

前三次所谈，今天再补充一下。我没有参加整风学习，对毛主席的报告认为百家争鸣应该都放，对毒素有关存亡者认识不足。我在放鸣中最放肆的表现在对抗领导、反对思想改造。

《无题》诗是长期对抗领导的表现，对领导上不尊重，不愿接近，除工作上领导关系外，别无什么接触。丑化领导为过去的官僚，"指指责责"是看不惯，脱下官靴实际不存在，而我呢？这样看，"庄严伟大"加上引号，说明没有庄严伟大，成绩是由同志们搞出的，咬文嚼字的漫画就是这样。由于自己资产阶级的偏见,把没有问题的说成有问题,领导的指指责责是正确的,在我认为是不正确,这说明了我思想一贯对抗领导。

《洋相》——题材是杨宛华侧面提供,杨自参加座谈以后对局长不满意,但我二次座谈会都没有参加。很显然指使杨宛华对领导进攻,丑化领导,说领导出洋相,自己意见逼使领导接受,堵住领导嘴。

《试帮局长克服主观主义》一文主要是指局长,集中的向局长提一提(对其他领导思想上没有这样抵触)。目的:反对思想改造。实际局长这点做得较好,故具体内容与帽子对不上。工作上的意见我是带来很大偏[片]面性——急于把局长说成主观主义。如把加[嘉]兴工作组工作扩大,主要是攻击局长的工作方法,动机与效果不对头。

对放鸣的立场问题,的确当时是站错了立场,如《帮腔》、《解剖开来看右派言论》等。当时对毕兆岗的反动言论"中国没有共产党领导亦不会卖国"这点没有认识到他的危害性。另外觉得自己问题不大,局长反右派斗争的报告没有听到,因此对同志的批判认识不足,觉得毕兆岗和我的言论都不要说成右派。至于我批评毕兆岗不敢正面提出,而打一个圈子用缓缓的口吻来批判。毕兆岗对领导也很不满,如在黑板报上写标题把"解"字写成"能"字,至于这篇稿子主要问题,把右派分子和右倾倾向混淆起来。

撕掉二篇稿子原因,主要是逃避批判,内容记得是"大敌当前,不计小分,我要解释,对我不利,我愿忍受",主要是这样。

总的讲,前面三篇稿子是反对领导的思想改造。后面二篇稿子模糊自己立场。

我父亲是民盟支委,我担心他在大放大鸣中有问题,不会说父亲为什么不搞起来。这点请小许考虑。"大人"二字是我所创,生科长大人是我所叫。我看民盟是个小组织,怀疑民盟通过组织来搞,曾写信给父亲,说:"民盟问题不少,你怎样?"如不信有信可查。

反对领导思想改造,性质是反党反社会主义,这点我承认。但推翻社会主义推翻党我是没有的。

8月31日辩论会

这次检查重点放在肃反以后,主要犯错误是在肃反以后。

(1) 肃反前个人主义、自由主义很严重,清高自大,目中无人,自尊心高于一切，瞧不起领导。参加革命是抱正义感，但不知是抱那[哪]个阶级的正义感，至于对肃反的结论——思想反动我(想)不通。特别肃反转入调查阶段，自尊心更起作用，从此离党更远，不愿学习政治，对入党等绝口不提了。人家对我好一些我对他亦好一些，对我坏一点我亦坏一点。所谓自尊心是坚持错误的，但我觉得很苦恼，因此发生厌世，另外觉得自尊心失尽了，社会主义无论如何好，算了，还是死痛快。对党的态度发生对立，和过去知识分子一样，自己抱着自大，你尊重我一些，我来搞一套，否则站一边观望态度，犯了雇佣观点。当然这与家庭出身和周围关系有关，与革命利益没有取得一致。章伯钧组织大民主暴乱，我一定积极参加，如匈牙利事情[件]在中国发生，很自然亦会参加。这是本质所致。

(2)“十大关系”公布以后，认为党还在团结争取我，因此(对)自己的终身事业作了打算

① 政治上不想当活动分子。从前想当政治活动分子标准订高了一点，会犯错误，所以想学技术，学自然科学不会犯立场错误。这是政治上倒退。另外不愿与群众联系。考学问题否认自己是个人主义，实际个人主义的充分反映。

② 对党和领导的态度狂妄自大。对党的思想领导很反抗，说计委领导年轻，不稳当。肃反时把陆谷昌、朱大同搞错了，提拔干部就是全省典型。说李局长年纪大，少犯这些错误。与[如]两院制一样的反对派，同意举手，不同意反对。

总之自己站在与党对立的立场。

③ 对群众关系上：自己思想想逃避斗争。与人打交道，还是与机器打交道简单，有些人当面不讲，背后乱批评，如“双保险”问题，意思“国民党保险，共产党保险”。因此我最感到困难的是人与人的关系问题。因自己思想不开展，与相同错误的人觉得好接近一点，如杨宛华说物资局没有一个象[像]样的共产党员。

④ 政治理论学习：肃反后对社会科学不感兴趣。曾对郑永年说：“我不感兴趣，学马列主义要犯错误，要学好，领导干部可以。”但对毕兆岗说：“为什么马列主义只是一家之言?”这点我当时加以批驳。

(3) 产生以上错误的原因

家庭出身有关。所犯错误，坚持错误，把领导叫“大人”，把领导关系看作

只是工作关系,把思想领导完全抹煞。大放大鸣中反对领导思想改造,加以扩大事实进行污蔑,不是助党正[整]风,想把党整一下。借口反对主观主义对局长有意识污蔑、挑剔缺点并加以扩大,打击领导威信。平时对领导不满,进行报复性的打击,用漫[谩]骂、丑化、讽刺领导。这些东西在群众中散布(产生了)恶劣的影响。反右派斗争开始时,自己这样说,局里不会大乱,没有象[像]章伯钧这类人,应用和风细雨态度来批驳。自领导批驳毕兆岗言论后就不说了。

这些企图,是想摆脱党的领(导),拒绝思想改造。这里有几个问题解释一下:

① 大敌当前问题的稿子,内容:"大敌当前,不计小分,我要反驳,对我不利,我愿忍受。"在小组讨论中未谈,恐怕事情越谈越多,还是不谈。撕掉原因,怕大家讨论找出很多毛病,所以撕掉。

② 反马列主义问题。我对马列主义的基本理论没有反对。

③ 对提的意见即使有5%正确,"领导上亦值得考虑"。这是在小组讨论《无题》诗时杨宛华说的。

9月11日辩论会

我不是补充交代,而对某些问题解释一下:

(1) 青年人当干部不好,其中意思是青年人一来就当干部不好。

(2) 对夏科长提拔问题是讲过。

(3) 领导不懂装懂不是指领导,而是指计委物资处的傅科长。

(4) 非党员不提拔问题是在过去党校里讲的,现在没有讲。

(5) 改字问题,没有改原则只是修辞方面修改了一下,李黎有擅自改的现象。

(6) "总有一天会与党闹翻"是指在云和县不让我考学的时候说的。

(7) 团不要党的领导是指团不要重复行政工作。

(8) 老和尚念经是指对领导提意见归纳几条,不要天天这样提而言。

（二）大字报对高华的揭发批判

1. 对《无题》诗及《洋相》文章的批判

请研究《无题》诗的动意

研究矛盾小组最近研究了高华同志的《无题》诗后，经激烈争论，仍对诗的动意有着原则分歧见解。为了完满的识别（诗）作的动意、观点、立场，以及它的积极性或消极性何在？其居心究（竟）是善意还是歹意？特将原诗、原图（注：已复印在第一部分）及本组的不同见解公布。要求大家展开讨论，以明确是非、澄清认识。

研究矛盾小组对诗的几种认识如下：

第一种：《无题》诗是针对官僚主义而写，有它积极的一面。不对之处在于作者不正面提意见，冷讽热刺，对新时代加了括号（应为"引号"——编者注），带有气愤。如说"他是真真实实是'新时代'的人"这句，意思是这些领导者都是一样的。

第二种：诗的实质精神是积极的，积极的一面是根本的，其原意是少说漂亮话，多干实际事。我们局里有这样现象，那就对了，其内容虽有讽刺，但不是主要的。他的形式不管怎样，基本内容精神是对的，不能单凭这篇稿子来判断作者的动意。作者所以不正面指事指人，内容笼统，这是作者不大胆。作者所指的现象在我们科里就有，无论如何其内容主要是反官僚主义，这是根本性的问题，不应该从全文中抽出片段来抹杀了它的本意。

第三种：诗的内容实质与"善意"二字不相融洽，难于[以]找到他的积极因素何在。古语云："良药苦口利于病，忠言逆耳利于身[行]。"这也就是说，有效药剂虽苦难咽，但它能把病治好，诚恳刚直的话听来虽不顺耳，但有助于行动的改善。因此，并不是说，由于作者的词够尖锐，挖苦得急[激]烈，就算不善意。区别善意非善意问题不在于形式，而在于实质。它的实质是什么？请看对作者诗意的会解。作者写道："不要看他样子古老，也不要以为他是戏台老生，他还是真真实实'新时代'的人……"这就是说，你们大家不要看到他的资格老，认为了不起，也不要觉得他现在在台上，也就是站在领导地位指指呼呼，其实呀！他确确实实生就了一个大嘴巴，还有一只能用的手。他就是凭着这些本领，说说道道，指指责责，真是世上少见呀！但是你别看他卤[鲁]莽无能，他可还是当代社会的一般人物哩！作者所谓"一只'伟大庄严'的手"是指的什么？就是拿这(与)生了一张大嘴的猪八戒作比喻的话，那也应该有两只手，为什么他还只有一只能用的手呢？作者所谓"他还是真真实实是'新时代'的人"，特意将新时代括起来，其示意是不要看他的样子孬，生得丑陋，他却是当代一样的人物，真的吗？新时代里竟有作者所描绘的这类人物存在吗？乞请各位研究，对于作者的言语逆耳或不逆耳，其药味苦与不苦这里不作研究，要深究的应该是倒[到]底这是良药呢？还是毒剂？是善意呢？还是反意？有人说，作者在咒骂官僚主义还不对吗？是的，咒骂官僚主义无错，共产党历来说是号召坚决向官僚主义斗争，过去这样做，现在和将来继续这样做。但作者所描绘的官僚主义，只生有一个大嘴巴，一只"伟大庄严"的手，而且穿戴那高人一等的官靴，站在那与身材般的木桩上，貌似妖怪，成摇摇欲倒之势。这是由何谈起呀？亦请各位研究。

研究矛盾小组

初究《无题》诗

综、化小组学习报导

一周多以来，本组极大多数同志对《无题》诗的作者所谓作诗的用意是"大胆"的"反官僚主义"的论调进行了驳斥。

作者把本局的领导者恶毒的污蔑为就是"样子古老"、"戏台老生"，不是新时代的人；作者污蔑领导者只靠"一张大嘴"和一只"庄严伟大"的手在"指指责责"地作威作福，污蔑领导者已经坏到"世无比伦"了，因此作者的心意必须"脱下高人一等的官靴"走下"戏台"。同志们责问高华并要他拿出足够事实证明本局领导者为什么不是新时代的人？凭什么说成靠了"一张大嘴"、一只"庄严伟大"的手，只有"指指责责"地在演戏呢？有什么事实说明是坏到"世无比伦"连蒋介石都不如了呢？作者并没有拿出什么事实。

在作者的"真真实实是'新时代'的人"里面，他毫无事实地否定了领导者的一切，否定了领导者忠心耿耿地为了人民为了社会主义事业，并且在工作中取得巨大成绩的这一根本性质。作者的这些言论与右派分子抓住一点否定全面的手法有什么区别呢？这不是十分显明的恶毒的污蔑与诽谤吗？同志们不仅要想(并且还要问)(如果)我们的领导者不是真真实实的新时代的人,那末你心目中所愿望的真真实实的新时代的人是什么样的人呢?

作者解释"世无比伦"是"老子天下第一"。同志们指出,其意不至于此,作者把领导者说成坏到无可以拟了。"老子天下第一"也是作者对党对领导者不满的原因之一,因为"老子天下第一"就要"脱掉高人一等的官靴"。这是前后相呼一致的。有些同志指出:今天的领导者,与反动统治的政党、反动政府的当权者有根本的区别,今天根本不存在"老子天下第一"和穿着"官靴"的问题。无论从党的性质,从革命事实、从本局的情况来看,都找不出党与领导者骑在人民头上、作威作福的影迹。作者把今天的领导者比着[作]这样,这不是恶毒的污蔑呢?同志们指出,作者的言论与党中央"严肃认真,和风细雨,恰如其分的批评与自我批评"的指示根本不符,这与善意帮助党整风毫无共同之处。从[在]《无题》诗里面,作者把领导者抹成无理无能、面目可憎的丑象[相],以煽起同志们对领导者的嘲笑与憎恨。作者想通过恶毒的污蔑和诽谤,在局内点起对党对领导者不满的野火。如此看来,作者的言论与右派分子的言论倒[到]底有何区别呢?但事与愿违,作者没有达到目的,受到了极大多数同志的谴责。

高华态度极不老实,同志们对此进行了严厉的批判。

高华在前一阶段学习中,采取了三种手法:一、以极不虚心的态度,不冷静听取其他同志意见,打乱与阻挠其他同志的发言;二、以不正面答复提出的问题,再三强调小品文、漫画可以夸张的特点为他的正确(?)动机辩护;三、以尽量在大家发言中寻找对他有利的地方,借此以图否定大家的意见,企图(在)同志们中间制造矛盾。

作者企图以"夸张"来掩盖他的立场,并扬言"如能驳倒我这个理论(指他的'夸张')我才服气"。同志们指出了他的"夸张"既不符事实,又充满着污蔑和煽动,不是从人民立场出发,是恶毒的"夸张",不是人民内部善意热情的夸张。作者没有事实的"夸张"与右派分子抓住一点否定全面的"夸张"没有什么区别?可是作者对此避而不谈。

作者不能从真正的动机、立场上来检查自己。从同志们揭露《无题》诗和其他对党不满的事实中,作者才承认"对组织、对领导有不满情绪"、"有不健康的不满",但又说:"我的不满与右派的不满有区别","《无题》诗里有不满,是对官僚主义的不满”。作者在讨论中承认说“自己有右倾情绪”,但在会后又说是别人给他分析的。作者提到“即使分析到反党反社会主义,与我的思想还是有距离的”。多数同志对高华这种不老实的态度表示谴责。同志们批驳了他的《无题》诗中充满的不满“是对官僚不满”的论调,责问作者对官僚主义不满可以把领导者指为不是新时代的人,指为坏得“世无比伦”的人,可以扩大为一团乌烟瘴气吗?对此,作者没有答复。

在同志的驳斥中,高华后来说,写《无题》诗是“冲动了些”、“不爱护党”,“从立场上检查是同意的”。同志们提出了作者有些什么冲动?什么原因促使冲动?《无题》诗的真实动机是什么?要高华作深刻检查,并且密切注意着高华在下次讨论会上怎样“从立场上去检查”了!

讨论中,个别同志的态度令人思虑。杨宛华同志为《无题》诗打掩护。她说《无题》诗有其正确的一面,有官僚主义才批判,并说“有5%的正确也要接受”。她认为同志的批判不实事求是,因此为《无题》诗的作者鸣“不平”,提出讨论中“不要把什么事都牵出来”,“任何人分析批判都要对事不要对人,要实事求是”。在最近一次会上,她仅发了一次言说:“大家对《无题》诗的分析,可供高华参考。《无题》诗在客观上与右派有共鸣之处。”她没有正面表明自己对《无题》诗的态度,其实同志们对杨宛华的态度也还是明显而知的。我们不仅要问你为什么对于所谓5%的正确倒是那么关心,对于还有95%的错误倒不关心呢?对于批判作者恶毒的污蔑和煽动的意见,却只是“可供参考”呢?你是站在什么立场说话的?是什么原因促使你为作者辩护呢?这些问题是值得杨宛华同志及有类似情况的同志予以深思!

(孙家瑜、华岐嵩)

《无题》诗的目的何在

我想从《无题》诗作者的角度来看,其目的不外有二:(一)我们从善意的观点去考虑作者。可能对局内个别领导不满,而在整风中抓着“指指责责”这一官僚主义作风的笼统特点而发泄个人气愤,因而虽然采取了恶意的丑化作法,但多少有益于克服官僚主义作风,故说尚有某些积极的因素。(二)我们从《无题》诗的整个文字结构来看,很难理解是帮助领导克服官僚主义。相反作者运用了文字的技巧以丑化官僚主义为掩护,否定新时代,污蔑新时代的领导——共产党。

我为什么会这样看法呢？在我们组里讨论时已有人说过，这些稿件是数人商榷而作(《洋相》一文中“献给那些……的人”，即是杨宛华作补充修改的)，可能有些参与商酌的人是抱有第一种愿望的，但不论如何，作品的本质确是不承认现社会是新时代。我这种说法理由有三：

(1)《无题》诗是有题的

虽然从表面现象看来，好象[像]是说官僚主义的行径，对官僚主义者告诫，但是其前三句早就点清了新时代的人物——样子古老、戏台老生与“新时代”相吻合的题目了。其所以无题，即是作为掩护不承认现社会为新时代和仇恨辱骂……等的反动内容而取“无题”，否则何不来个反官僚主义的任何题目呢？

(2) 确是否定新时代

如果其意仅是指现在的领导人不适应于新时代，那么，新时代的人物与新时代当有矛盾。但作者明明白白说“他还是真真实实‘新时代’的人”，将新时代加上引号，使人物和时代趋于一致。这样的否定新时代确是一种文字技巧了，说明“新时代”不过是样子古老、戏台老生们的新时代。

(3) 不是有助于反官僚主义

指指责责的官僚主义是有，但官僚主义者并不是“样子古老”、“戏台老生”，不是真真实实含义不明的“新时代”人物，官僚主义就生大口和庄严的手吗？这与官僚主义有何关系呢？因而说这不是反官僚主义，而是另[别]有用心的。

为此，我认为这些作品是有毒的，但我的认识可能片面，希同志们提出批评与帮助。

(张夕旻)

高华对党不满是历来已久的

——评“无题”诗的思想基础

“全国的党是伟大、光荣、正确的。局里领导上一定要使人(指高华自己)把局里的党组织，在人的心目中看作全国的党，是难以令人(指他)置信和接受的。”几个月前高华在一次小组会上，对中国共产党曾经说过以上意思的话。从这些话里，可以看出高对局里领导上，对局里党组织是一贯不满的。这种不满是从他到本局后历来已久的。最近，他写的《无题》诗等稿子，不过是又一次暴露了他的不满罢了。

说的这些是什么话?请问高华,我们局里的党,难道是脱离开全国的党,另外存在一种样子的党吗?……不是的,我们绝对不认为象[像]你所看所想的那样的。高华是在污蔑,是在挑拨,是在散布不满,除了这些,别无其他。

《无题》诗等文章里是有他的思想基础的。什么样的思想基础,可以从他的话里找到答案。《无题》诗是他的感情的流露,是他真情实感的表现。什么样的感情,大家可以看得非常清楚。

(薛在善)7月31日

这是一把野火!

——评《无题》诗

有人说《无题》诗带有很大的煽动性,我很同意这种看法。的确,《无题》诗的作者对我们的领导和新时代着实有一股怒气和憎恨情绪。他运用诽谤污蔑的手法,把[往]我们的领导的脸上抹上黑灰,鼻子涂上白粉,把他们丑化得象[像]牛马鬼神一样难看,甚至还否定他们是新时代的人,露骨地要他们这些"老生"脱掉官靴下台。这,不能不引起我们的注意和深思。

我认为作者所指的那些"样子古老"但是"戏台老生"的人,就是那些经过长期革命锻炼的领导同志。但作者在新时代的人上面加上一个引号,怀疑和嘲讽他们不是新时代的人,意思是说他们外表是新时代的面孔,但肚子里却是旧时代的东西。但是作者接下去又说他们的外表也不象[像]新时代。他把他们戴着不三不四的乌纱帽,断了一只胳膊,靠两根高跷似的木棍竖立着,他的一张大嘴和一双小眼睛简直比猪仔还要丑,但是他伸着的一只手却又是"伟大庄严"。请问作者,在我们的现实生活中真有这样的领导人吗?他们难道已经发展到这样麻木和摇摇欲坠的靠用木棍来支持吗?

我们的领导人不是新时代的人,难道还是蒋介石王朝执政做官的人吗?你多方设法丑化领导的企图是什么呢?!

我们的党向来注意与官僚主义作斗争,几次的整风运动也证明了这一点,所以官僚主义在我们国家里不是主流,在我们机关也不是主流。当然我们某些领导同志有一定程度的官僚主义,但决不是象[像]作者所恶意污蔑的是"世无比伦"。请问作者,我们领导上的官僚主义难道胜过满清的慈禧太后和反动的蒋介石和艾森豪威尔吗?真是世无尽[仅]有吗?你的这种耸人听闻,把新社会涂成一团漆黑的目的又是什么呢?

作者再[在]把我们的领导诽谤和污蔑以后,在文章的最后说出了重要的老实话。他老实说:“要那些‘老生’脱掉那高人一等的官靴!”我要问作者,你要那“戏台老生”脱下官靴,说得暴[露]骨些不就是要他们下台吗?不是要他们不要再在台上“演戏”吗?这是什么?

我认为作者不是不学政治的人,他一定懂得这次整风的方针是“和风细雨”和“治病救人”,那末你为什么对“所谓官僚主义者”那样冷嘲热讽、故意渲染扩大,深恶痛绝地要(置)人死地呢?据我看你真不是对官僚主义者痛恨,而是借着整官僚主义的假面具而痛恨和反对新社会和党的领导者吧?这,作者的肚里最明白,但就是不敢大胆揭露吧[罢]了!

我认为《无题》诗是毒草,其本意决不是象[像]作者所说的是助党整风反对官僚主义,而是在人们面前放了一把野火。

上面是我对《无题》诗的几点看法。对不对,请大家讨论,欢迎批评。

(杨钟英)

拿对敌人的讽刺手法来对待人民内部,居心何在?

——究评高华丑化领导的漫画

夸张和比拟必须符合事物的本性,一定要有正确的立场,要根据现实生活中存在的实际情况出发。漫画的夸张是有一定的限度的,不能胡画一气,要根据实际情况来描绘。并且画敌人和画人民内部的缺点与错误是有根本区别的。画人民内部存在的缺点和错误,看上去使人感觉他本质上是好的;对敌就要用另一种画法,因为他们本质就是反动的,跟我们自己人没有一点相同的地方。如漫画家把胡风比成毒蛇,比成定时炸弹,那是因为他暗藏在人民中间进行破坏活动,要推翻人民政权,象[像]蛇一样的阴险毒辣,象[像]定时炸弹一样危险。又如漫画家把他比成蒋介石的广播喇叭,比成手枪,那是因为他替蒋介石传播,散布反动言论、被蒋介石用来作[做]反革命的工具。所以在漫画中把胡风画成蛇、炸弹、嗽[喇]叭筒或是手枪,人们感觉他就是这样的东西,比画成人形还合乎道理。虽然这都是夸张的比拟,但人们看了都有真实感,都感觉比不夸张还要象[像]一些,因为这些夸张揭露了他的本质。从这些对漫画之掌握的基本观念出发就可以看出高华的漫画严重的问题在什么地方。高华把我们的领导画成头戴戏台上小花脸的乌纱帽,帽的二个叶子是不正、往下垂的,两脚踏在摇摇欲堕[坠]的上重下轻的木杆子(高华自己特设的高跷)上,迷[眯]拢小眼睛,张开大嘴巴,一张面孔丑陋得简单[直]使人望了恶心,一只大手操在背后(有同志说断了),另只大手用作者的话是在"指指责责"。这样的对领导丑化的一幅漫画,作者想说明什么呢?是说我们领导上官僚主义严重得要倒下来吗?这样的画法是帮助党整风吗?我们说将人民内部的个别缺点画成敌人一样,是高华反动的思想本质和立场的反映。

对内讽刺尽管是一种批评的方式,尽管可以是严厉的、尖锐的,但必须完全出于善意,抱着满腔的热情。对内讽刺必须掌握诚恳的和与人为善的态度及分寸,必须从爱护出发。我们的领导带领着我们全体同志在建设社会主义,成绩肯定说是主要的。我们看到领导某些地方有缺点,提意见必须(是)正确的具体的,不夸大也不缩小如实的提。用漫画讽刺我们人民内部的缺点时,虽然只表现缺点的一角,但应该既看到缺点也不抹杀成绩,在高华的漫画中根本找不到以上这样精神的气息。

我们说对待人民内部的缺点和错误是不能象[像]对待敌人和坏分子一样的,我们用讽刺的方式来进行批评的主要是针对缺点和错误,不是对人,更不是对整个领导,对党和社会主义。这是千万不能引伸[申]和扩大的,必须在原则上明确这一点。高华却不是这样,看看他的画,竭力把我们的领导描绘成面目丑恶的反派人物,竭力描绘成摇摇欲堕[坠]的领导,使人望而生厌,引起不满,要使人觉得这种领导已不能领导,企图挑拨起大家对领导的不满,煽动大家起来要领导下台。这不仅不是帮助解决人民内部矛盾,是倒反加剧人民内部矛盾,高华漫画的反动性就表现在这些地方。

高华到今天为止,口口声声为自己的漫画辩护,说是夸张、讽刺"官僚主义"的。综上所述,他的画中名为对内讽刺,而没有对内讽刺应有的热情、善意和爱护的心情;名为对内讽刺,没有爱的责备的感情。恰恰相反,从他的诗解释画中,从他的画看他诗的内容,充满于诗画中的是否定一切、大发肝火、怒不可止[遏]的漫[谩]骂,摆出了想一棍子打死人的架势。高华所以这样,我们认为最根本的问题是他的立场问题。高华的立场不是站在诚恳帮助党整风,善意地向领导提意见的立场上,而是站在对敌讽刺漫画那样和领导对立的地位[立场]上,因此,在他的漫画中当然没有爱和热情。

(薛在善)8 月 4 日

一棍加一棒

——高华的《洋相》是紧跟着《无题》诗一齐射出的一支毒箭

高华把《洋相》与《无题》诗这两篇文章，在同一时间内交给黑板报编委会刊出，在局内放火，向党和领导进攻，一棍(《无题》诗)之后加上一棒(相声《洋相》)，用意和手段是极为阴险毒辣的。

《无题》诗之后，同时接着再来一篇《洋相》，不仅是嘲笑领导上有时对同志们的意见加以必要的、如实的解释是出"洋相"，还可以看出高华的目的就是要领导上将《无题》诗这一"闷棍"不得不加以考虑，不折不扣的承受下来。对他的扳[板]起面孔的泼[破]口大骂，对他的鼻孔哼气的冷嘲热讽，来不得半点合情合理的应有的说明和解释，否则，就是触犯了高华的虎威。照他的看法和说法就是接受意见不"虚心"，就是出"洋相"，从这里可以看出他的居心是多么的狠毒和险恶。

上面这样说，不仅是分析话出有因，事情是有证有据的。高华的这二篇文章同时交黑板报刊出后，当时很多同志看了就觉得与事实不符，要批驳高华的这种对领导心怀不满，散布不满言论。举个例子，如吴爱琴看了之后就很生气，觉得高华简直是对我们领导的歪曲和污蔑，局里官僚主义那[哪]里有他所说那样严重，跑去将自己的思想同领导谈，说她自己要写稿子批驳高华的胡言乱话[语]。当时孙主任就叫吴爱琴不要急，说现在局里正开展大放大鸣，高华的《洋相》付[副]标题——"献给那些没有时间考虑问题和急于解释的人"，他已经这样提出来了，是否马上就来反批评的稿子，再考虑一下，因此吴爱琴那时就没有写稿子来锄高华放出的毒草。

举以上一个例子已够说明《洋相》配合《无题》诗一齐放出起了什么作用。但不管高华手段如何"高明"，事情是不会按照你的主观愿望发展的。毒箭必须击地，毒草定要锄掉。

(薛在善)8 月 3 日

2. 对《试帮局长反对主观主义》一文的批判

驳斥《试帮局长反对主观主义》

《试帮局长反对主观主义》是右派分子高华在整风期间公开的向局长开刀的一篇反动文章。从头到尾整篇稿子作者对局长尽极了歪曲事实恶意攻击的能事,从这里我们更看清楚了高华这个右派分子的真面目。

高华说:“局长的领导方法论是轻视与忽视客观实际。”请问高华,我们局长何时何地作过如你所说(的)那样领导方法论的报告,或者写过那样的文章呢?为什么我们全局其他每个同志都不曾知道有这么一回事呢?不用说,这是你高华挖空心里[思]捏造出来加在我们局长头上的“领导方法论”。

赵洪新同志下厂检查,依靠当地党政领导,运用组织的力量和群众打成一片搞开工作。这样的领导方法不好,请问你高华怎么样的领导方法才好呢?马列主义理论和我们毛主席不是经常教导我们要深入实际,依靠群众来进行工作吗?你为什么认为这样不好呢?高华在文章中为了达到他不可告人恶意攻击领导的企图,不惜歪曲了事实,强加在局长身上。

高华说“局长除了听汇报得到一些印象以外,没有对什么问题进行过亲自深入的研究”。局长真的象[像]你所说的那样吗?高华你真是睁着眼睛在说瞎话,在骗三岁不懂事的小孩。我局成立以来,大至党的各项政策方针的贯彻,小至每个同志的日常生活,那[哪]一件工作局长不亲自参与深入研究过?会议上的反复讨论,布置动员,深入各科、室了解听取情况,征求个别同志的意见等,局长都参加了,能有时间做的都做了。这不是亲自深入的研究,怎么样才叫亲自深入的研究呢?退一步说,假使有做得不够的地方,你为什么要一笔抹杀和一口否定呢?

高华说“局长说了不少和做了不少使效果适得其反的话和事”,“局长的批评可以说使生出来的病恐怕更大更危险”。你所说局长的“话”和所指局长的“事”到底是什么“话”和“事”呢?照你这样说批评会生出“大病”和“危险病”,难道说不批评要好?再问问你,局长的批评对谁生出了大病和危险病?拿个同志举例来说,他来被批评之前好还是批评了以后好?不愿改造自己,抗拒思想改造,你高华倒确实是不高兴领导和同志们对你的批评的,千方百计地想尽办法堵住大家的嘴,不要对你批评。

赵连璧同志根据增产节约运动精神写了一篇黑板报稿子,诚恳善意的劝快要结婚的同志不要铺张波[浪]费,批评局内不久前结婚的同志为此负债。这是件好事,有什么不对?你看了坚决反对,起来反批评,这是为什么?既然她写得对,为什么说她的稿子是“有缺点的好文章”?你说的好文章没有缺点,又是什么意思呢?我们认为赵连璧同志做得对、写得好,错的是你高华。好文章当然批评不得,局长支持真理,反对谬误,难道错了吗?

“我认为局长看人够不上起码的客观”,“认为和自己亲近的一致的就好,相反就坏,这后面还会有什么呢? 宗派主义”。局长真有这样严重的主观主义么? 象[像]你高华所说的没有起码的客观,几年来的工作成绩倒是十分奇怪的了,象[像]你高华所说那样主观,我们的局长早不能做领导了。的确,你高华是这样看的,否定领导一切成绩,要领导下台。但事实是绝不容你颠倒,真理是抹杀不了的。你说局长有宗派主义,那就请你高华拿出具体事实来,自己搞小集团,倒过来还含血喷人是不行的。局长对于社会主义热情、积极的同志,对要求进步的同志支持、培养有什么不好? 对思想作风有缺点和犯错误的同志,对工作得不好的同志,好象[像]你高华这样的人进行严肃批评难道就叫做坏? 宗派主义是这样解释的吗? 这是什么是非?

还有什么“局长只能‘自我批评’,不能别人批评”,“我说局长自认公正就不公正,自认好就不好”,“局长有时不虚心到令人气愤,有时说话不认话,有时出尔反尔,前后说话自相矛盾”等等,都是夸大视听的胡说。吃社会主义的饭,身为革命干部和共青团员的人,那[哪]里能这样昧着良心混淆黑白说得出口?

用不到再一一指出,高华在这篇文章中名为帮助局长反对主观主义,实际上闻不到帮助整风的一星半点气息。高华俨然以马列主义者自居,断章取义曲解剽窃马列主义来反对马列主义,这是高华的战术。这个右派分子施展了抓住一点,歪曲事实,无中生有的一贯手法。《试帮局长反对主观主义》是高华明目张胆公开的正面的向局长进攻的铁证,在这篇稿子中他把我们局长攻击得不象[像]一个领导人的样子,企图挑拨领导和同志之间的关系,在局内制造混乱,煽(动)大家起来反对局长,居心极为阴恶毒辣,但经过学习之后,同志们的眼睛是雪亮的,决不会上你的当。你的阴谋决不能得逞,放火自焚者是你高华自己。

(薛在善)8月8日

3. 对《这是“帮腔”吗?》一文的批判

学习随感

党的整风运动是在社会主义基础上进行的,在肯定社会主义方向和党的领导这个大前提下开展批评改进工作。资产阶级右派分子却趁此发起了进攻。一切拥护社会主义的人们不能在这场政治斗争中袖手旁观。不弄清这个大前提,整风运动就无法谈起。

我们机关,在局长报告后,正在进行反右派分子斗争的学习,对章伯钧、储安平、章乃器、陈新桂、葛佩琦……等关于右派分子的反党反社会主义谬论给予迎头痛击,从而划清界限。这是完全必要的。

在这场斗争中,我们机关里也出现了这样一些改头换面的言论:反批评太早啦!太激烈啦!会起付[负]作用啦!不要共产党领导,人家也不会卖国,要看什么人,什么党派啦!言下之意,似乎除了共产党还有别的人、别的党派能领导中国进行社会主义革命。这些言论,说得轻一点,起码是在替右派分子帮腔。以右反右,是不能真正与右派思想划清界限的。

以上看法,我想借用黑板报的园地鸣一下。鸣得不对,欢迎批评。

(斯德元)7月3日

对谁有利

——对《这是"帮腔"吗?》一文的意见

作者的意思

〈从〉《这是"帮腔"吗?》一文〈中〉,使人感到作者同志(以下简称作者)认为要更好地"打击"右派分子,应该"起初暂时不给右派以回击",应让他们的面目"暴露无遗",而现在是"批判太早啦"。因此对"批判太早啦","太激烈啦","会起付[负]作用啦","不要共产党领导人家,也不会卖国"等等之说,是替右派"帮腔",就是缺乏从"原则上和本质上"的考虑。看来这一个"起初"与"暂时"是指《人民日报》社论发表太早了。因为有人最近批判"批判太早啦"之说是替右派"帮腔",作者以为要多加考虑。因为所谓"暴露无遗",目前反右派斗争尚在"深入开展",当然还是有遗。所谓"无遗",自然不是《这是为什么》社论发表以前的时间了。

为了说明作者的意思,不妨把作者对本局反右派斗争的看法在这里代以补充。作者认为,我们局里"有些人没有胆量起来争",是由于"领导急于批判"。他觉得"局里不会大乱",将来的结论不过是"右倾思想",因此希望领导表明态度——"局里没有右派分子",以"造成追求真理的空气"。

毒草与野火

看来这都是坏东西。"放""鸣"中有点毒草,可使人跨出温室经受风雨的锻炼。“毒草”允许在“放”“鸣”中出现，这是由于人民对于“放”“鸣”没有忘记是为了加强党的领导，为了社会主义呵！

但是右派到处点起了反党反人民反社会主义的野火。野火可以焚毁人民的社会主义家园，烧翻领导建设社会主义家园的党。人民不需要野火，野火里是不会有“香草”。人们可以让它放点“毒草”，决不让野火乱烧，这样看来，“毒草”与野火有着不小之别。作者认为可让右派“多抛出”“恶毒”，不指“恶毒”指何？大概不是“毒草”吧，因为右派放的是野火。

可让右派再多的放火吗？

野火烧开了，不扑不灭。野火会弥漫起来。今天的中国虽不会受野火之患，但让“再多”的蔓延，这将意味着什么？人民日报社论及时发出警号，工人、农民、革命知识分子起来灭了。这有什么不正确呢？正当人民起来说话，右派分子叫嚷着“共产党收了”、“批判太早啦”等等，用意是什么呢？不难理解，右派(是)为了掩饰他们反党反人民反社会主义的本质和好让他们继续放火与破坏党的整风运动。而有些同志之同样看法，不是正合他们之好吗？这难道实际上不是起了帮助右派的作用吗？

局里有的同志的一些错误的看法是否也是批判得太早了呢？不辩不明。“鸣”而不“争”，又何能与右派分子及时划清界限？又何能在斗争中及时提高？作者曾经说过，“我局现在反右派斗争不够有力”，原因是“有些人在感情上起共鸣”。当右派掀起了风雨，不去辩[辨]明是非，不到已经来到的风雨中去锻炼，试问怎么使斗争有力起来呢？当黑板报上开始出现了对右派分子的谬论的批驳，同时对有的同志看法的实际害处进行分析的可喜现象时，作者的“并不大好”的意思，对反右派斗争有何积极作用呢？

我想不管谁，自己有没有不正确的看法，让不正确的看法及时通过分析批判，以求认识一致好吗，抑是让它继续存在以阻碍自己划清界限，与有力的参加斗争好呢？我想同志们会有正确的回答吧！

漫画到底说明什么

初看“大智若愚”之画，“适用”在作者的文章里，不知是啥意思。现在看来作者把“批判太早啦”等等之说认为是“帮腔”，需要“从原则上和本质上”多加“考虑”，并附此画以说明问题。那么“帮腔”的说法有何“原则”和“本质”的错误需要“考虑”呢？太右了？这是牛头不对马尾。“中了”吧？那就是左。这又何苦非议？留下来的又是什么错误？同志们不难理解作者所指只有太“左”了。如果作者的基本看法是这样，那么“适用于其他应该区别的问题”的漫画，它是服务于或者证明作者的基本看法，其含义不能不是一样的了。因此，可以了解，作者用敌我不分的漫画来提醒斯不要把别人划到敌的一方去了。斯是否说成有的人是右派呢？是没有看到。是否还有其他的同志把别人划到敌人一边去了呢？不很知道，可是我是没有这样的看法。那么是谁把别人划到敌人一方去了呢？本局当前反右派斗争的基本情况是否是太“左”了呢？作者曾认为目前我局反右派斗争不力，可想不是太“左”了。既然如此，作者又为什么在文章里侧面的说出了“左”，感到需要考虑呢？难道当前反右派斗争需要解决的问题是“左”吗？

再说，我看漫画本来的意思指的是那些敌我不分的中间人物。其主题思想是教育那些中间人物积极去参加反右派斗争。可是被“适用在”其他的“左”了。至于适用同志们是否有这样的看法——只有在原则和精神相一致时，才可被适用。那么敌我不分之画“适用”于此是否算斯德元敌我不分了呢？作者的“适用”，这是否有诡辩之味，对这幅漫画是否可算个糟塌[蹋]？

屁股坐在那[哪]一边说话

这个小标题是否也算太“左”了。我认为作者的某些看法从根本看，对反右派斗争是不利的，需要划清界限。再从作者所说的“局长说我到学校里去想闹事，他说我想闹事就更想闹事了”的思想情况来看，请作者想一想自己的思想情绪，一些问题的看法，看一看自己的屁股有否坐正。

(华岐嵩)7月13日

好得很！

——斥《这是“帮腔”吗？》

由于人们的立场不同，因此对事物的看法也不同。如农民认为土地改革好得很，但是地主阶级觉得糟得很。爱护共产党拥护社会主义的人们认为反资产阶级右派斗争好得很，而敌视共产党和社会主义的家伙却觉得糟得很，千方百计地企图破坏甚至进行反扑。所以革命者的根本问题是立场问题，是必须解决的首要问题，否则必犯错误。

根据上述，来看本局黑板报最近刊载的《这是“帮腔”吗？》一文，显明可以看出，〈由于〉作者站在资产阶级的立场上，仇视斯德元同志的义正词严的批判,甚至向斯同志进行人身攻击。这是我们所不能容忍的,也是必须加以严肃的驳斥的。我认为斯德元同志对本机关的那些对反右派斗争的右倾观点的提出批判是正确的,是太好了,决不是那位作者所说的“不太好”。我也认为斯同志所批判的问题是从本质上来考虑和揭发的,而决不是象[像]那位作者所说的没有从本质上来分析。我还认为斯同志是大智大慧,敌我分明的。他没有犯近视眼的毛病,对右派斗争没有温情主义。我们应该象[像]他那样勇敢地及时批判右派观点,决不是象[像]那位作者所污蔑的“大智若愚”。

喝问《这是“帮腔”吗?》的作者!我认为说“批判过早啦”等说法的人是的的确确在替右派分子帮腔,而且连你在内,你要替他们辩护。人们是看得很清楚的,决不容许你来混淆人们的思想,人们是会粉碎你的幻想的。

(杨钟英)7月17日

读《这是“帮腔”吗?》后感

当我们党在进行普遍深入的自我教育和自我改造的整风运动的时候,资产阶级右派分子趁此机会来反对党的领导,反对社会主义制度,进行有纲领、有组织、有计划的阴谋活动。他们采取阴险毒辣的两面派手法,口头上拥护共产党、拥护社会主义,以帮助党整风的名义进行破坏党,搞垮(党)的活动,野心勃勃地妄想中国发生匈牙利事件。这种违背了全国广大人民根本利益的反动言行,必然会激起全国人民无限的忿[愤]怒和激烈的反对。《人民日报》社论正是适时的给大家指出了正确的方向,使我们提高警觉性,认识到这是一场严重的尖锐的阶级斗争,是一场在思想领域上社会主义和资本主义两条道路的斗争。

可是现在仍有人对反动言行置之不理,有的还认为《人民日报》社论发表得太早了。这是什么道理?难道还应该继续让他们这样“放”下去吗?毛主席指示:所谓香花和毒草,各个阶级、阶层和社会集团也有各自的看法。究竟怎样辩[辨]别香花和毒草呢?就是毛主席所指出的六项标准。因此,从思想上、立场上划清阶级界限,这正是巩固人民内部团结所不可缺少的基础,越出了这个界限只能加深分裂。请设想一下,如果右派分子的言论行动能够得逞的话,其后果将会怎样呢?那就是让那些立场不稳、认识模糊的人跟着右派跑,让天下大乱,让资本主义在中国复辟。这正是右派分子所希望的,可却不是我们人民所希望的。因此我们绝不能把右派的言行仅仅看作是说说而已,没有什么了不起,或者把他们看作是“思想意识模糊”、“措词不当”的好心肠。这就正中了他们政治阴谋的圈套。这是一种无原则无立场的同情和原谅。正象[像]《人民日报》(发表的)《再论立场问题》的社论所指出的那样,这是一番值得重视的大教训。

以上是我的一点看法。如有不当之处,请批评指正。

(沈祖怡)7 月 13 日

谁是“大智若愚”

要是问:“右派”是什么?我们必会抢[脱]口而出:反对社会主义、反对共产党领导,企图资本主义复辟……。为了这,全国人民才掀起一个巨大的反右派斗争,给以坚决的回出[击]。但右派分子又会说:“你们不给‘放’‘鸣’啦!整风转移目标啦!何必这般小题大做,大惊小怪呢……”我们说,果园里的蚜虫难道要等到树枯园荒再来消灭它吗?难道一定要中了毒箭再来回击吗?右派分子是唯恐天下不乱,难道我们能长期容忍他们如此兴风作浪吗?万万不能。我们要疾[急]起直追,不获全胜决不收兵!

为此,我不能同意《这是“帮腔”吗?》一文的论点。如果要从原则和本质上来分析,以上所述,谁敌谁我,这还有什么混淆不清的地方?

(陈浩柱)7 月 13 日

4. 对高华反动言论的揭发和批判

关于《这是“帮腔”吗?》一文发表后若干问题的说明

自从高华同志(下称作者)写《这是“帮腔”吗?》一文后,有的同志提出了不同的意见,一部份[分]在黑板报上发表了。六月十七日,作者给了黑板报委员会一封公开信,信里谈到,作者所以认为可以让右派分子再多放些毒素,批判得太早,“仅仅是因为知道客观情况极少”。那时他在准备应考,报纸看得少,以为天下不会乱。他说他讲的批判太早与宋云彬说的,在性质上是有区别的。作者同意华岐嵩、陈浩柱同志稿中基本的东西,而对华文中所说的“屁股坐在那一边说话”表示异议,并说:“如果我是人身攻击的话,那杨钟英才真正是人身攻击。”他认为杨(在)稿中所说,不是从团结同志出发的。作者说,黑板报掌握实事求是的原则是不够的,因此杨赤枫的稿子也就出来了。作者还和编辑当面交换了意见。他这样说,如果黑板报委员会认为他讲的批判太早是认识问题，那就算了，可以不争，如果认为是性质问题，那就要争，那就争吧。对于争的方式，他提出不妨在小组会上谈，这比在黑板报上争说得清楚。他叫我们考虑。至于这封信，他原来要求不发表，在谈话时说可由我们处理。我们研究结果，认为对于有些问题，有必要让大家来讨论，以便明确是非，澄清认识，从而提高我们的思想和觉悟。作者的这个看法问题既然未经大家充分讨论，我们也很难说这是认识问题或是性质问题，而且这两者是互有联系的。因此我们决定把信发表，请大家讨论。这事，事先和作者谈了，他还另写了稿，准备应战。可是后来，作者把稿撕了，还要要回信稿，不给发表。我们不同意，他很气脑[恼]，说："我本来不愿意争么！"他还扬言："写了贴出来我就把它撕掉！"过后，他又假装诚意地对邵汝瑾说："我还想看看信稿。我不撕，你告诉我吧，信稿现在在那[哪]里？"邵汝瑾信以为真就告诉了他，谁知他竟跑去蛮不讲理地把信稿硬夺去撕毁了。邵汝瑾去责问他："我相信你，才告诉你。你为什么还是去撕了？"他倒说得好："是的，这一点我是抱歉的。不过我也是相信黑板报，才将不准备发表的信给你们。你们不征得我的同意，却要发表。这叫'互不信任'。"

我们不怪作者为什么要这样激动。每个人都不能说自己的看法是完全正确无误的。今天，要是有人认为高华同志或是高华同志认为其他同志在认识上有不妥处，大家都应本着帮助同志的精神，有责任向对方提出意见，互补长短，以求共同提高认识。作者说不愿意争，难道你不愿意帮助同志吗？你也拒绝人家帮助你吗？再说，你对问题既已提出了你的看法，人家不会因为你不愿争，而闭嘴不响的。而且你不讨论，难道也不让人家讨论吗？所以，我们希望作者冷静地考虑一下。最好，还是虚心地倾听一下人家的意见，也诚意地去帮助人家。

再有，我们也不明白作者说的"互不信任"的问题。作者是说过不发表信稿，但也说过可由我们处理。我们研究决定有必要发表，又经领导批准同意，我们才这样的，而且事先，我们和作者谈过，他也同意，自己还写稿。但是后来作者自己变了，他又不愿意争了。我们是从解决问题出发，按组织原则办事。请问作者，我们是不是要跟着你的意愿的变化而变化呢？你说愿争，就可以登，不愿就不能登。这是什么原则呢？我们要登你就可以生气，就可以不讲理地[的]行动。这又是什么态度，什么行为呢？总之，我们认为我们是以诚意对待作者的。到底是谁不信任谁,请大家来判断。

关于批判太早的看法,作者说“仅仅是因为知道客观情况极少”。我们且看,党是在五月开始整风的。六月八日起,人民日报先后发表了许多有关的社论。至少,作者看了“不平常的春天”。那么,对当前整风的情况应该有一定的了解的,而作者的《这是“帮腔”吗?》一文又是在七月上旬写的。时隔将一月,作者还持着批判得早的论调,恐怕不仅仅是因为知道情况少吧?作者那样说,我们认为是不符合作者的实际情况的。不知作者为什么用这样的理由来为自己辩护。

作者认为黑板报委员会实事求是的原则不够。我们这样看:一个问题只有在不同意见的争论中,才能得出更正确的结论来。现在既然有不同的看法,就应该让大家用自己的嗅觉来辨别谁是谁非。如果谁不同意谁的说法,那可以出来争辩。我们不能,也没有权利去堵住大家的嘴巴。因此,投来的稿,我们都发表了,杨赤枫的也不例外。对于作者已撕毁的来信,我们也是以同样的精神来决定发表的。这里,我们还是希望大家就作者所提问题踊跃投稿,使我们局里的大争大鸣,更深一步地开展。

以上所述,供同志们讨论中参考。

(黑板报委员会)7月23日

高华的言行

(原编者按:为了便于同志们系统的认识高华同志的错误本质,从而帮助高华深刻的认识和检查自己错误及思想根源。兹根据各方面的反映,将高华的有关言行摘录如下,以供同志们讨论中参考)

(1) 全国党是光荣、伟大、正确的。如果说物资供应局的党也是如此,那是难以置信和接受的。

(2) 我超了龄就要退团,并参加民主党派。民主党派有发展前途。

(3) 对郑云清申请入党问题,说,过去是三青团员,现在要参加共产党,是“双保险”。

(4) 讲领导同志是“大人”,说“大人”不在什么事都可商量。当同志问他何谓“大人”,他说:“‘大人’,即清朝朝廷的大官、钦差。”

(5) 对杨淑君说,现在工作中最大的困难是人与人之间的关系。

(6) 我要求考学校,没有个人主义和名誉思想。组织上如不批准,我也去。不过,我不希望跟共产党闹翻。

(7) 生科长问高考学考什么。他说考物理、化学,并说物理、化学能常吃这碗饭,政治理论有些不感兴趣。

(8) 我如果不参加工作的话,大学早就毕业啦! 年轻人做行政干部,对自己没有好处。又说,谁会一生一世在物资供应局呢!

(9) 在反右派学习中,局长传达反右派斗争,并指出某些右倾言论。高说我们局不会大乱,没有章伯钧那样性质的问题,没有右派分子,将来结论,只不过右倾思想而已。希望领导表示一下我局没有右派分子,让大家大胆放,以造成追求真理的空气。

(10) 在给编委会的公开信中说,大敌当前,我要反驳,对我不利,我愿暂时忍受。当编委会为了辩[辨]明是非,便于讨论,要发表他的公开信时,高竟以恶劣的态度将信抢夺撕毁。

(11) 当群众起来反驳他的谬论时,高说:“你们这样搞,我怕才怪呢!”还说:“你们这些分析不是实事求是的。”

(12) 高说,人家提的意见有5%正确,你们领导也要考虑,并说,杜勒斯骂我们,我们也有值得考虑的呢!

(13) 曾扬言,局长他有什么,我要吵就吵,要闹就闹。

(14) 为了要求升学,局长曾批评他不服从工作的这种无组织无纪律错误,并指出这种思想就是考进学校,也一定会闹事。高回科里说:“如果说闹事的话,你(指局长)这样说,我更想闹。”

(15) 今年(56年)不让我去考大学,你们是保守。明年于[如]不叫我去,我就不和你这样办了。(意思就是大闹起来,当面对局长谈的。)

(16) 报上报导小学毕业生参加农业生产,并写信给毛主席表明态度。高说:“小学生也搞这一套,全国有多少小学生,都象[像]他们那样毛主席那[哪]有时间看这些东西啊!”

(黑板报委员会)8月7日

高华的一些言行

在我们小组讨论会上,杨淑君同志揭露高华同志在言论中对现时代的不满情绪是严重的,而且持着敌对态度。我们大家都不难体会到:今天我们是生活在自由幸福的新中国的大家庭里,在党的领导下团结一致,为共同的目标——共产主义社会而奋斗。我们会觉得人们的相处是互相友爱的。但高华在实际生活中却有另外的体会是,“人生最大的困难就是人与人的接触”。试问你难在那[哪]里?难的什么?为什么人们同时[是]生活在同一个时代里,他的生活体验与大家相反呢?这是不是立场问题呢?用高华自己的话可以回答这一问题。本局在放鸣中,高华写了不少歪曲事实的文章,放出了一连串的毒箭,来攻击新时代,污蔑领导。当同志们对这些毒物加以揭露和批判时,当正在发表抄写高华给编委会的一封信时,高华竟又凶恶的[地]将其信件撕碎,并对黑板报编委会的杨淑君同志说:“大敌当前,对我不利,我愿忍受。”请问高华:谁是大敌呢?大家的批判对你那[哪]些目的不利?问你愿忍受到何时?那时你又将怎样?把批判你的同志作为大敌吗?不,是你错了。他们都是建设共产主义的革命战士。谁能把革命战士视为大敌呢?只有那些反党反社会主义的一小撮右派分子、反动分子才认为是大敌!

高华也经常煽惑同志们,把领导称为“大人”。当同志们问其含意[义]时,他公然解释说:“‘大人’,即清朝的那些朝廷大官钦差。”谁又能把领导同志比喻为那些封建王朝的统治者呢?也只有那些右派分子和反动分子。高华又为什么能和这一小撮反动家伙有共同的语言呢?看来高华的立场是明确的。

(张夕旻)8 月 3 日

高华污蔑领导“大人”“千岁”的思想本质

历代的封建王朝社会里,“大人”“千岁”此类东西,都是压在千百万劳动人民头上,终日吸食人民膏血的寄生者。历代的中国人民是坚决反对这些寄生者对自己的统治和重压。

今天,在工人阶级已掌握政权的社会主义的中国,已经是六亿人民自己的国家。只要是拥护社会主义制度的人民,根本不存在任何统治和被统治、剥削和被剥削的压迫关系。人民都是这个国家的主人,有共同平等的地位。我们的国家机关及各部门中,的确有科长、局长等等不同职别的存在,但这只是工作分工上的不同。职务愈高的干部,他对社会主义建设事业担负的责任就愈重大,人民要他做更多的工作。我们都看到这些事实:我们物资供应局的领导同志,为了完成党和人民交给的任务,他们不计劳苦,往往工作到深夜,甚至通宵。我们也看到这些事实:整风运动以来,我们的科长、局长同志,都带头参加了一定的体力劳动。除了工作,在日常的实际生活事例中,我们的领导和广大干部融洽一处，无什么高低之分。他们的身边，找不到所谓“官风”使人厌恶和难以亲近之处。高华拿我们的领导来比喻皇朝时代的“官爷”。显然，高华是污蔑和丑化。

高华的本质一贯反动，仇视社会主义制度的一切，不愿意看到现实，抹煞事实，把社会主义制度下工作上的一种新的关系，恶毒的污蔑成科长是“大人”，局长是“千岁”的统治和压迫关系。高华也把自己的工作看成是一种“雇佣”，把自己比作“仆人”，领导比作“主人”。高华利用这些恶毒字眼的蓄意，目的就是煽动群众起来反对所谓这些“大人”、“千岁”对我们的统治和压迫，给物资供应局搞个大乱。这是高华反党反社会主义罪恶活动计划的一部分。

（李宏威）9 月 5 日

斥高华的反动谬论

高华说：“全国的党是光荣的，伟大正确的。如果说物资局的党也是如此，那是难以置信和（难以）接受的。”高华企图拿了拥护社会主义的幌子来向党向领导攻击。他用和其他的资产阶级右派分子一样的阴险毒辣手法，抓住我们局里党组织和领导的个别缺点，有计划地来加以扩大，抹煞党和领导的成绩，企图挑拨党群关系，削弱党和领导威信，以期达到反党反领导反社会的目的。但是事实胜于雄辩，高华的阴谋已被揭穿。我们局里党组织和领导在党中央正确领导下，始终不渝地执行政策法令，做出了不少光荣、伟大的成绩。这些成绩，高华是不能抹煞的。

试看我们建局三年以来，在党正确的领导下，全局的领导同志和全体同志〈们〉〈的〉忘我〈精神〉工作〈下〉，轰轰烈烈进行着社会主义建设，取得了辉煌的成绩。光以去年来看，56 年是合作化高潮一年。以我科来讲，木材、水泥二项物资在资源缺乏下，想尽一切办法，保证了生产、基建的原材料供应，支援了合作化，促进了社会主义建设。热爱社会主义建设的人民，那[哪]一个不是说这是我们在党正确领导下所取得的伟大成绩。

其次，我们物资局的党组织是随时随地照顾同志们的生活，是无微不至的，使同志们能安心工作，建设社会主义。例如以我来说，〈因〉家中小孩多，劳动力少，经济比较困难，但是自我进局三年以来，领导上给我以定期与不定期补助，使我生活得很好，子女都能上学。今年上半年我的爱人生病达三月之久，曾先后二次住院，用了 80 余元钱。领导上为解决我经济困难，及时给我补助。这样(的)领导还说不好吗?回忆在国民党反动统治时期,那时我在当教员,一年暑期里,爱人指头生个疮,痛得日夜不能安睡。(我)向学校里借几元钱作医药费,结果回答是没有,使我深深体会到只有生长在共产党时代,劳动人民的生活才有保障,前途才有希望。

以上铁一般的事实是不胜枚举的。仅仅这二点不是说明了我局的党组织是光荣伟大正确的吗?我局的党组织是全国党的一部分,二者根本不能分割,但高华居然把我局的党组织和全国的党组织分割开来。他是别有用心的。

经过四次大会的交待辨[辩]论,高华的态度是极其狡猾的。在同志们揭发的铁的事实面前,小事情承认一点,有原则性问题根本避而不谈,甚至推向客观,以“自尊心”和“反对思想改造”作掩护来遮盖反党反领导反社会主义的言行,不愿揭露其反动本质,企图蒙混过关。但是同志们经过这次反右派斗争,阶级觉悟提高了,眼睛擦亮了,早已料到你的狡猾手法,决不会轻易放你过关。现在摆在高华面前的只有自由和自绝的二条道路,任你自己去选择吧。

(陈品华)9 月 5 日

高华为什么要反对马列主义?

高华到处叫喊,学习马列主义要有条件,要高级干部才能学。他这种讲法,完全有企图的。(他)想叫我们大家不要学马列主义,并觉得很对。这样你们不知不觉的[地]脱离了政治,可以被他利用了。

再看一看,学习马列主义是一定要高级干部才能学吗?党教育我们要提高革命理论水平,要很好的[地]学习马列主义。既然象[如果像]高华所说,一般干部不能学,并且学了要犯错误。难道我们的党有心叫我们这么多的人都去犯错误吗?如果是这样,这不正是削弱了我们革命的队伍吗?所以高华的说法是根本站不住脚的。我们还必须更好的[地]学习马列主义。这次反右派给了我们一个教训:不好(好)学习马列主义就不能分清是非。〈由于〉这样,更加强了我们的决心,使高华的阴谋完全破产。

马列主义是我们革命的指南。没有它,革命必将迷失方向,并且一事无成。我们失去了马列主义,也就没有我们革命的行动。高华宣扬大家不能学马列主义,是向我们革命的基本问题上开刀。

马列主义也是社会主义建设的指导思想。不要马列主义的人也就是不要社会主义社会。高华口口声声反对马列主义,不感兴趣,学了要犯错误等,这不但是对马列主义进行了恶毒的污蔑，而且可以看出他是从根本上反对走社会主义道路的。

高华(在)他检讨中自己谈到：“社会主义那[哪]怕再好，我也不想过。”他是竭力反对社会主义社会的，追求资产阶级社会中的生活。他又讲过，现在的社会民主自由不是他幻想中的那样的，所以觉得对思想改造抵触，所以他反对马列主义。这是同高华的本质分不开的。他是在摧毁我们社会主义，来实行他的资本主义。

(张桂芳)9 月 5 日

驳高华的“民主自由”

右派分子所要的民主和自由是“绝对民主”、“绝对自由”。高华也是这样。他认为，这个社会不是他所理想的社会。在这个社会里，“不民主，不自由、不平等”，束缚了他的“自由”，要进行“合法斗争”，以争取他的“绝对民主”、“绝对自由”，并狂妄的[地]要他的思想上台，党的思想下台。看，多么反动和荒谬的论点啊！

所谓绝对的民主自由，在客观世界上实际是不存在的。马列主义告诉我们：“民主是属于上层建筑，属于政治这个范畴。它是为基础服务的。”这就是说：有什么样的经济基础，就有什么样的上层建建筑，也就有什么样性质的民主自由。民主自由是有阶级性的，因此它不是抽象的。资本主义社会是对少数资本家剥削阶级有民主。它是为生产资料私人所有制这个基础服务的。而对工人阶级、广大劳动人民就没有民主和自由。我们社会主义的民主是为巩固社会主义生产资料公有制服务的，因此是最广泛的、最大多数人的民主。二者的根本区别是不准歪曲的。高华所要的民主自由不是后者，而是前者，所以他感到不民主、不自由、不平等。

高华说：“对于党的领导，我只承认工作上的领导，不承认思想上的领导。思想问题上应有不同的意见争论和保留。”高华反对党的思想领导是承认的，但又企图把思想与工作割裂开来。我们知道，党的一切工作都是由思想来指导的。试问，高华既要自由思想上台，难道又不要工作自由上台吗？当然不是，当没有满足他的“自由”时，要用手榴弹炸死县委书记。去年闹考学，扬言“不希望与共产党闹翻”。今年准备功课，可以不做工作。肃反问题上，“有机会要给他们干一下”。这就是高华的“民主自由”。高华说：“调配干部应该根据个人志愿”,这也是高华的“民主”。他在做团支部付[副]书记时说:“团支委接受党的任务时都是经过严重斗争的。团不一定要党的领导,可开展独立工作。”这也是高华的“民主自由”。高华在交待中说:“我是清高自大,欣尝[赏]了自己的‘正义感’,把‘自尊心’放到了第一位,没有接受党的思想改造。”这是多么巧妙的字眼呀!我们能轻信这一套鬼话吗?当然不能。高华反党反社会主义是蓄意已久的。刚解放时,他就本能的[地]敏感到这个社会——新社会不是他的理想,带头反抗过军事代表。以后他又更深刻地感到:在这个社会里,失去了前途,葬送了一生。用他自已[己]的话就回答了这个问题。

在我们的今天的社会主义社会里,当然不能让高华这样的反动言行得逞。这是可以理解的。肃反后高华更加对党仇恨在心了,说什么“有机会要给他们干一下”,以后又反映在称领导为“大人”,污蔑为封建王朝的官员,比为“主人与奴才”的关系,压在他的身上不能得到他所想的“民主和自由”,发展到“匈牙利事件在中国暴[爆]发我一定积极参加”。当然这也不是什么奇怪,这是高华的本质真象[相]。全国各地右派分子向党猖狂进攻的时候,高华认为时机已到,就在百忙中连放八把野火,向党展开了积极的阴险恶毒的进攻,企图配合全国右派分子,在中国挑起匈牙利事件,使全国大乱起来,而后好让他们收拾残局,以便资本主义在中国复辟,实现他们所理想的绝对民主和绝对自由。这就是高华的真相。

为了反击右派的阴谋,我们就必须坚持实行民主集中制。我们国家的政体是民主集中制,所以也就成了资产阶级右派向党向社会主义进攻所选择的重要目标之一。他们要什么“绝对民主”、“绝对自由”。他们只要民主,不要集中;只要自由,不要纪律,进而不要社会主义制度。这是我们六亿人民所不能容忍的。我们的民主集中制是在民主基础上的集中和集中指导下的民主。这种民主体现了广大人民的利益和意志,是最大多数人的民主。这种集中是把广大人民的意志统一起来,再贯彻到人民群众中去,成为建设社会主义的伟大力量。右派分子的所谓“绝对民主自由”只能使人民陷于散漫的无组织的状态中,不能用集体的力量来保障人民的利益。他们所以特别喜欢这种绝对民主的概念,企图在广大群众中散布和发展资产阶级的个人主义、自由主义,以涣散我们的意志,瓦解我们的组织性和战斗性。所以这样,他们是站在资产阶级右派的立场,这也是很自然的。我们同右派的斗争是二[两]条战线的斗争，是你死我活的斗争。为了维护我们的民主集中制，巩固我们的社会主义制度，我们必须与资产阶级右派分子作坚决的斗争。不获全胜，决不收兵！

(周为俊)9月9日

高华是如此“承认”马列主义的正确和伟大！

高华在八月三十一日辩论大会上检查了反对马列主义问题。他首先以和毕兆岗的对话及从小接触的物理学、几何学等知识中就完全从思想上承认马列主义的伟大和正确。以此引证他对马列主义不是反对，只是不感兴趣而已。究竟是拥护还是反对，让事实来说明吧。

一、马列主义的确是伟大的、正确的。鸦片战争后，我国的先进人物曾经追求过各式各样救国救民的理想，但都一一成为泡影。十月革命二[一]声炮响，传来了马列主义，才给我们民族指出一条生路。在以马列主义理论武装起来的中国共产党领导之下，我国人民才胜利地完成了民主革命和社会主义革命这两个艰巨的历史任务。马列主义是如此光辉灿烂，作为一个共青团员的高华，为何又不感兴趣呢？其实并不奇怪。由于根本立场不同，憎爱也就不同。的确，马列主义给劳动人民带来了福音，给地主、资产阶级右派分子带来了灾难。高华出身地主家庭，一贯坚持反动立场，抗拒改造，对于中国共产(党)是不甘心的，对待马列主义的兴趣和我们当然亦就截然不同了。

二、我们说，干部的马列主义水平越高，干部质量就越高。在工作、思想上就会少犯错误或者不会犯严重的错误。而高华却持相反的论调，说什么学习马列主义会犯错误，把马列主义说成是错误的化身。这也是根本立场不同，对马列主义的理解当然也就不同了。

三、作为一个革命干部、共产党员、共青团员努力学习和宣传马列主义理论是应尽之义务。高华身为共青团员却制造学习马列主义要有条件的谬论。其阴谋是叫大家不要学习马列主义，从而解除思想武装，以便利他进行资本主义复辟的反动活动。

四、不承认党的思想领导，要党的思想下台，我(高华)的思想上台。什么是党的指导思想呢？是马列主义。这已为全国人民所公认。因此，马列主义也是我们国家的指导思想。什么是高华的指导思想？是搞反革命复辟，让地主、官僚资产阶级回来执政，让党的思想下台，就是让马列主义思想下台。怎能说不是反对马列主义呢?

五、肃反后想改行,故对马列主义不感兴趣。这也是不值一驳的。马列主义既是党和国家的指导思想,不论你做什么行当,都不能脱离马列主义,除非你到美国、台湾去,可暂时不要马列主义。马列主义好比人身上的神经系统。神经系统停止活动,人就会死亡。我们党和国家如果不以马列主义作为指导思想,那就会亡党亡国。

综上所述,高华对马列主义竭尽所能加以诽谤、曲解和反对。故曰:高华是一个彻头彻尾的反马列主义者,是一个披着共青团员外衣进行政治投机的野心家,是一个反党反社会主义的非一般右派分子。我们必须提高警惕,不要被他躲躲闪闪的战术所蒙蔽。要干净彻底地揭露、驳斥高华的反党反社会主义的言行。不获全胜,决不收兵!

(斯德元)9月9日

不许高华污蔑歪曲党的干部政策

资产阶级右派向党猖狂进攻的一个重要方面,就是污蔑我们党的干部政策。高华对党的干部政策也是竭尽污蔑、歪曲之能事。他恶毒地污蔑“物资局提拔干部首先要看是不是共产党员”,“某某同志是不够提拔条件的,因为他是共产党员,所以才被提拔的”,并且他主张提拔干部要“量才录用”。

1. 事实是不是象[像]高华所污蔑的那样呢?完全不是的。我们每个同志都还记得很清楚的。去年我们局里在提拔干部时,局里党组织第一次宣布提拔科长以上的干部名单中就有好几个同志不是党员。在提升一般干部的级别时绝大多数也是非党员同志,而且这些被提拔的同志是经过全局同志认真讨论的,最后党组织才根据群众意见报上级批准的。所以绝不是象[像]高华所说“提拔干部首先看是不是党员的”。

2. 党和政府选拔干部的标准是德才兼顾。就是说既重视政治条件,又重视业务能力。我们要建设社会主义和共产主义,必须要有熟练的业务知识和业务能力,坚决贯彻和正确掌握党的方针政策,完成任务的干部,否则就不能担当起这样一个伟大而艰巨的任务。这是没有疑问的。但另一方面,也是更重的方面。如果没有一批忠于党和人民事业的忠心耿耿为人民服务的品德的干部,要建设社会主义,这是绝不可能的。这道理是很清楚的。我们今天的国家是以工人阶级为领导、工农联盟为基础的人民民主专政的国家。干部政策和人事工作就是为国家性质服务的。因此,党和政府的干部政策和人事工作,就不是简单的行政工作了。选拔干部的好坏,从大的方面说,能关系国家命运影响国家政权性质,从小的方面说能影响一个机关和部门能否正确贯彻党的方针政策。因此,党的干部政策和国家人事工作就必须严格按照德才兼备这个标准来提拔干部。否则,就不能保证无产阶级对于整个国家政权的领导。

如果照高华所主张的"量才录用"的干部政策,提拔和使用干部可以不要政治条件,可以把那些重要职责交给一些政治面目不清的别有用心的人去负责。那么,人民事业就会遭殃,人民民主政权、社会主义事业就会受到破坏。这个道理不是很清楚的吗?在这次反右派斗争中所揭发出来的问题,更有力地证明了这一点。

3. 高华所认为的"才"是什么样的"才"呢?就是象[像]章伯钧、罗隆基等等反党反社会主义的"才"。那些对党对领导不满的人就是高华所认为有"才"的人。他不是说毕兆岗在这里是"大材小用"吗?他也不是说过领导对杨宛华的"才"发挥不够吗?这些人就是高华认为有"才"应该"大用"的人。同样,在他看来,工农出身的人,共产党员,才是无才的人。

高华所认为的"德",又是什么样的"德"呢?虽然他没有明确提出来,但是从他污蔑打击的是些什么人、他拉拢称赞的又是些什么样人看,他们那个小集团的人在我们看来是些落后的人,但高华看来却是些进步的人。这就是高华的所谓"德"。

从以上情况看,高华污蔑、歪曲我们干部政策,主张"量才录用"的用心何在是很明白了。其目的,就是为了篡夺党的领导,企图使资本主义复辟。我们是决不允许高华的阴谋得逞的。我们要坚决与他斗争到底!

(符长松)9 月 13 日

高华不要狡辩

(一)高华说,《无题》诗是一种夸张的说法,并非反党反领导,同时又说是对事不对人的,没有攻击领导的意图。我认为是胡说。因为这与高华平时的言行毫不相符。他说对事不对人,是企图遮住自己反领导的真相。我记得他在写《试帮局长反对主观主义》一文以后,在我办公室说过:"你们提意见是有顾虑的,我么反正迟早要滚蛋的。"我接着说:"学校考不取怎么办呢?"他冷笑的[地]说:“你替我愁吗?没问题。”从高华的谈话中(我们)可以看出,他认为在物资局向领导提意见是要遭受到打击报复的。因为他要走了,就可以发泄私忿骂骂领导,反正领导上奈何他不得。从这里,可以证实他写《无题》诗是有所指的,不是象[像]他所说的一种夸张的说法。他是在仇[咒]骂我们局里的党和领导。高华还要赖什么?再举一个例子:过去他是文书组的组长。我在打印文件当中,有时碰到领导修改的字句,看不懂的地方,去问他时,他经常说:“算了吧!他怎么写的你就怎么打吧!反正他们弄不出什么名堂来。”如碰到他自己执笔的稿件,领导给他稿件修改了几个字,他认为改得不好的,就要我照他原来写的打。从这里可以看出高华是一贯看不起党和领导者的。《无题》诗只是他污蔑领导、丑化领导的集中暴露而已。

(二)在提拔干部时,他说过主要要按能力强弱来提拔干部,没有能力就不能当领导。高华又说:“我看我们局里有些科长的工作能力还不如一般干部强。”这说明高华是反对政治的,只要大家钻研业务不要学习政治。这与右派分子的谬论是一致的。

(三)在肃反一开始学习,在小组讨论中不止一次的说局里没有胡风分子。如有,在局外。现在反右派学习当中,他又说要求局长表示一下局里没有右派分子,好让大家大胆放鸣。高华对这些运动都是反对的。我问高华的企图目的是什么?这个问题要高华作检查向大家交代。

(李黎)8月13日

5. 对高华态度的批判

揭露高华反党阴谋活动的几种手段

在这次反右派的斗争中,高华的真面目,终于完全地暴露了。在右派向党进攻时期,他充当右派分子在物资局向党进攻的内应。从他的言行中,人们会嗅到一股反党反领导的火药气。

一、挑拨离间,制造群众对党的不满

高华常常在同志们面前,挑拨党群关系,企图煽动他人和他一样仇视共产党。他别有用心地对许中声说:“青年人当干部对自己没有好处。”当毕兆岗不安心工作时,他又挑拨毕说:你在综合科工作真是“大材小用”,装做[作]对毕同情,并且言下之意为他打抱不平。高华在平时也经常散布煽动性的言论,说:“当专家比当科长还要好”,“物理化学能经常吃这碗饭,政治理论有些不感兴趣”,又说:“现在工作中最大的困难是人与人之间的关系。”因此他要“超了龄就退团,参加民主党派”,“民主党派有发展前途”等等谰言,使综合科一度乌烟瘴气,分崩离析。甚至公开拉拢说:“只要科长不在,我们什么事都非常好商量。”由此科内不少同志长期对党不满,要求调动工作或继续升学,搞得上下不通气,左右不团结,业务不能开展。

二、污蔑咒骂党的领导,充当右派分子向党进攻的内应

高华另一种反党的手段,是污蔑咒骂党的领导。他把忠心耿耿的党为人民服务的领导者,称为“大人”、“主人”。唯恐同志们不了解“大人”的含义,他接着解释说:“大人”即清朝朝廷的大官、钦差,他把领导者比作封建皇上的统治者,心意是恶毒的。那么为什么又要称为“主人”呢?不难理解他把革命阵营中领导与被领导的关系,污蔑成为像反动的国民党时代那样的主仆、雇佣关系,同时他有意识的抹杀几年来我局在党的领导下取得的巨大成绩,公开的侮辱“全国党是光荣、伟大、正确的,如果说物资供应局的党也是如此,那是难以置信和接受的”。简直把物资局说成“一团糟”。不仅如此,正当右派分子在全国范围内向党向人民猖狂进攻的时候,高华借机放“火”,连发七支毒箭,充当内应,向党大肆进攻,明目张胆地要领导者脱下高人一等的官靴下台,最终目的还是反对党的领导。这种反党阴谋现在是十分清楚了。

三、打击一些人,拉拢一些人,这些活动锋芒则是对准党的领导

高华的反党言行是由来已久的。49年刚解放,他为首的反对过浙大附中的军事代表,在土改工作中专想用手榴弹炸死不同意他考大学的县委书记。到了物资局后,他物色牢骚满腹的对党不满和立场模糊的人,千方百计地拉拢、利用这样的人,与党对抗。在高华周围,气味相投的人,形成了小集团。当他出头露面的发表反党的《无题》诗与《洋相》时,毕兆岗也画了一幅意见箱正反的讽刺漫画配合发表。当他的反党言行受到同志们严正的驳斥时,有些还认为“照诗论诗”看不出反党,“有5%正确也值得领导考虑”,“还有可取的地方”等等论调,实际上为他作辩护。高华不仅利用、拉拢一些人,并且还打击一些人。早在肃反时,他把靠拢党的人说成为“反革命分子”,对他反党言行的驳斥者说成“敌我不分”、“立场模糊”、“人身攻击”,表示“异议”,更严重的把同志

们当做[作]"敌人"看待。那么高华自己是站在另一边——反党反人民——不是鲜明的暴露出来了吗！

从以上的事实，可以看出高华是站在反对党的领导（的立场），充当右派分子向党进攻的内应，但在他的"检查"中自己还装成一个"爱护党"、"尊重领导"的正面人物，要领导表明态度说他不是右派分子才作"深刻检查"，否则……。因此到目前为止，态度仍极专横，避重就轻，没有联系思想实际，挖掘根源，并且更恶劣的采取狡辩阴[阻]挠其他同志发言的手段，以为可以蒙混过关。我们说这样的算盘打错了，不要妄存侥幸的心里[理]，今天我们已擦亮眼睛，是混不过去的。只有彻底交待，悬崖勒马，向人民低头认罪，才能得到人民的宽容。

揭穿高华的反党阴谋

从同志们揭发的高华的荒谬言行来看，很明确高华是反党反领导的。例如高华讲："全国党是光荣、伟大、正确的，如果说物资局的党也是如此，那是难以置信和接受的。"意思就是说：物资局的党不光荣、不伟大、不正确。这完全是一种恶毒的污蔑和诽谤。本局党的领导正确，主要体现在物资局成立后三年来工作上的成绩是主要的，这点不用多讲，每个同志都有深刻的体会和感受。获得这些成绩的原因，除了党的正确领导加每个同志辛勤努力的结果。如果说我们工作有缺点，我们说这些缺点是次要的、难免的。因为我们所执行的工作是新的，处在模[摸]索前进，客观规律并不是一下就可被人们掌握起来，必须通过实践再实践，逐步提高。要求工作十全十美，这是脱离实际的。拿个人来讲，谁也不能说我的工作尽善完美，一点差错、缺点都没有。领导上有缺点。如果是从爱护党出发，应该善意提出意见，帮助改进，使我们的事业日新月异，不断向前发展。高华为什么却颠倒黑白，一笔抹杀了党领导的作用？为什么完全否认了同志们的劳动成果呢？质问高华的居心何在？你与右派分子的手法有何差别呢？

高华企图讲只是物资局的党不正确、不伟大来掩盖他反党的实质。请看高华一贯来的情况吧，在浙大附中时，拉拢落后分子，反对军事代表；在土改工作中想用手留[榴]弹与县委同归于尽。试问高华这些难道不是反党行为吗？这难道是光反物资局的党吗？显然不是。右派分子也都是这样讲：党中央领导是正确的，就是我所在单位的党领导不正确。很明显高华和谁一鼻空[孔]

出气呢？党的英明、伟大、正确，具体体现在各个党的组织对党的政策的执行上，对人民事业的忠心上，每个基层党组织是党的整体中不可分割的一部分，因此我们必须擦亮眼睛，把高华反党的阴谋继续揭发出来！

郑云清

高华装死躺下了，我们必须提高警惕！

请看高华的丑态吧！

当开始揭发高华的反党反社会主义材料时；

他在小组会上全部抵赖，并猖狂向同志们进行反扑。

当同志们觉悟逐渐提高，对他的反党反社会主义的事实进行大量揭发时；

他一见苗头有点不对，不承认一点过不去，便讲："我只是讽刺过份[分]了一点，超过了限度，没有爱护党。"

当同志们以铁的事实驳斥了高华全部荒[谎]言时；

他便摇身一变，装得一幅[副]可怜像[相]，故意装得哭不成声的样子，避重就轻以企图蒙混过关："我只有反党情绪，要我的思想上台，要党的思想下台。"

当大争辩会开始，以大理驳大非，高华无法抵赖时；

他又要花枪[腔]，只承认过去是反党反社会主义，在肃反后发展得尤为严重，如中国有匈牙利事件一定参加反革命，而整风以后反党反社会主义的思想却没有了。这是多么奇怪的逻辑啊！

当同志们深刻地、尖锐地、系统地揭发了高华是有计划有步骤有目的地进行反党反社会主义，光用高华自己检查就能将他的反动言论批驳得体无完肤时；

高华就要最后一个无赖手段，这也是我们早就预料到的——装死躺下，全部包下，不谈事实。他凶极无赖的[地]讲："事实就是同志们所讲的那些，我没有补充。"

从以上高华一贯所表现的狡猾态度来看，充分地说明了这样的事实——右派分子是不轻易放弃其反动立场的，是不会轻易地向人民低头认罪的。因此我们必须提高警惕！必须克服温情主义！向右派分子进行坚决的斗争，就像鲁迅先生所讲的：必须像打落水狗一样，不获全胜决不收兵。

郑云清

我们同高华的根本分歧,是两条道路的斗争!

在全国解放胜利的基础上,社会主义革命事业是迅速发展和不断的[地]取得成就。我们每个人都参加了,同时正进行着我们先人从未作[做]过的极其光荣的伟大事业。人们已经愈来愈清楚的[地]看到,中国人民几千年来意想不到的美好幸福生活要由我们来实现。一切拥有理智的人都会因我们的祖国日益富强而感到骄傲,都会因自己能为社会主义建设事业服务而感到光荣。很明显,只有党的领导,中国人民才真正成为今天国家的主人,才能够充分发挥自己的力量,建设新的生活。

然而,高华对这一切,与我们都有根本不同的看法。他说:"社会主义再好,我也算了。"且发出"厌世"之声。我们的领导他称之为"大人",即是"奴隶主"(主人也),而他自己称为"奴隶",又化身为"原则干部、一般干部"。这样一个领导与被领导的关系,荒谬的[地]把社会主义制度与奴隶占有制度相提并论了。

奴隶占有制的奴隶是什么呢?大家都知道,奴隶连同自己的劳动力卖给了主人,完全受主人绝对的支配,是剥夺了一切权利,没能成为自由民主的"人"。而今,我们的国家有高度的组织原则,为革命工作,就要服从组织需要的原则。肃反就是"有反必肃,有错必改[纠]"的原则。准不准高华考学校,审查你高华的历史,组织上有权利、有责任作出决定。高华身为共青团员、革命干部,应不应该服从组织,受组织审查呢?我们说:完全必要,而且正反映出我们国家社会制度的优越性。则高华在思想上却认为"我是奴隶,是受'主人'的绝对支配的"。出于高华的口称领导为"大人""主人"(奴隶主),原来有他的"根据"的。也正说明高华恶意的[地]把今天的社会主义制度分成是"两大对立的阶级——奴隶阶级和奴隶主阶级"。因此高华是不要这个社会,厌恶这个社会。然而使我们却更明确了这个目标——我们要社会主义,要党的领导、要人民民主专政和民主体中制,而且坚决保卫它。这一根本的分歧是两条道路——资本主义同社会主义道路的斗争,是关系到国家阵[存]亡的斗争。

杨宛华

高华的自尊心

高华在第五次大会上交待中,说了许多自尊心,说什么自尊性[心]放在最高位置上、个人自尊心至上、自尊心看得比什么都重等等。总之,由于"自尊心”，才反对思想改造，才反对社会主义、共产党。一点不错，因为高华的自尊心，是地主阶级、资产阶级的自尊心。共产党来了，无产阶级专政，要消灭剥削阶级，消灭剥削。这当然要损害了高华的“自尊心”。他参加革命不是如他说的是正义感，可以说是投机。看，他在土改中看到了广大的贫苦农民翻了身，斗争地主，打倒地主，他就要升学做逃兵，逃兵不成，要用手榴弹与县委书记同归于尽。这就是他的“自尊心”。肃反中组织上有根据的[地]审查他，又损害了他的“自尊心”。说省计委伏主任年轻锋芒，肃反全省最典型，提拔干部全省最典型，对他结论反动思想不甘心（原文如此——校者注）。领导上对他批评教育，又损害了他的“自尊心”，说只有工作下级服从上级，思想领导就不一定。学了马列主义要犯错误，说自己不是学社会科学的胚[坯]子，也是他的“自尊心”。由于他的自尊心，共产党三字亦不愿提，匈牙利事件在中国发生一定积极参加。好一个有自尊心的人！可是他在检讨中，就不把自尊心连上他的阶级性，避重就轻，进行狡辩。剥去高华自尊心的外衣，剥下的就是地主阶级、资产阶级本性。

我们说需要有自尊心，那就是建设社会主义自尊心，早日工业化、集体化，国强民富热爱世界和平。谁破坏了这些，就损害了我们的自尊心。今天向右派的斗争就是这样。警告高华！你得快抛弃你那反动阶级本性的自尊心，回过头来，深刻检讨，重新做人。

张协祥

驳 辩 护 者

杨宛华说：“高华的无题诗有5%正确，也值得领导考虑。”朱晋铿说：“官僚主义对党有害，应该反对。高华的《无题》诗是反官僚主义的，照诗论诗看不出反党。”“右派分子的言论还有值得可取的地方。”这些论调似乎是很客观的，实际上并不如此，是在“帮腔”，是在“辩护”。这样的说法，在辨明是非中，首先没有弄清大非大是，也就是立场问题。我们平心静气的[地]想一想，从爱护社会主义、爱护党的立场出发，绝不能像高华那样，因为领导上有个别或局部的缺点和毛病，就抡起斧头乱砍，就否定党的领导，就抹杀本局领导上的成绩。尖锐决[绝]不等于跨[夸]大，帮助党整风，不是让你来谩骂、挖苦的。

7月26日《浙江日报》的社论说得好，“黑暗的房间里即使有万分之一的光线，你不能称之为光明，而太阳虽然也有几点黑斑，却仍是光芒万丈的。”在反右派斗争中,报纸的社论是明灯,是镜子。还在“帮腔”、“辩护”的人,将社论拿来照照自己,听听同志们的意见,就可以知道错在什么地方。

再后,我觉得杨宛华《表明我的立场》这篇稿子,内容是空洞的,言之无物。说要检查自己的模糊认识,我就应该认真检查,才能分清是非,划清思想界线。对帮腔与否,说自己刚从北京回来,一个说“帮腔”,一个说不“帮腔”。只要分清是非,争个啥。我认为她这样说法不妥当,不要推到客观上去,有同志揭发高华《无题》诗的创作,你是参加了的,并很赏识。不争论,怎能分清是非,应该争,必须争,在争论中划清思想界线。

薛在善

揭开这小集团盖子

本局自批判右派言论以来,〈使〉我在思想上提高了认识和警惕,回忆过去高华和综合科某些人的言论行动,颇觉得综合科内似乎有个小集团。其根据有:

(一)他们经常公开用“大人”的代号来污蔑生科长。我问“大人”是什么意思?杨宛华说,“只能‘意思’而不能解释”,并问我有否看过苏联《钦差大臣》的电影。他们背后说华岐嵩同志只会在领导面前吹吹拍拍,不做具体工作;罗以东同志只是订订价,回来后即不知干些什么;周为俊没有正常工作。杨还说陈浩杜同志当领导面 套,背领导面一套,会吹又会拍,取得领导信任并入了党;还说他像个“小阿飞”,又经常说他们科内团结很好,只要“大人”不在,什么事都好商量;曾说与省计委合并后物资处■科长要并到综合科来,那我们的“大人”(指生科长)革命几十年那这样[怎样]办啊?并据杨说他们科内常感到做物资行政工作没出息,经互相交谈,高华因有“本钱”要投考大学,老毕要到工厂,小许“有美术天才”去考美专,杨本人正准备去南京工作(电厂)。由此而看,他们不仅拉拉扯扯,进行宗派活动,到处挑拨是非,煽动反党反领导的勾当,而且正在力图解散综合科。

(二)本局自整风学习以来,高华即披着助党整风的外衣,假借反官僚主义为幌子,写了一连串的文章,向党向社会主义放开了攻击。在大家向这些右派作斗争之际,杨宛华却百般阻挠,到外吹冷风,说什么这是“小题大做”,“有5%正确也应虚心检查”。

我们晓得杨这种帮腔是有道理的。据了解高华的文章不仅与她有研究,而且她还亲笔作过修改，不仅杨对高的文章基本意图了解，而据了解这个小集团的若干人也会有所知晓。这就不难而知他们的思想汇成了所谓“同流合污”。

我们要想知道其内幕如何？即必须以跟踪退迹[追击]的精神揭开这小集团的盖子，同时亦希望这小集团中清醒的人，现在应该勇敢地站出来大胆地揭发你们的活动，(是)向人民老老实实交待的时候了。

王桂轩

（三）辩论大会对高华右派言论的揭发和批判

彻底揭发高华真面目

根据几次大会的辩论及同志们的揭发批判，可以看出高华是个彻头彻尾的资产阶级右派分子，高华反党及社会主义是一贯的，历来已久的。高华在整风期间，更充分的[地]利用了这个机会，在局内大肆放火，对党对领导进行了恶毒的攻击。除了同志们分析批判外，我想对高华的向党进攻的几篇稿子，谈谈我的看法。

一、几篇稿子的内容作用及确要达到的目的——用高华的说法，就是"解剖开来看右派言论"。

（一）《这不是咬文嚼字》

这是个极毒辣极隐蔽的向党进攻的毒箭。它的意图是企图否认和取消党的领导，挑拨党群关系，企图在群众中造成一种错觉——工作都是一般干部的，领导干部没有什么作用，从而达到推翻党的领导，取而代之的目的。

1. 有意歪曲具体工作与具体劳动的概念。高华把具体工作与具体劳动片面的解释为抄抄写写、拟拟算算等等，如果不做或少做这些工作，就是脱离具体劳动，就不符合劳动创造世界的学说。在这里高华有意的[地]否定了革命分工的必要，有意的混淆了在不同工作岗位上都可以对社会主义建设做出贡献，发挥作用这一重要的道理。由于领导同志将主要精力放在如何领导全体同志完成任务方面，因而具体工作做的较少，因此高华就得出结论，领导者失掉了劳动者的本能，领导的有无与社会主义建设无关。

2. 根据上面论点，高华就进一步发挥说，工作都是一般干部做的，只有一般干部才是具体劳动与具体工作，才能创造世界，而领导者是没有工作与不干工作的，是除指指责责别无所长的，因而也就进一步的结论：这些领导都是不需要的了。

3. 从具体干部引证到原则干部，企图在局内挑拨党群关系，领导与被领导关系。

4. 高华的意思是想让领导干部放弃领导工作，从实际上取消党的领导。

这篇稿子的主要矛头是指向领导干部的，高华就是通过丑化、污蔑领导干部，来否定局里党的领导作用，从而达到其反对整个共产党的目的。

我们说，党的领导肯干是党的宝贵财产。这些领导干部大多是受过较长时期的革命锻炼，是勤勤恳恳、兢兢业业的[地]为人民服务的，党的路线方针政策就是通过党的组织及这些领导干部来贯彻的。毛主席早在1938年党的六届六中全会的报告中说："中国共产党是在一个几万万人口的大民族中领导大革命斗争的党，没有多数才德兼备的领导是不能完成其历史任务的。"对于领导干部在革命及建设中的重要作用，高华是知道的，因此他千方百计的[地]来打击领导的威信，把他们骂得一无是处，企图反掉领导干部，来达到推翻党的领导的目的。

领导干部担负着领导责任，掌握方针政策的贯彻，担负着教育干部的任务，这些是领导干部的主要任务。毛主席也曾说过领导干部的主要任务有二：(1) 出主意，(2) 用干部。因此在具体工作上领导同志就不可能(像)一般同志一样的[地]干，这本来是很容易理解。但高华就针对这一点向党进攻，把领导同志的作用否定以后，由这些领导组成的领导核心也就没有存在的必要了。高华就是这样来反对局里的领导的，当然这不是高华的最后目的，高华的最后目的是反对整个的党。这只是一个步骤吧(罢)了。

因此说，高华丑化谩骂领导不仅是为了打击领导威信，泄泄私忿[愤]，而是为了达到其推翻党的领导的一个手段。

(二)《这是帮腔么?》

高(这)篇稿子是在全国对右派分子展开了正确的反批评，我局也对右派言论进行反驳以后写出来的，因此其目的也就很明显，是为了对敢于揭发和批判右派言论的同志进行打击，给一切反党反社会主义的言行争取合法地位，以便达到他继续放火，继续的向党进攻，造成局里及社会大乱，推翻党的领导的目的。

1. 提出让右派分子多抛出一些恶毒的东西来，不要批判，让右派分子的言论暴露无遗，说这样不仅不会使国家大乱，反而对人民有利——可以刺激人民抗毒素的生成。高华这种论调的真实意义，不难看出是从思想上麻痹群众，(使群众)丧失政治警惕，在右派向党进攻的严重关头，不要起来保卫党的领导和社会主义，而任凭右派言论到处泛滥，结果造成中国的"匈牙利事件"，达到高华积极参加恢复资本主义统治的目的。

2. 高华很清楚的[地]看到,为了使自己和其他右派分子继续向党进攻,就必须制止对右派言论的反批评。右派分子知道,反批评会彻底揭露他们的真面目的,这对右派分子是个致命的打击。因此高华对局里第一篇反批评稿子,是怀着无比仇恨与恐惧的心理的,所以怀着激动和不安的心情进行了反击,企图阻止反批评的开展,以达其继续向党进攻的目的。

综上所述,可以看出高华的鬼[诡]计是多么阴险毒辣的。在全国右派份[分]子向党进攻了一个多月的时候,某些地方,尤其是大专学校已出现了混乱情况,有些地方地主反革命份[分]子也进行活动和倒算的时候,《人民日报》及全国人民对其进行了坚决的反击。每一个爱党爱国的人都会拍手称快,但高华却完全相反,对已经出现的混乱局面仍感不足,还提出让右派言论"暴露无遗",惟恐在中国不出现"匈牙利事件"。从以上看,可以看出高华是牢牢的站在反党反社会主义的立场上,在替一切反动势力说话,可以看出高华反对的是党及社会主义,而所需要的则是"匈牙利事件",即资本主义复辟。

(三)《解剖开来看右派言论》

这篇稿子是极阴险毒辣的,是打着反右派的旗帜,迷惑群众,借用右派言论继续向党进攻,装着公开揭发,实乃暗打招呼。在这篇稿子中,高华用了极阴险的手法污蔑共产党。这篇稿子的目的是想在表面上把自己打扮成右派,然后再进一步向党进攻。

1. 高华和其他右派分子一样,说我们党是"双轨制"(双轨制这种说法其本身就是错误的和反动的),并且说这种"双轨制"的存在是党为了加强自己而造成的。在高华看来,党的一些工作部门就是"双轨制"的表现。我们知道双轨制是不好的,它妨害着国家的统一和在民主基础上的集中,在共产党领导下的无产阶级专政的社会主义国家是不允许双轨制的存在的。既然如此,高华说我们党的各部门的存在是双轨制,目的就是取消党的各部门的存在。如果取消了党的工作部门和组织,取消了大专学校的党委会,取消了机关、团体的党组,取消了军队中的党委等等,这样一来,党没有了它的不可分离的组成部份[分],就不可能领导中国的革命了。这样,就达到了高华的目的——党可以下台了。

党的各部门的存在是否双轨制呢?回答是肯定的,当然不是。我国是在工人通过其政党——共产党的领导下，以工农联盟为基础人民民主专政也就是无产阶级专政的社会主义国家。党的领导具体的体现在各级组织、各部门的党的领导上面。这(不)仅不是双轨制，反而正是加强了我国的统一领导。正由于这样，才保证了党的方针政策的正确贯彻，才保证了全国人民紧密团结在党和政府的周围，同心同德的为建设社会主义而奋斗。

由此，不难看出，不管高华表面上打着反对双轨制说法的幌子，实际上却在贩买[卖]右派谬论。他是右派分子的忠实的同路人。

2. 高华写道，明辨是非——首先要站稳根本立场。什么立场呢？这还是个迷[谜]，所以必须解剖一下高华的言论看看实质。

有人说黑暗呀！黑暗呀……，高华就接着说："是的，什么人都有缺点，共产党也需要整风。"于是高华就创造了一个公式：共产党有缺点，黑暗。并且进一步提出什么才是主要的，什么才是我们的根本道路。什么是主要的和根本道路呢？在高华的稿子里没有明显的说出来。但根据高华的逻辑来看，很显然，既然共产党黑暗那么缺点就是主要的，因而党领导的走社会主义道路的根本道路是不行了，就必须走另一条即资本主义的道路了。由此看来，高华所说的"我们的"三个字是指的与高华有相同志愿的人，也就是右派分子们了。也可以看出，高华究竟是站在什么立场，代表谁讲话的了。

在这里高华显然忘记了二个很简单的道理，即

(1) 尽管太阳有黑斑，它仍然是光芒万丈，共产党有缺点也仍然是光荣伟大正确的。

(2) 螳臂是不能挡车的，高华和一小撮右派分子想走资本主义复辟的道路，必然会被历史的车轮(碾)得粉碎的。

3. 高华公然提倡与党的原则有抵触是合法的，难免的。他说，作为从旧社会和非无产阶级家庭出来的人，是难免在有些地方和党的原则有些抵触的。高华这种说法是有其一定作用的。

(1) 为右派分子向党进攻的罪行找理由，企图把这种罪行说成是出身关系，是思想问题。因而是难免的，在这里高华充当了右派分子的"辩护律师"的角色。

(2) 企图使有对党不满情绪的个人主义者不要害怕和改正自己的缺点和错误，因为这是难免的。

我认为党是代表工人阶级及全国人民的最高利益的。与党的原则有抵触的行为,就意味着不符合国家和人民的利益,这是错误的不应当的。与党的原则有抵触的人就应该极力改进自己的错误,否则发展下去就可能陷入反党的泥坑而不能自拔。高华大力宣传这种有害的反动的观点的用意是非常明显的,他想使这种反动观点像病菌一样的传染开来,来拒绝党的思想改造,以便与党进行“合法”的斗争。同时使这些人加深与党的隔阂,作为他反党的后备力量。

4. 根据上面的逻辑,高华又进一步提出要右派分子不要忘记过去的统治与压迫人民的生活。要他们正视现实——在共产党的领导下,社会主义是唯一的一条道路。高华暗示说,在共产党的领导下,道路就不能改变。你如果不忘记过去的生活,就必须起来斗争,推翻党的领导,进行资本主义复辟。

高华和我们一样,懂得斗争的重要,他知道要推反[翻]党必须进行斗争。事实上他已经在进行斗争了,并且还在号召他的同路人进行斗争。

5. 高华在把这些毒箭放出去以后,既然是打着反右派斗争的旗帜,多少总要对右派言论进行批判。于是他就把毕兆岗的一些言论抬了出来,为让人们看看我高华不仅从理论上批判了右派,而且也揭发了事实,并说“自己是有勇气坚持真理和右派划清界线的人”。当然高华这种化招是瞒不过我们的,我们从他在辩论大会上的态度就“领教”过了。他在第二次辩论大会上说我要揭发毕兆岗和杨宛华,但事实上根本没有揭发出什么东西,而是在公开的打招呼,公开的订攻守同盟,让他们一伙彼此心中有数,不要暴露真象[相]。高华想试试我们能否看透他的鬼把戏,我们要告诉高华,不管你如何狡猾,我们都会拆穿你的西洋镜的。

二、根据以上几篇稿子来看,高华是一个极其狡猾、毒辣的右派分子。他向党进攻的计划是周密的,他在进攻时不忘记防守,在防守时不放弃进攻。形势对他有利他就公开放火,对他不利他就隐蔽反击,拉拢小集团,打击反批评,真是面面具[俱]到。如果说还有不周到的地方,那就是他小看了人民的力量。

我们可以看出,高华向党进攻是系统的,全面的。他污蔑党是“双轨制”想从组织上反对党,反对马列主义,反对思想改造,从思想上反对党。他丑化领导干部是想从干部、人事上反对党。

高华反党反社会主义的言行,是打着帮助党整风的幌子的。但是我们可以看出，高华的言行与善意帮党整风是毫无共同之处的。他是站在与党和人民敌对的立场上向党进攻的。因此高华的行径，已经超出人民范围之外，而变成了敌我问题了。“有则改这[之]，无则加勉”、“言者无罪，闻者足诫[戒]”等这些原则对他已不适用。我们必须彻底的[地]、坚决的[地]揭发高华的真面目，打垮他的进攻，折断他的毒箭，不获全胜，决不收兵。

（孙家瑜）

以上同志对高华反党反社会主义罪行的严正批驳，我完全同意。我认为高华反党反社会主义的思想、言行、野心活动，非但历来已久，而且是日益狂妄，特别是在党整风期间，实为阴险、毒辣、狂妄、露骨。高华在整风期间，非但有思想、言语上的野心活动，而且还有一系列反党反领导的行为——（就是八篇稿子）连放了八支毒箭。

高华是非常阴险毒辣的。他深深地懂得，要反了党、反了社会主义，首先要反了党的骨干，所以他进攻的矛头，首先是针对领导干部、老干部。现在我就他八支毒箭来分析、批驳（野心和阴谋活动）：

（一）高华利用了助党整风的时机，打着反三害的旗帜，巧妙地利用了文艺手法可以夸大为工具，极端的[地]丑化、污蔑、谩骂领导与老干部，以迷惑群众在局内放火，从而制造混乱，达到推反[翻]党与领导。

首先分析他的《无题》诗，综合三个问题谈：

（1）高华披着反官僚主义的外衣，使用了为资产阶级服务的文艺手法，恶毒地丑化、污蔑、漫[谩]骂领导与老干部，向党疯狂进攻。他把领导干部、老干部丑化得似过去的戏台老生（意思不要看他们资格老呀，不要看他们在领导，当头他们是不行的，不长久了，因为戏一出……很短的）；丑化他们只是指指责责（高华自己所谈只是批评人，别人无所长）；又污蔑他们坏得世无比伦（不如帝国主义）；又丑化他们在高高欲坠的木靴上，迷[眯]着小眼看不见事物，一只大手失去了劳动者的本能。

从以上的丑化、污蔑，把我们美好的社会主义社会，描绘的[得]“乌云满天”，因而要领导下台，要推反[翻]这个“新社会”（打了引号）。由高华自己说，是否是戏台老生。如否定戏台老生，引号不是打在新社会上，应该把五个字打引号：“新社会的人。”

(2) 高华对党的领导干部、老干部报以刻骨仇恨,目的是推反[翻]党的领导,推反[翻]社会主义社会,妄想中国恢复半封建半殖民地。

我们的领导干部、老干部是有毛病,是有缺点,“三害”确有存在,所以党提出要整风,以利社会主义建设。但是在工作中整个做出的成绩是基本的,但是在高华看来是失(去)了劳动者的本能,已坏得世无比伦。我们问高华:那么谁好呢?在我们看来最好的是共产党是社会主义国家——他们消灭了剥削,消灭了阶级,人与人之间彼此互爱,生活年有改善,生产年有发展,国家人民日益富裕;最坏的是帝国主义,它向外以别(的)人民国家为自己殖民地,对内少数人压迫剥削多数人,失业日益增加,在国际上制造紧张局势,挑起新战争,毁灭人类,是人民最大的不幸、灾难、创于[刽子]手。但是高华把我们的领导、新社会比的[得]如此,这又说明了什么呢?

回答的,就是高华的立场不同,所以看法也不同。阶级矛盾本来是对抗性,不可调和的,高华站在资产阶级立场上,当然“处处看到格格不入”。

爱憎分明、是非分明,是在一定阶级立场上分明的。如人民大众所痛恨的剥削制度,而统治阶级就是喜爱的,极力保护的。人民大众几千年来所祈[期]望的、理想的、美好的、人与人间平等的、没有剥削的社会主义社会,而统治阶级就认为是“黑暗呀,一团糟,不自由,不民主”。(前天的《浙江日报》登载了一条消息:厦门市一个文具店私方,在全国是锣鼓喧天的全行业合营下参加了公私合营。我们安插了他当营业员,但他不愿放弃他的剥削生活,所以在7月中旬,竟然持刀杀公方代表。)高华所以如此地刻骨仇恨老干部,企图把老干部搅糟了,达到反共的目的,达到推反[翻]党的领导,推反[翻]社会主义,企图资本主义复辟,企图中国回到半封建半殖民地。这样,高华梦想又可以过他高人一等的地主、资产阶级的生活了,又可以过他少数人的自由民主生活了!高华的骨髓是不甘于社会主义、共产党的,他在大势所去[趋]下,混在革命队伍中的阶级异已[己]分子。

各级领导干部、老干部是党的核心骨干,不允许高华对他们进攻的。

(3) 文艺手法

文艺是属于上层建筑的范畴,而是为下层基础服务的,文艺历来是有阶级性的!毛主席早在1942年延安文艺座谈会上讲过“文艺是为什么人的?”这句话的。这里清楚地指出文艺是有阶级性的。

在为人民大众的革命文艺，一为工、农、兵，第二为小资产阶级，而不是为地主、资产阶级利益服务的。他们有为剥削阶级的文艺、压迫阶级的文艺，即封建文艺、资产阶级文艺、奴隶文艺（奴隶文化），为帝国主义服务的。还有一种为特务机关服务的。

像鲁迅所批评梁实秋……一类人，他们虽然口头上提出文艺是超阶级的，但是他们实际上是主张资产阶级文艺，反对无产阶级文艺。主席又指出——对于文艺批评，有两个标准：一个政治标准，一个是文艺标准。首先是政治标准，文艺标准只能放在第二位——一切利于抗战团结的、鼓励群众同心同德的、反对倒退的、促进进步的东西，都是好的或较好的；而一切不利于抗战团结的、鼓励群众离心离德的、反对进步、拉着人倒退的东西，都是坏的，较坏的。

又说——对于人民的缺点是要批评的，但必须真正的站在人民立场上，用保护人民、教育人民的满腔热情来说话。如果用对付敌人，而[那]对敌人是无情的[地]暴露他们，讽刺他们。

如所用的刻毒的手法来对付同志，就是把自己站在敌人的立场上去了。讽刺有对付敌人，（哪有对）朋友、自己队伍的！

那么我们看一看高华的文艺手法，就很清楚了！A. 他的丑化、夸大、污蔑里是否找到了用保护领导与老干部，满腔热情来帮助领导纠正缺点呢？——坏的世无比伦了，主观主义够不上起码客观。B. 高华的八支毒箭里是否有利于当前社会主义建设，鼓励同志们同心同德建设好社会主义呢？——他要推反[翻]，否定“新社会”；他要毒草暴露无遗，制造匈牙利事件的条件。

有人还说，对官僚主义唯恐讽刺不够，挖苦不够，这就敌我不分。说文艺可以夸大是模糊了文艺的阶级性。

高华的文艺手法可以夸大，事实上就是暴露了他的阶级本质。他以对待敌人的文艺手法对付我们共产党，对付我们党的领导干部、老干部，高华的立场已经站在资产阶级方面非常明朗。

有人说，高华学鲁迅的笔法——我们说，如这样的说法，是污蔑鲁迅先生。鲁迅先生的爱憎是非常分明的，他的文艺阶级性极其强的，他的冷讽热嘲、讽刺、挖苦，文艺作为手法，是对付阶级敌人的也不是对付人民的！（主席说的）而且（这）是在言论不能自由的统治社会里，今天我们又是什么？

《洋相》

《洋相》是配合《无题》诗同时出来的。他是一面进攻一面建筑防线,他的阴谋目的——堵住领导上的口,只准他讲话,只准右派言论讲话,使局内的火烧起来。这样使高华的意见上台,党的意见下台。

这里可以看出高华的计划非常周密的!野心非常阴险的!〈在〉这支毒箭里非但有以上的目的,而且同时起到一个放火的作用——暗示局内群众,现在已把领导上的口堵住了,你们可以放呀!有一度曾经领导上在小组里以组员身份来发表自己的看法,也认为解释过早了,妨碍鸣放了。这些都是高华的放火作用。

《试帮局长克服主观主义》

高华的火是一把接着一把放的。他急于希望局内的火烧起来,他计划使他的意见尽早上台,领导尽早下台,所以不到三天又射了一支毒箭。

这一篇是打着反主观主义为旗帜,集中火力向局长进攻,想一下子把局长攻倒的!其实高华是想错了。

高华利用了局长在某种程度上或某个问题上的一些"主观主义"的缺点向局长大肆进攻,使群众表面一看,好像是助党整风,是提的对呀,其实这是高华进攻的一种手法。

在这支毒箭里有高华自己的炮弹,也有收集来的断章取义炮弹,有歪曲,捏造,有污蔑,扩大。

问题很多,但我只批驳以下几个问题:

(1) 驳高华对批评与自我批评和正确反批评的看法。

马克思说:自我批评乃是巩固无产阶级革命的方法。

毛主席说:批评、自我批评好像空气一样的,灰尘每天揩每天有。我们思想的政治灰尘必须通过批评、自我批评来经常清洗,这样才能保持我们无产阶级思想的纯洁性不会被周围小资产阶级、资产阶级思想影响腐蚀。

斯大林说是教育干部的一种特殊方法。

所以我们的党从来都教育党员经常重视群众的批评。重视党内外的批评、自我批评。

现在我们看看高华的态度:

(1) 谁批评了他,对谁有意见。在他看来批评是不平等、不民主、不自由。■■文书,县委批评他字草,内容不清。他就认为呆[待]不下去了,一定要离开，从而闹情绪调工作，这是为了巩固无产阶级革命吗？应有的态度：高华应虚心改正，字应该写得清楚一些。

(2) 肃反中批判了他的思想，他又认为面子过不去，打击了他最大的自尊心，所以高华的政治灰尘无法清洗，日久月长，灰尘越堆越发展，就走到反革命的立场；所以这次成为向党进攻的右派分子。

(3) 高华要考大学、闹情绪，局长批评了他，他就(认)为局长批错了，自己一口拒绝有个人主义，而是为了工作，为工作又不惜放空气要和局长大闹。(原文如此——校者注)又说被局长批评后存在毛病更危险，更大。

2. 高华不要批评的本质，就是反对思想改造。反对思想改造的目的是希望资产阶级思想泛滥，小资产阶级思想泛滥，这样达到涣散组织性、纪律性、人民意志的统一，从而使社会主义制度不能巩固，资产阶级复辟。

3. 高华说不是学习马列主义的胚[坯]子，他对马列主义是不感兴趣的，但在党整风期内为什么又这样大感兴趣？这篇文章中充满了马列主义，其阴谋是披着马列主义的外衣向党进攻，并污蔑马列主义。

他说局长的看人够不上起码的客观，是片面的，主观的，形而上学的，动机与效果、思想与实际是割裂的。是的，唯心主义与辩证唯物主义是对立的，主观主义是形而上学的！他讲了这么多的马列主义，所达到的给局长做结论——够不上起码的客观，那局长就要反马列主义了！那局里的工作为什么能有这样大的成绩呢？高华你还不是向领导进攻又是什么呢？

我们局长有主观主义，但不是你所说的——反马列主义，其实反的是你自己，而是在许多问题上闭着眼睛说瞎话。

其次高华在这篇文章中进攻的第二炮——污蔑局长的“不虚心”的资产阶级尾巴和他一样长。

我认为高华你是反动派，资产阶级的。你根本不能和局长比。

你不是什么不虚心，而是处处暴露了你的阶级“反抗性”，只能你“统治别人”的阶级本能。如只能你向别人批评，提意见，不能别人批评你的缺点、错误。不说远的，就拿整风、反右派期间，斯德元批评了《帮腔》，你就起来反驳；杨钟英批评了你是野火、毒草，你又要不满，甚至认为大敌当前。

总之，高华不是什么不虚心，是他统治阶级的可耻的臭恶的本质。

高华的向党进攻是一步比一步毒辣，看看火烧不起来，在7月13日又放了一把火。

《咬文嚼字》

这支毒箭,贯串[穿]否定领导作用,以挑起群众对领导不满,使局内混乱,达到群众起来推翻领导。

这篇文章中更加阴险、毒辣,高华把界线划得明确明朗。除了几个少数的领导干部外,其他的是具体干部了,都是他们的成绩。高华是以《无题》为中心,他所有毒箭都是围绕着否定领导与老干部作用,达到党领导干部下台,高华上台。

高华说"原则干部、原则工作","原则工作"就是没有工作,就是空架子,最后迄今未转看一眼。这里谈一个问题:

1. 领导与被领导关系(孙家瑜同志已谈得很多)

A. 革命工作是非常复杂的。中国是一个六亿人口的大国,要取得胜利,必须要有领导的、有组织的,分工合作的构成一支强大的革命队伍,这样才能保证党的总方针、总路线下统一意志、统一行动。因而必然有各级的领导干部,有一般工作干部,这是客观存在的。

但是高华确[却]认为这是奇怪的事了,人事部门、组织部门专听到过。其实高华不是不懂得这点,而是利用这点来放火,来制造混乱,来挑拨党、领导与被领导关系。

B. 领导的主要任务,毛主席在《论干部政策》中已说得非常清楚,他们主要任务"出主意,用干部"。当然有时间是应该而可以深入实际的做具体工作,但不是高华脑子里所想象的放去[弃]了主要任务而埋头于具体工作,这与毛主席的"干部政策"有原则分歧的!

讲原则干部、具体干部,是别有用心的。

在大肆放火以后,又为右派言行向党进攻扫除障碍。接着又来一支。

《这是帮腔吗?》

他要右派言论"暴露无遗"——目的达到制造匈牙利事件,以资产阶级复辟。因为7月9日和6月8日已一月,事实全国各地已受右派分子影响,地主、富农、反革命活跃,倒算,人头落地(的)斗争。不乱吗? 这是[时]中央正确领导及时掌握情况,反击右派。高华还抵赖,不是帮腔是什么呢?

高华向党进攻,是个有组织、有计划、有目的,而且非常讲究策略! 看来大势不利，就披着反右派的外衣，转入极其阴[隐]蔽的继续向党进攻，同时鼓励与暗示右派言论。

高华承认了右派分子曾污蔑我们为“双轨制”向党继续进攻，接着他借用右派言论，“黑暗呀！”来否定我们的成绩，把新中国说成漆黑一团，高华在《无题》诗里“新社会”打引号不奇怪的。高华说什么有缺点呀？坏了，共产党所(以)要整风，高华你还有什么抵赖？不是否定“新社会”而是否定戏台老生，高华又公开扬言——作为旧社会与非无产阶级出身的人，难免有些地方和党的原则有些抵触的，——这就是高华反批评自我批评的目的：要资产阶级，小资产阶级思想泛滥，达到推反[翻]党的领导，推反[翻]社会主义。

他鼓励暗示右派言论——副作用呀……

请问批评了右派言论以后有什么怕呀！你有什么意见不能提呀！你怕的是什么呀！……鼓励右派分子。屁股要坐稳，不要轻易的[地]放去[弃]立场。

高华提醒右派分子，留恋解放前的生活——高华暗示要回到解放前的生活必须与共产党斗争。

高华解放前的生活，有150亩田的地主，是全年五分之一收入，大学教授的儿子，接触的名人、学士，是高人一等的民主、自由。

许多右派分子，他们都是留恋资本主义的生活，留恋过去，所以想推反[翻]党，要资本主义复辟。

（蒋萍）

驳斥高华的《无题》诗、《洋相》二篇文章

高华长期以来一直站在资产阶级立场上，对共产党对社会主义进行有计划、有组织、有目的进攻，在大放大鸣中他的反党反社会主义言行，就更加露骨和猖狂。他的这个阴谋在这次反右派斗争中已经完全暴露。事实俱在，铁证如山，高华是抵赖不掉的。

我现在仅就他大放大鸣中向党向社会主义发出猖狂进攻的几篇文章进行驳斥，剥掉高华的画皮，来看一看高华是一个什么样的人，究竟干了些什么事。

一、《无题》诗

高华的《无题》诗经过了一个多月的讨论和驳斥，已经证明了《无题》诗是一篇极其恶毒的污蔑我们领导的反动文章。而高华几次交待中不敢

揭露自己的这个反动面目,只是躲躲闪闪,轻描淡写地解释一下,甚至极力掩盖自己的思想实质,并公开扬言说"小品文"、诗歌、漫画可以夸张可以讽刺,我讽刺的是官僚主义,而不是领导,只要5%的正确领导也要考虑等等来狡辩。

现在来解剖一下《无题》诗,它的思想实质是什么?他所持的是什么立场,他所讽刺的抱什么态度,倒[到]底有没有5%的正确呢?

(1)首先我要揭露高华《无题》诗的二个阴谋:

1. 高华的《无题》诗是打着反对官僚主义这样一个幌子进行反党反对领导的阴谋活动。他的锋芒是针对我们的党和领导的。他所采用的手法和其他右派分子一样,就是用丑化、污蔑的手法企图把我们党和领导丑化污蔑成象[像]反动统治阶级一样的人物。然后,把我们局里造成一个混乱的局面,以便他挑起群众来反对党反对领导,实际上就是要在我们局里制造"匈牙利事件"。高华说:"如果中国出了匈牙利事件,我一定积极参加。"我说你不仅这样想的,而且现已经是这样做了。所以我们必须揭发高华这个阴谋。

2. 高华另一个阴谋,就是利用小品文、诗歌、杂文、漫画等可以夸张可以讽刺的这样一个文艺手法,用对待敌人的方法来攻击我们的领导。高华这个阴谋也必须揭穿他。

(2)看一看《无题》诗的内容:

第一段:不要看他样子古老,也不要以为他戏台老生,他还是真真实实的"新时代"的人。第一句中"样子古老",是针对我们老干部的,就是你们不要看他是资格老的人。第二句"戏台老生",要和他的漫画比较来看。他那幅漫画是戏台上的头戴乌纱帽的假官,我们知道戏台上有这样的人是没有做好事的。这句话就是"你们不要以为他现在是站在戏台上的领导者,实际上都是些假官"。第三句话,我们从第一、第二句话已经看得很清楚,他是把我们领导丑化成都是些假官。当然这个社会、这个时代也就不是新社会、新时代了,所以高华就把新时代三个字上划上一引号,就否认了这个时代。这里我们还可以从高华的交待中来证实这个问题。他在第四次交代中,把我们今天的社会人与人关系看作奴隶主与奴隶关系。我们知道奴隶主与奴隶关系是什么关系呢?什么社会才有的呢?这是很清楚的。但是高华在几次交代中就不承认这一点,并狡辩说"我不是否认新时代,而是否认这些人是新时代的人"。我要问一问高华：你不是否认新时代，那你为什么在新时代三个字上划上引号，而不在真真实实四个字上划引号呢？你高华是一个有文化的知识分子，这点很普通的标点符号也不会用吗？这不是鬼话吗？你不是否认新时代，那你把我们今天社会人与人关系看成是奴隶主与奴隶关系，那又怎么解释呢？你自己已经回答了这个问题还有什么狡赖的呢？

同时按照高华的看法，我们党今天领导的社会主义革命和社会主义建设不是为了消灭压迫、消灭剥削、消灭阶级，不是为了建立真正的社会主自由、民主、平等幸福的社会，而是为了建立新的剥削、新的阶级关系。那我们只要看一看今天的社会就很清楚了，是不是这样的。这种反动谬论与反动派的看法有何两样呢？结论只有一个鼻孔出气。那高华站在什么立场上说话不是很清楚了吗？

再看一看《无题》诗第二段吧。

他生就一张大口，还有一只“伟大庄严”的手，大手指事大口责人，指指责责这个本领他“世无比伦”。

我们知道站在人民头上、作威作福、护[横]行霸道的是什么社会的人，是什么社会才有的呢？只有国民党反动派那时的社会才有的，封建统治阶级的社会才有的。他们是骑在人民头上作威作福，要你怎样就怎样，他们那种无恶不作的行为才是世无比伦的。我要问一问高华，我们今天的社会里有这样的人吗？我们国家机关里有这样的一个领导干部吗？一天到晚站在群众之上，大手指事大口责人，在那里作威作福一点事不做，甚至连世界上也没有可比的，比国民党比希特勒还坏，而且这个人简直是牛鬼蛇神，怎么会是人呢？请你高华举出一个例子来。

大家都知道，共产党是真正代表人民利益的，把人民的利益，就是党的利益放在第一位的。共产党经常教育自己的党员，也教育我们全体干部要全心全意为人民服务，密彻[切]联系群众关心群众。我们局里的党和领导也是这样教育我们的，而事实上也是这样做的。这我想你高华是知道的，所以我认为，只要不是反革命，都会从自己的切身体会中感到我们今天的社会无论从那[哪]一方面来说都比从前不同了。

当然我们领导上在某些工作作风上有官僚主义，个别领导在某些问题上有指指责责的地方。正因为有，党才提出整风。整风目的就是为了去掉这些坏东西，但是决不象[像]你高华听说的那样我们领导的本领就是“大手指事、大口责人”，而且这种本领是“世无比伦的”。

这也不就清楚看出你高华仇恨共产党仇恨领导，反党反领导的反动面目，已经不打自招了。

高华在《无题》诗第一、第二段丑化污蔑之后，第三段就是直接向党向领导提出警告，号召群众起来推反[翻]共产党，推反[翻]领导。

我们看一看他第三段怎么说的：

我看还是向他大喝一声，放下你那官僚臭架子，口开小些，眼睁大些，两只手一齐干事吧，那才是劳动者的本能。还要脱掉那高人一等的官靴，不然，老实说，很难真正做到深入下层。

为了更说明问题，我在这里引证下其他右派分子的话。

葛佩奇[琦]说：“现在群众对共产党的话不信任，共产党对这一点应特别重视，因为民无信不立。群众是要推反[翻]共产党，杀共产党人。若你不再改，不争口气，腐化下去，那必走这条道路，总有那么一天。”

天津有一个大学右派分子说：“你们这些领导人都是工农出身。今天建设社会主义，我建议工人出身的到工厂去搞工业，农民出身的到农村去搞合作化，这才是发挥你们能力。”

高华的话与右派分子的话有什么不同，所不同就是说法不同，实质是一样的。从这里也不是更清楚地看出高华是一个最阴险毒辣的右派野心家吗？也不是明确地暴露出他的反动面目了吗？但高华几次交待死不承认，仅仅就是想整一整领导而已。这能说是仅仅整一整领导吗？这还不公开号召群众起来推反[翻]共产党吗？使资本主义复辟吗？

我认为铁证如山。尽管你高华狡辩，想整一整领导也好，仅仅抵抗思想改造也好，领导触犯了你自尊心也好，这只能表明一个问题，就是你高华到今天为止，还是坚决不向人民低头，决心与民为敌反抗到底吧[罢]了。

以上就是高华《无题》诗的思想实质，从上面的分析，我们看一看高华的《无题》诗的原意是什么东西？

现在我再把它综合起来说一遍，使大家更明确的了解它的反动本质。无题诗不是无题的而是有题目的，题目就是“反党反领导”，其内容是：

你们不要看他们的资格老，革命几十年了。
你们也不要看他们现在站在台上的还是个领导者，
其实，他们是个在台上唱戏的假官，穿着那高人一等的官靴
已经摇摇欲堕[坠]了(见漫画)。
他生就一张大口，还有一只所谓“庄严伟大”的手
只会指指责责，除此之外别无所能，而且已失去了劳动者的本能了。
他指指责责这个本领是世界上再也没有可以比的了。

虽然如此，但他却是现在台上的领导者，这个社会是什么社会呢？不是新时代了。

像他们这样的人，我要向他们大喝一声。
叫他赶快脱掉那高人一等的官靴滚下台去。

以上就是高华《无题》诗的全部内容的思想实质。现在请同志们看一看他对党对领导是如何仇恨，对新社会是如何仇视。他的面目不是很清楚了吗？

(3) 高华不是说过吗，小品文、漫画可以夸张，可以讽刺吗？并且说，他只是讽刺官僚主义，不是讽刺领导。

在这里我们听一听毛主席怎么说的，文艺应该为谁服务的问题。

1. 毛主席在延安文艺座谈会上的讲话中说：我们的文艺是为什么人的呢？我们的文艺不是为封建地主阶级、不是为资产阶级、不是为帝国主义服务的，而是为人民大众服务的。什么是人民大众呢？是工人、农民、兵士和城市小资产阶级。

2. 站在什么立场和什么态度来对待讽刺、运用讽刺。

毛主席说：立场问题，我们是站在无产阶级和人民大众的立场上，对于共产党来说也就是要站在党的立场，站在党性和党的政策立场上。

态度问题，是随着立场的。比如说歌颂呢，还是暴露讽刺呢，这就是态度问题。究竟那[哪]种态度是我们需要的，我说二种都需要，问题在于对什么？有三种人：一种是敌人；一种是统一战线中的同盟者；一种是自己人，这就是人民大众及其先锋队。对于三种人需要三种态度。(1) 对敌人对帝国主义和一切敌人，革命文艺工作者的任务就是暴露、讽刺他们的残暴和欺骗，并指出他们必然要失败。鼓励抗日军民同心同德，坚决打倒他们。(2) 对统一战线

中的各种不同的同盟者，我们态度应该有联合又[有]批评，有各种不同的联合，有各种不同的批评。他们的抗战我们赞成；如有成绩我们赞扬；但如抗战不积极，我们就应该批评；如有人反共反人民那我们坚决反对。(3) 对于人民群众，对人民的劳动和斗争，对人民军队，对人民的政党，我们当然应该赞扬。人民也有缺点，无产阶级中还有许多人保留着小资产阶级的思想，农民和城市小资产阶级都有落后思想。我们应该长期地耐心地教育他们，帮助他们摆脱背上的包袱，使他们能够大踏步的前进。他们改进了，我们文艺应该描写他们的改进进程。只要不坚持错误的人，我们就不应该只看到片面就去错误地讽刺他们，甚至敌视他们。

毛主席还指出"我们是否废除讽刺呢？不是的，讽刺永远需要，但是有几种讽刺，有对付敌人的，有对付同盟者的，有对付自己队伍的，态度各有不同。我们并不一般地反对讽刺，但必须废除讽刺的乱用"，又说"对人民的缺点是需要批评的，但必需[须]是真正站在人民的立场上，用保护人民、教育人民的满腔热情来说话。如果把同志当做[作]敌人来对待，就是使自己站在敌人的立场上去了"。

我们从毛主席的话来对照一下高华的《无题》诗是一篇什么性质的文章，是站在什么立场上来讽刺的，对谁的为谁服务。(1) 毛主席告诉我们对敌人对帝国主义，我们就是要暴露他们尖锐的[地]讽刺他们的残暴和欺骗，坚决打倒他们。高华的《无题》诗所持的态度就是这种态度，用对待敌人的态度来对待我们领导。高华是站在什么立场上不是很清楚吗？他是为谁服务的也不是很清楚吗？这不是清楚看出你高华讽刺的锋芒是对共产党对新社会吗？那么怎能说不是讽刺我们党和领导呢？

毛主席不是告诉我们吗？对人民的缺点需要批评的，但必须是真正站在人民的立场上，用保护人民、教育人民的满腔热情来说话。你高华《无题》诗那[哪]里能看出一个字一句话是满腔热情来说的？那[哪]里能看出你高华是真正站在人民立场上来帮助领导克服官僚主义的感情呢？我们是看不出的，我们看到的只是在字里句间都充满看你高华仇恨共产党、仇视新社会的话和感情。所以怎么能说就诗论诗看不出有一点反党反领导的意思呢？这还看不出来吗？不是很清楚的吗？这怎么能说《无题》诗还有积极性的一面呢？表现在那[哪]里呢？对谁来说是有积极性的一面？有一点对我们来说还有用处，就是高华的《无题》诗给我们做了反面教员，使我们分清了是非，提高了觉悟，除此之外别无可取之处。怎么能说5％的正确也要考虑？5％的正确表现在那[哪]里，考虑什么呢？我们党是告诉我们对于一个被批评的人来说，只要别人批评有5％的正确都要接受，但是这种批评的目的要在于加强社会主义事业，加强人民民主专政，加强党和人民的团结的。但高华的《无题》诗中那[哪]里能看到这一点呢？他的目的是反党反社会主义，那[哪]还有什么考虑呢？我认为讽刺官僚主义是可以的，否则的话，漫画、小品文、杂文就可以不要了。但问题在于站在什么立场上，这就是毛主席上面所说的。但是高华所讽刺的官僚主义站在什么立场上的，在我们今天新社会中我们国家机关中哪里能找得出来一个这样的官僚主义吗？简真像牛鬼蛇神一样的人(如他的漫画)，我看蒋介石集团对我们的污蔑恐怕也不过如此吧！

文艺是有阶级性的，它是上层建筑，是为一定经济基础为一定政治服务的，它是阶级斗争的工具。

高尔基说：文学是阶级间的关系最尖锐和忠实的描写。这就是说，它用在对敌人是最尖锐的斗争武器(这是指文艺讲的)，用在对人民是最忠实的描写。鲁迅先生是爱憎分明的，阶级立场很明确。他对敌人恨之入骨，对人民是忠诚的爱的，所以鲁迅先生在反动统治时代，没有言论自由，专门用冷嘲热讽的杂文形式向敌人斗争的，所以文艺掌握在人民手中就为人民服务，掌握在敌人手里就为敌人服务。帝国主义、国民党反动集团的文艺报刊不就是天天在大肆进行反共宣传吗？

从这次反右派斗争中暴露出来的问题，也有力证明了这个问题。我们有些报刊被资产阶级右派分子掌握之后就篡改了我们的政治方向，如《文汇报》、《光明日报》、《新民晚报》，还有很多杂志。我们《浙江日报》副刊曾经有一个时期被郑秉谦等右派分子篡夺了的，党内右派分子高光就企图篡改《浙江日报》政治方向。

高华为什么公开叫喊小品文、漫画可以讽刺，可以夸张。这不就是企图否认文艺的服务性，让了《无题》诗漫画合法化，来迷糊群众，达到反党目的。

高华的另一篇文章就是《洋相》。《洋相》是写在6月8日《人民日报》发表了《这是为什么》社论之后，且又是在《无题》诗的同时发表出来的，并有毕兆岗的《正反面的意见箱》的漫画。他这种逻辑按[安]排是以证明高华是有计划、有目的、有组织的。我们知道 6 月 8 日《人民日报》社论很明确指出:"现在有少数右派分子在借帮助共产党整风的名义下,正在向共产党向工人阶级的领导权挑战,叫共产党'下台',企图乘机推反[翻]共产党的领导,让资本主义复辟。少数右派分子利用辱骂、污蔑、威协[胁]并装出'公正'的态度来箝[钳]制人们的言论,甚至采取恐吓信手段来达到他们不可告人的目的。"

高华就是怕别人揭露《无题》诗的阴谋和他的真面目,因此他用装出一副"公正"的样子,建议领导对他提的意见要虚心接受,如果解释就不虚心来箝[钳]制领导的言论,封住领导的嘴,不许领导讲话,来迷混[惑]群众掩盖他的真面目,达到他继续放火,继续进行反党反社会主义的罪恶活动。事实也证明了高华的这个阴谋是有计划、有目的、有组织的。因为他在《洋相》之后就一连就放出了五、六支毒箭。

这里要特别提出是毕兆岗的那幅《意见箱正反面》的漫画。这幅漫画把我们领导丑化成一个封建社会里的奸臣一样的人物,旧社会用最恶毒的话骂人,就是你这个人是笑里藏刀,像中山狼。这幅画就是这样的,领导一方面叫人客客气气提意见,一方面对群众意见采取打击报复。我们领导是这样吗?(这里引证一下《人民日报》有积极的批评。要有正确的反批评的话,正面说明驳斥。)这不是造谣歪曲吗?这幅漫画目的是告诉群众,领导上接受群众意见就是这样的,从而煽动群众来反对领导。

但是你高华是估计错了。领导的嘴是封不住的,群众的眼睛是迷湖[糊]不了的。假相[象]怎能变成真的呢?狐狸的尾巴怎么能掩盖的[得]了呢?我们的领导经过了长期革命锻炼的,阶级立场很明确的;我们同志们又有了毛主席的六条标准。对于一个对党对人民事业忠心耿耿的人来说,怎么会糊里糊涂对你们那些反党反社会主义的言行都把它看成是对党对人民事业有益的建设性的意见呢?那更不要说对你们反党反社会主义言行提出反驳了。

从以上的一系列问题看来,我们说高华有计划、有组织、有目的问题向社会主义进攻不是没有根据的。我仅仅从这几篇文章来看已经证明了这点。我们如果再把他平时的一些言行联系起来,呼应起来就更加清楚了。关于他平时散布一些言论,拉拢一批人组织小集团进行反党反领导的活动,大家已经揭发很多。

高华到物资局之后,一直对党对领导不满,一方面和他的小集团散布一些反党反对领导种种谬论进行放火，比如说："物资局没有一个像样的党员"，"青年人当行政干部没有出息"，"学习马列主义要犯错误"，"物资局党如果是伟大、光荣、正确，使人难以置信"，"共产党不谦虚"，"现在工作中最大困难是人与人之间关系"，"主人、大人、二大人、三大人，省计委领导肃反全省典型，提拔干部典型"等等，而对他们的同伙互相吹嘘、相互捧场。一方面高华知道要反党反领导孤军作战是不行，必须有群众（这群众是高华的群众）。拉拢一些反对党、反对领导、对党对领导不满的人，组织小集团，共同向党向领导进攻。党提出"百花齐放、百家争鸣"之后，开展大放大鸣。他们认为时机已到，就更猖狂，共同密谋写文章、漫画向党发出进攻。企图把物资局搞得乌烟瘴气，制造"匈牙利事件"，待机而动，使资本主义复辟，所以高华这个反党反领导及社会主义的阴谋是由来已久的、有脉络可寻的。到现在为止，高华对于这些问题还没有作交待，他们同伙还没有揭发，还是坚决站在反动立场上，相互包庇。我还是劝告你们吧！应该赶快觉悟过来，站起来向党向人民交待。否则，人民是决不会饶过你们的。

（郑永年）

对高华的反党反领导罪恶的批判

今天我来全面揭发和重点批判高华反党反领导的罪恶言行。我们通过学习，知道右派分子是我们的势不两立的敌人。有我无他，有他无我，是关系着国家存亡的大问题。右派分子是很阴险毒辣的，向党进攻的手法也是非常卑鄙巧妙的，他们懂得进攻的战略战术，所以他们进攻的目标首先是党的领导和我们国家的基本制度。他们有意识地扩大我们工作中的缺点，捏造大量耸人听闻的事情，污蔑和丑化我们的领导，企图达到否定党的领导。他们对党抱有严重的敌对情绪，处处煽动群众，有意挑拨党群关系，寻找机会企图使资本主义在中国复辟。他们抗拒党的政策方针和历次社会主义改造运动，他们不满党的德才兼备的干部政策，他们攻击我们的肃反运动，他们拒绝思想改造，他们不相信社会主义制度真能取得胜利，他们反对我们的基本制度——民主集中制，要求绝对的民主自由，要求个性的绝对解放，不要党和国家的组织纪律。一切右派分子都是如此，高华是不例外，与全国右派分子一模一样，是一个凶恶的革命队伍中的害群之马。我们来看看高华反党反领导的具体事实（分三大点)：

第一,他刻骨仇视我们的党和领导,想把我们的党的力量削弱,想把我们的领导搞垮。他在解放初期,还在浙大附中读书的时候,他就说过这个社会不是我所理想的社会,以后曾想殴打学校的军事代表。参加革命后,他就逃避当时激烈的阶级斗争——土地改革,工作不积极,一想再进学校读书,但当这个要求不能达到时,他就十分不满,甚至企图用手榴弹与县委同归于尽。高华在二次交待中也承认参加革命后,对新社会的幻想逐渐冷漠下来。他有一股很大的怒气,处处觉得不顺眼,感情上反感很大。以后因考大学不准,县委批评和做文书工作,(高华)对党的敌对态度开始了,认为对党总有一天要爆发闹反[翻]。高华对新社会百般挑剔,故意把有些问题扩大化。在离开省委党校时,他骂了人家一通,平时对领导也极不满,因此当时党校领导曾找他谈过,问他有什么地方亏待了他,据他自己说弄得很不好意思,一时答不上来。对于高华的错误行为,党校的团支部对他进行过教育,但他说是老一套,到处批评是放之四海而皆准的,从根本上拒绝批评。

调来本局后,他心里不愉快,沉默很多天,但由于以后领导上交给他重要的工作,他说要捞一个科长干干,经济上宽敞宽敞。这是恶毒的污蔑,他的一时假面具,朦[蒙]蔽了大家,欺骗领导。他当起团支部付[副]书记,工作干得较积极,甚至想申请入党,混到党内来。肃反时,组织上对他过去参加的各种面目不清的组织团体和他的反动的或错误的言行进行了审查。作为一个革命者,应该明确的认清这是必要的审查,只有这样才能使党认识自己,也能使自己更快的进步,但是高华却完全抱着绝对对抗的态度,认为肃反肃错了,对党抗拒发展到极为严重的地步,他说过"我连共产党三字提也不愿提"。对于肃反运动的领导人,他对张协祥说有机会要和他们干一下子。他自己承认,当时中国假如有"匈牙利事件",他一定要积极参加,这就是说,他要积极的参加反革命活动,立志要推反[翻]和消灭共产党。这就是高华的反动真面目。他也说肃反后更巩固了我的考学愿望,他千方百计要脱离革命队伍,去干他别有用心的勾当。他觉得物质局的一股气受不了。另外他还想团龄超过后,去做民主人士,认为民主党派有发展前途。

整风运动开始,他借这个机会,有计划、有目的、有组织地向党向领导发起疯狂的攻击。他利用早已结成的臭味相投、同流合污的小集团,积极发出种种毒箭和谬论。他利用合法地位，打着反对官僚主义、主观主义的幌子，接连向党射出了八支恶毒的毒箭。他在《无题》诗中，污蔑我们党和领导是样子古老的戏台老生，诋毁我们的现士[实]社会不是新社会，造谣中伤地说我们的党和领导只会指指责责已坏到世无比伦的地步，露骨地要我们的党和领导脱下靴下台。他对党的刻骨仇恨痛绝到这样的地步，他说："《无题》诗的画像还算画得好呢，我还画成个人样呢！"他自己承认，他这种种做法是为了削弱党的领导。

高华也说过，要把党的思想下台，要让他的思想上台。那就是要让资产阶级上台，要工人阶级下台，这就是高华闹事的最终目的。直到反右派开始，他对批评他的人还说成是大敌当前。

上面是高华反党反领导的一些具体表现。

第二，由于他刻骨仇恨我们的党和领导，因此他积极的[地]挑拨党和群众的关系、领导和被领导的关系。具体表现如下：

1. 在他任本局团付[副]支书时，他企图摆脱党的领导，不要来干涉团的工作。他说团可以独立处理问题，说团贯彻党的每一个工作时，都经过严重的思想斗争。因此在他任团的领导工作时，团执行党的任务不够坚决明确。团的组织发展教育工作也做得很差。

2. 他说全国的党是光荣、伟大、正确的，但如果说物质供应局的党也是如此，是令人难以置信的。他极力底[诋]毁物资局的党的成绩，说物资局的领导只会指指责责，不做具体工作的原则干部，物资局的领导不但有严重的主观主义、官僚主义，而且还有宗派主义；说我们的局长除了听回[汇]报得到一些印象以外，没有对什么问题进行亲自深入的研究；说局长看人够不上起码的客观；说什么局长认为和自己亲近的、一致的就好，相反就坏等等。否认物资局党的领导的正确性，企图以此来煽动旁人引起共鸣，不要党来领导我们的工作。

3. 他本人是绝对不满肃反运动的，认为省计委领导的肃反肃错了。他挑拨被审查的同志说：省计委的领导伏主任年青[轻]不稳重，肃反时把陆国昌捕错了。朱大同的问题解决不了只好推出门，肃反后提拔干部又弄了那么一下子，在全省成了典型。企图煽动张协祥同志的不满，否认党的肃反运动的成绩和必要性。

4. 那[哪]一个同志靠拢党要求进步的,他对要求进步的同志采取歧视和恶毒的讽刺、打击的态度,希望我们不要靠拢党、接近党。他曾污蔑靠拢党(的)同志进行的入党要求是双包[保]险,藉此打击人家入党决心。同时这也表明高华一方面污蔑别人的入党要求的正确性,一方面也说明他有复辟思想。他也说华岐嵩同志是唯唯诺诺,原因是华岐嵩秉承领导的指示与贯彻领导的意图,他就十分仇恨这些靠拢领导要求进步的人。迫害正气。

5. 他自己不安心工作,也希望别人跟他一样。他说自己不是做行政工作的胚[坯]子;说青年人做行政工作是没有出息。他把综合科搞得乌烟瘴气,煽动不安心工作,对领导戏取绰号、侮辱已是常事。

6. 他极力贬低局长领导威信和才能。例如,李黎打字,有时看不清局长的字去问高华。高华说:他们能弄出什么名堂来?算了吧,他怎么写你就怎么打。藉此来挑拨李黎同志工作不要负责任。但高华写的,看局长给改了,他对李黎说:"我这么写你这样打好了。"公然不要领导,对领导的抹[漠]视到了什么程度,根本不看到眼里。

7. 他自己积极向党进攻,并且还煽动旁人也来反对领导。他曾表示过说:"怕局长干啥,我怎么想就怎么讲。去年吵过,我也不怕。"他还说:"你们提意见有顾虑,我不怕。我迟早总要滚蛋的。"他在科里公开说:"人人不在。我们什么事都好商量。"

8. 他在综合科起什么作用呢?起了发酵作用。一贯挑拨离间,进行反党,对科室间关系也进行挑拨。高华为了讨好他的小集团分子杨宛华,经常在生科长面前讲什么科如何如何不好,以达到离间的目的。他松懈组织情绪,进行挑拨,利用领导的话来达到他个人目的。如说社会主义没有个人利益、兴趣,就不能建成社会主义,以此来鼓励大家发展各人的爱好和兴趣,煽动群众不安心工作。企图瓦解综合科,进一步破坏物资局,达到个人考学是合情合理的,而领导上不让他去是错误的。为了取得群众对他的同情,他说过"生科长说我考学校是个人主义,我就没有个人主义,你生科长的位置给我,我还不干呢?"表示自己考学是完全纯正的。

第三,高华从根本上来攻击我们的社会主义制度,对我们现在的新社会抱有严重的抵触和抗拒情绪。

高华对我们的社会,照他自己的说法,是有一股很大的怨气,处处觉得不顺眼。这是不奇怪的,因为他的反动本质决定了他。他要考学校,领导不批准,就说以前的领导上是欺骗他,是这些留他的单位有本位主义,觉得领导亏待了他,认为我们不自由、不民主。他在肃反受到审查,思想上极为不满,表示要和领导上干一下子,平时说:“现在我感最困难的是人与人之间的关系。”他对我们党的各种政策也很不满,例如党的德才兼备的干部政策,他就认为有什么才能应该担任什么工作,否则领导妨害个人的发展。他公开说有些同志的工作能力还不如一般同志,意思是这些同志不配担任科的领导。他认为肃反运动没有成绩,而且是肃错了,是领导上主观主义。例如陆国昌捕错了,朱大同没有问题,计委下不了台,只好推出大门,我们局里逮捕的也全部释放了。对他本人受到审查,他更是反感。在大放大鸣中,他企图平反,否定党的正确领导。他反对思想改造,反对学习马列主义,特别是对社会科学方面,说自己不是学社会科学的胚[坯]子,而竭力鼓励大家偏[片]面的学习科学技术,放弃政治。他举艾思奇在资产阶级研究问题犯了“左倾”错误来证明马列主义是学不得的,愈学愈犯错误。特别是苏共二十次代表大会以后,他更是气焰万丈,找了更多的籍[借]口,更加抗拒学习和改造。他在大放大鸣中,用种种办法堵住领导的嘴,为右派进攻打开道路。他极为露骨地反问局长说:“共产党是好的,向共产党提反面意见造不成了‘反革命’了么?”这完全是诬蔑。不要群众向领导提意见,也是对整风有意的曲解。他自己说过,他要争取民主、自由、平等,他认为现在没有自由、平等、民主,所以他要用“正义感”来闹事,要给共产党闹反[翻]。

上面的事实,就是高华反党反领导的具体罪行,我们没有虚加夸张,更没有凭空捏造。这些都是高华做过的言行,都有历史作证,要抵赖也不行。

下面,我就已揭发的问题来加以分析批判,并对高华所犯错误的根源加以分析。

首先,我们决不允许高华之流来反对和污蔑我们伟大的党和人民政权。因此我们来谈谈中国共产党到底好不好,以工人阶级为领导的工农联盟为基础的人民民主政权究竟是否好。我认为这是我们认识上的根本问题,也是同高华认识上的根本分歧之一。

我们知道,中国共产党是中国工人阶级的政党,是坚持社会主义和共产主义的革命力量,是领导社会主义革命和社会主义建设的最可靠的支柱。只有中国共产党,才能胜利地完成了我国新民主主义的革命,彻底推反[翻]了帝国主义、封建主义和官僚主义在中国的几千年的统治,解放了我国的生产力,使我国的劳动人民真正当家作了主。现在我们的党领导着我们,做着史无前例、前人所从来没有做过的伟大的社会主义建设。到今年年底,我们可以超额完成第一个五年建设计划。假如不是别有用心的瞎子,那么我们可以看到我国的发展是飞跃式的发展。就农业合作化来说,全国一亿二千万农户中都已加入农业生产合作社,成为集体经济。我们载重汽车、喷气式飞机、1 200 千瓦汽轮发电设备都已试制成功,像汽车、飞机已大量生产。这种惊人的发展,连敌人方面也承认我们的党在经济领导方面是有办法的。铁的事实,任何人要诬蔑诽谤也是徒然的。

高华可能会说,党在领导社会主义建设和社会主义改造方面的成绩,我也知道,党在这方面的确是伟大正确的,但是在社会主义革命方面却有很多错误。例如肃反运动,他就说过是肃错了,而且有机会还要干一下子。那末[么]我们就来看看肃反运动的成绩。《人民日报》社论在肃反问题上驳斥右派说过,1955 年的肃反运动清楚[除]出了八万一千多个反革命分子,一年中有十八万余人向政府投案自首,使我们的人民民主政权得到了进一步的巩固,使我们可以更好地进行社会主义建设。党没有错杀一个人,因为毛主席报告中提到这一点,他说过逮捕的人没有立即执行,因为这样可以避免错杀人,可以还有挽救的余地。而对于真正愿意坦白自新的,党都作了宽大处理。这是明摆着的事实,这就表现了党是多么英明、正确、伟大,所以我们毫不夸张地说,没有共产党,就没有新中国,就没有我们的独立、民主、自由,就没有我们今天的一切,而我们个人,没有党也就没有一切。这些我们体会是很深的。我们得出结论:谁反对共产党,谁就是反对人民、反对社会主义。这一点是丝毫也不容许怀疑的。凡是新中国的一分子,特别是作为革命者,我们衷心爱护党,像保护自己的眼珠一样来保护党,来拥护党的领导。

而高华刻骨仇恨我们党和领导,他连共产党三字提也不愿提。他要削弱党的领导,要让党的思想下台,要把自己的思想上台,扬言总有一天要给共产党闹反[翻]。这不是反党是什么?这完全显出他是一个彻头彻尾的右派分子。我们要责问高华,党在那[哪]一点上亏待了你呢?在那[哪]一方面有委屈你的地方?我们认为党对你的教育是严肃的,党对你是信任的,党对你的肃反结论是正确的，而你却是辜负了党，使自己堕落成为可耻的反党分子。我们知道党对高华的教育也不止一次，但是高华始终是认为老一套，是放之四海皆准的，总要借机予以反击，表示抗拒。由于他是政治上衰退的人，他必然被资产阶级思想所统治，而其错误不但连续不断，而且愈犯愈大，最后走向自绝于人民的道路。而高华今天正走在悬崖上，是幡然悔悟，还是执迷不悟，由他自己抉择。党对高华是信任的，以前在县委做文书工作时，重要的公文多是经过他的手；以后在团委工作时，一直担任团委的领导职务，做党的宣传工作；在党校时任资料组长；来物资局后，要他担任文书组的负责人，做局长的助手。肃反后他还被提拔一级，同时调到综合科，负责综合检查的工作，做着机要工作，而且一些较重要的业务会拔[议]都让他参加。我们说，作为一个无产阶级本来是不应该考虑和计较这些信任、地位、名誉的，但因为高华就是计较这一些，所以我们拿出事实来讨论他所计较的问题，更能说明问题。从以上的事例，可以看清楚，不是党不信任高华，而是高华别有用心的攻击党。的确，党在肃反运动中审查了高华，因为高华有很多可疑的政治历史问题。作为高华，应该愉快地勇敢地接受党的审查，他却极为不满，而最后党对他的结论是思想反动。这是非常符合高华实际的结论，但高华不同意，企图推反[翻]党对他的审查的必要性和结论的正确性。从这里，我们看出高华的本质是什么，他的所谓清高自大是否真实。事实证明了他是一个野心勃勃的个人主义者。他的一切反映了没落的反动阶级的垂死挣扎，不甘心退出政治舞台。

我觉得高华任何的恐吓和诅咒，是吓不倒我们党的，是诅咒不了我们的社会主义事业的。我们还是按着我们的预定进展。他要给党闹反[翻]，那末[么]反[翻]掉的不是党，不是人民，而是高华自己。历史上的罪魁蒋介石用几百万军队，花了三十多年时间，想消灭共产党，但是结果是失败了，人民把它打得落花流水了，而我们的党却愈打愈强，成为战无不胜的坚强力量。高华要想闹反[翻]诚像螳螂挡车，蜉蝣挡道。但是虽然如此，我们决不小看高华要干一下子的那种阶级仇恨，我们一定要把他的反动气焰打垮。我们懂得蛇虽小，但很毒辣，必须针对要害加以狠狠地打击。我们正告高华，中国决不会发生“匈牙利事件”，你的痴心梦想决不会实现。你要积极参加反革命活动，人民决不允许你，而且只有死路一条。难道你没有听到工人农民的说话吗？他们说：“右派分子要造反，我们就要给你吃铁扁担，要和你们斗争到底。”我看高华是敌不过六亿中国人民的。

前面已经讲过高华反党反领导的卑鄙手段是挑拨党群和领导及被领导的关系,他的不要党的领导是一贯的。我们已经说过没有党的领导就没有一切,就以团的工作来说,也是这样。团本身就是受党的领导的,它只能在党的领导下进行自己的工作。党章规定团是党的助手,但高华百般摆脱党的领导,还说接受党的工作是经过严重的思想斗争。这不是由于他的无知,而是他的反党思想是多么顽强坚固,而高华担任团支部领导时的工作情况,也就可想而知了。

高华竭力降低本局党组织的功绩和威信,竭力污蔑和扩大李局长的缺点。这已被我们几次辩论驳得理屈词穷,在事实面前已低头承认自己是污蔑或是捏造,恶意攻击领导。这里重点谈一谈高华不安心工作,几次三番要求考学的问题。高华不承认自己考学是个人主义,还说是领导欺骗了他,事实怎样呢?我想,我们一个革命者,从参加工作那天起,就有决心全心全意为人民服务,我们的一切个人利益和志趣应该完全服从党和人民的利益。这是我们人生观的根本问题,也是一个革命者最起码的品质。我们总记得那些共产党员视死如归,不折不扣执行党的决议和命令的模范事迹,以此来看看高华到底怎样呢?他是三番五次地决意要去考大学,领导上不同意,就污蔑领导是欺骗,甚至要同县委同归于尽。这完全是十足的丧失了一个革命者最起码的品质——无条件的服从工作需要,我认为领导上不让他去是正确的。那末[么]他到学校去作[做]什么呢?他自己招认,他觉得自己政治上吃不开。过去曾想无论如何也要作[做]政治上的活动分子,现在自己犯了错误,泄气了,觉得单纯搞技术,弄不好,犯了错误来性质也不严重。他为的是远离政治,少与人接触,尽力克制名誉地位思想,不要生野心。认为有了技术就有了一切。总的一句话,是逃避现实性的阶级斗争和自我思想斗争,要求重起炉灶,到另一个地区去争取名誉地位威信。同志们,这不是个人主义是什么?高华为什么睁着眼睛不敢正视自己?高华认为读书学技术就会脱离政治,就能克制个人野心,事实上这是骗人的鬼话。因为一个人对党有刻骨的阶级仇恨,站在敌对立场上敌视新社会,他怎么可能会无声无息地悄悄死去,会默默无闻地不动声色?这次整风开始,右派分子就以为是搞垮党的机会到了,因此一切牛鬼蛇神都出了洞。高华当时正在忙着准备报考,但他说:我忍不住,一连射出毒箭向党向领导猛烈进攻,直到现在还执迷不悟,继续顽抗。历史不是最好地打了高华的嘴巴吗?

从以上的分析来看，高华极不是象[像]他自己所说的是为了党的事业而学习，而是为了他的不可告人的、自私的个人利益而别有企图。假如我们人民的学校吸收他去学习，难道不是对人民犯罪吗？不是养着狼来破坏我们自己美好的家园吗！所以我们的领导上没有让他去，这是完全正确的。我们过去受他迷惑的同志，现在应该明白了。

敌人是懂得堡垒从内部突破的。高华的一惯[贯]阴谋，就是挑拨是非，利用一些似是而非的事情来离间党和群、领导和被领导的关系，企图达到分散革命力量，松懈革命意志，造成和增加人为矛盾的目的。我们应该彻底粉碎他的这种阴谋，必须高度警惕他的阴谋的危害性。

现在我们再来谈谈民主和自由的问题。前面的同志们已经谈到民主和自由的关系，说明世界上没有绝对民主和绝对的自由，只有相对的民主和自由，而自由民主是有它的具体内容和它的阶级性。在今天人民的天下，我们都感到很自由、民主、平等，我们享受着各种宪法赋予的权利，我们人民内部根本没有剥削压迫，只有平等友爱，这有很多的事例来证明这一点。但高华却觉得不自由、不民主、不平等，口口声声要争取民主、自由、平等，我们说，他追求的正是资产阶级的民主、自由、平等。例如，他认为是自由，那末[么]应该让我随心所欲。我要参加革命就参加革命，我要脱离革命去读书就可以随我的便。我可以做我所爱做的事，我可以（有）吊儿郎当不服从领导的自由，有反党反领导的自由，但别人不能批判和反击，否则就是不自由。我可以自由选择政权的民主。你这个人不管政治面目如何，只要有才能，不管白猫黑猫，都可以提拔当领导。很显然，这是人民所不容许的民主、自由，必须以组织纪律来制裁，而组织纪律也正是对那些不自觉的人是最有力的武器。这样，我们就可以认识到由于人们的立场观点不同，对理解民主自由的角度不同，得出的结论也截然不同。高华的结论就是反党的观点，他的立场就是资产阶级的立场。所以他不遗余力的[地]反对我们党的一些重大措施，攻击我们的基本制度，极力反对学习马列主义理论，这是毫不奇怪的。堕落成为资产阶级的右派，也是十分自然的。

最后我们根据上面的揭发和分析，来看一下高华犯错误堕落成为可耻的右派的原因。我们认为一个人犯错误不是偶然的，是有他的阶级根源和社会根源的。

高华的家庭是一个大地主，长期剥削人民的血汗，骑在人民头上吸吮人民的血汗,同时他家庭中多是受过洋奴教育,因此资产阶级的生活教育熏陶也特别深刻。高华就是在这样一个环境里教育长大的。在他长大成为青年人的时候,他所接触的人和参加的组织,有的十分反动,其中有特务,也有三青团和国民党一些上层人物,从小就形成他的高人一等、飞黄腾达、出人头地的资产阶级的反动人生观。他处处要占便宜,事事要爬在别人头上,不甘心平等共居,这是他的平时言行最显著表现。

解放后,他带着原始的反动阶级的影响,带着反动阶级的有色眼睛[镜],参加了革命队伍和青年团。由于他的立场观点不同,所以他处处觉得这个社会不入眼,有一股很大怨气。挑挑剔剔,他认为我们的党不是他所需要的党。按理,一个出身于反动阶级的人,只要努力学习,认真严格的[地]改造自己,是能够背叛原来的阶级影响的。这样的同志在我们革命队伍里是不少的,有的还为党作出了很大的贡献。但是高华却不是这样,他是看了不少马列主义的书,但他学了一些时髦,把学得来的东西来作为反马列主义的工具。他拒绝批评和自我批评,不愿学习理论,抗拒思想改造,所以他的反动本质不是逐渐改造,而是不断滋长,并受外界影响,而且一天比一天严重,以致最后成为可耻的右派分子。这就是高华成为右派的社会根源、历史根源和思想根源。

高华在最近一次的书面检查中,轻描淡写的把自己犯错误的主要原因说成是长期以来的清高自大,目空一切,欣赏自己的正义感,把自己的个人利益和自尊心放在党的利益之上。这是高华隔靴搔痒,找错了门路,太小看了自己。实际上,他又一次玩弄手腕,企图欺骗同志和领导。这样的检查不会对自己有帮助,同时也更引起我们对你的愤怒。我们每一个同志决不会被你迷惑,决不会把你反党反领导反社会主义的严重罪行看成是你的思想问题。你的罪行决不是骄傲自大、自尊心强。你应该认识,你已给人民犯了罪,你已是个彻头彻尾的资产阶级右派。

我希望高华端正态度,低下头来真正向人民认罪,彻底交待和批判自己,求得脱胎换骨的改造。否则你的下场是不堪设想。

(杨钟英)

驳斥高华关于反对马列主义的各种谬论

高华一直不承认他是反对马列主义的,只承认“对马列主义不感兴趣”、

“我不是学习马列主义的胚[坯]子”。当然罗，他不可能公开的[地]反对马列主义。道理很简单，因为马列主义已深入人心，任何一个愚蠢的敌人也不会在人民取得政权的今天公开的反马列主义，因此高华就采用了隐蔽的手法。慢性的腐蚀剂，使人中了毒药不知不觉的。但是不管你方法如何巧妙隐蔽，我们只要剥破高华的言论行动就不难看出他反马列主义的实质，因此他企图抵赖，是抵赖不了的。

首先他要“党的思想下台，要他的思想上台”，并还讲“用党的思想为言行标准这一点在我思想上就愈来愈削弱了”。

党的思想是什么？以党的思想为言行标准是什么？谁都知道是马列主义，是无产阶级思想。高华脑子里既然马列主义、无产阶级思想愈来愈削弱了，那又是什么思想占了上风呢？你的思想上台又是什么思想呢？谁都知道社会上只有两种思想体系，不是无产阶级思想体系，就是资产阶级思想体系，决[绝]没有第三种思想体系，因此可以肯定资产阶级反动思想在他脑子里占了上风。他要的是资产阶级反动思想上台，要马列主义思想下台。你既然要马列主义思想下台，你难道不是反马列主义吗？

其次，马列主义是总称，它有很多内容的，而他对马列主义的主要内容如党的领导、无产阶级国家的政体——民主集中制、社会主义制度等都反对，难道不是反马列主义吗？再看高华为了反马列主义的目的到处发火，企图煽动群众不学习马列主义，以制造不向[问]政治的空气。

他首先无中生有的制造了很多谬论，并到处进行散布。如：“要领导干部才能学习马列主义”，“要十四级以上的领导才能学习马列主义，因为能看到全国的文件，一般同志学了就要犯错误”，又讲“斯大林学了马列主义犯错误”，“艾思奇学了马列主义还犯了错误，我更不是学习马列主义的胚[坯]子了”等等。

他散布这些谬论的阴谋何在？

高华所宣传的对象都不是领导干部，都不是14级以上的干部，也即是都不够高华所规定学习马列主义的条件，就是你们学了既要犯错误那就根本不应该学。要按他讲的标准，那我们局七十多人只有局长一个人才够条件学，其余都不能学。当然罗，他这样讲是为了达到煽动的阴谋，这决不是他的本意，而他的本意是什么呢？他的本意是认为像斯大林这样在世界上很有名望的领袖学了马列主义却犯错误,像艾思奇这样在我国数一数二的哲学家学了马列主义都犯错误,那就不怪学的人问题,而是马列主义本身是错误的,因此他实质上是想否定马列主义的正确和伟大。高华一方面煽动大家不学习马列主义,他另一方面对学习文化的人表示很关心很热心,愿作[做]义务教员,企图制造不问政治的空气。

高华既然要资产阶级上台,否定马列主义内容,煽动大家不学习马列主义,不问政治污蔑马列主义,否定马列主义的伟大正确,这难道不是反对马列主义吗?

谬论在真理面前是会被粉碎的。

学习马列主义是否要条件呢?我们认为学习马列主义要有条件,但我们讲的条件跟高华所讲的根本的分歧。他为了煽动群众不要学马列主义而制造了些条件,因此他讲的这些条件根本不存在的。

谁都知道学习马列主义的目的是为了改造我们不正确的世界观、人生观,以树立无产阶级的世界观、人生观,也就是以无产阶级的立场观点方法来指导我们的工作,使我们在工作上少犯错误或不犯错误。既然是为了这样一个目的,因此无产阶级出身的人要学习,非无产阶级出身的人更应该学习,领导干部需要学,被领导干部也必须学,因为每一个干部在不同的工作岗位上执行着党的方针政策,而重大方针政策的制订都是以马列主义为依据的。任何工作岗位都不能脱离党的指导思想,我们物资局决不例外。例如就举一个工作方法为例吧。这次到下面去检查物资工作。由于领导上强调了群众观点的重要而加[嘉]兴检查小组认真的贯彻了这点,因此获得一定成绩,同样的任务交给高华在杭州搞,但不能完成任务,领导上只得叫他收兵。从以上情况说明学习马列主义的目的跟高华所制造的条件显然是不符,因此讲高华的条件是无中生有的捏造,而我们认为的条件只有一个,只要能放弃反动立场的愿意改造自己的人都能学。高华讲我不是学习马列主义的胚[坯]子,我认为他是讲的真心话。虽然马列主义是放之四海皆准的普通[遍]真理,但马列主义不是对所有阶级的改造是万能的,不是对所有人的思想改造是万能的。对反动阶级来讲决[绝]不是万能的,对坚持反动立场的人来讲也决[绝]不是万能的。例如马列主义真理告诉我们资本主义必定死亡,共产主义世界必然会在全世界实现。这对帝国主义来讲是格格不入的。农民收回土地,解放生产力,这对地主来讲是格格不入的。资本家的利润是工人的剩余价值,这对资产阶级来讲是格格不入的。为什么会格格不入的?是由于反动阶级狭隘的阶级立场、成见所决定。因此死抱住反动阶级立场的人决不是学习马列主义的胚[坯]子。

再拿高华来讲,马列主义是伟大正确,是放之四海皆准的普通[遍]真理,必须党的领导,我们国家的政体——民主体[集]中制等等。这些对高华来讲是格格不入的,所以高华讲"我不是学习马列主义的胚[坯]子",实质上就是因为他死抱住反动立场的原因。

高华歪曲斯大林、艾思奇犯错误的原因是学习马列主义的结果。

斯大林犯错误的主要原因在《再论无产阶级专政》中已很正确地说明了这点。

斯大林后期表现了开始迷信自己的智慧和权威,不肯认真地调查和研究各种复杂的实际情况,不肯认真地倾听同志们的意见和群众的呼声,以致自己所决定的一些政策和措施往往违反客观实际情况。这主要是他思想方法部分地,但也是严重地离开了辩证唯物主义而陷入了主观主义。因此斯大林犯错误的主要原因,决[绝]不是学习了马列主义,而是部份[分]地、严重地违反了马列主义辩证唯物主义。这显然是高华歪曲事实的一种污蔑。

艾思奇关于资产阶级问题上所犯的错误的原因,也就是他只看到资产阶级对抗性的一面,而资产阶级在特定历史条件下,可能转化为非对抗性的另一面认识不到。这主要是因为脱离实际而犯了主观主义所致,而高华也污蔑为学马列主义的结果。

从以上情况来看,高华所制造的谬论是根本不存在的。

高华企图否定马列主义的伟大正确,关于马列主义的伟大正确早为世界历史所证明了,在世界上已深入人心了。右派分子是否定不了的。揭开世界历史看,在很早以前人民为了想摆脱压迫、剥削、贫困,极渴望能在世界上实现理想的共产主义,如柏拉图的理想国、乌托邦、中国儒家的世界大同。但这仅仅是理想,但由于他们没有认识到也不可认识到社会发展客观规律,因此他们的理想都不是科学的共产主义,不可能实现。只有马列主义的理想才是有依据的,才是有社会基础的,所以马克思主义诞生之后才一百多年就传遍全世界,深入人心,而且已在世界人口三分之一的广大地区已经变成为现实。再揭开中国历史来看,劳动人民为了摆脱剥削、压迫,曾掀起很多次农民革命,但结果不是失败,就是被另一个剥削统治阶级取而代之,失败的原因是没有找到正确的指导思想武器。中国人民在中国共产党的领导下以马列主义作为指导思想,才取得了今天这样伟大的胜利,才实现了前人所未能实现的伟大理想。再从世界今后的趋势来看,亚洲电影里一些国家的电影片中,如日本的《米》,巴基斯坦的《叛逆》等,这些影片真实的反映了这些国家劳动人民被压迫、被奴役所遭受的悲惨痛苦的生活以及劳动人民善良纯朴的性格,并有反抗统治者等高尚的品质。我们看了这些电影虽然语言不同、风俗习惯不同,但是我们却有共同的思想感情。因为他(她)们的现在正是我们的过去,所以很多同志看到这些电影内心感到异常沉痛掉下了眼泪,对这些国家的劳动人民表示深切的同情,同时更体现了这样一条坚定的真理:这些国家的人民要想摆脱剥削、贫困,唯一的就是要以马列主义为指导思想,依靠工人阶级,摧毁反动统治,才能获得我们今天这样的彻底解放,而且他们一定的必然的要走这条道路。

因此从世界历史,从中国的历史,从世界今后的趋势充分地证明了马列主义的伟大正确,因此马列主义的正确伟大决[绝]不是自封的,早为世界历史所证实,右派分子否定不了。

高华为什么要反对马列主义,因为他很知道马列主义是我们国家的指导思想,是我们党的灵魂,所以他像全国右派分子一样向我们致命的地方进行恶毒的攻击。如果要让他的阴谋得逞,那就会使我们无数同志的人头落地,那就会使我们失去社会主义而让资产阶级复辟。当然这是高华的梦想,巨大地[的]钢铁般车轮已将高华右派分子的梦想压得粉碎。

(郑云清)

对高华反社会主义言行批驳要点

高华的几次交代,特别是最后一次,都是在强词夺理,避重就轻,只谈过去、不谈现在,只谈思想、不谈行动,只空洞批判不谈事实,只谈同志们已经揭发的、不谈新的,总而言之,极力避开他反党反社会主义本质。

一、高华的反社会主义言论与行动

1. 厌恶新社会、仇恨新社会、污蔑新社会

高华在交待中曾说,他对新社会格格不入,处处看不惯。他在一解放就已经敏感到,这个社会、这个党不是他所希望的。(他)曾说社会主义生活再好,

他也不愿过，严重的时候与这个制度势不两立，中国出现“匈牙利事件”他一定积极参加。在感到推反[翻]不了党，推反[翻]不了这种社会制度时，意[臆]想消灭自己，做旧社会忠臣。

他对新社会的不满仇恨情绪已经是到了这个地步。整风运动开始以来，他写的《无题》诗正是他这种思想的露骨表现。这篇诗中他说出他对新时代的看法。新时代就是那些一张大口、一只大手指指责责，失去劳动者本能的戏台老生在唱戏。这个用意是很显然的，可是高华在几次交待中总是说是否认戏台老生，不是否认新时代。这只不过是强词夺理的狡辩罢了，其实是否认新时代又否认戏台老生。我们现在生活的时代就是新时代，而高华对这个时代是一向仇恨的。难道仇恨的社会，同时又认为是好的，不是坏的？高华心目中的现代社会就是如此的社会，因此格格不入、处处看不惯，所以必须推反[翻]它，而且正在努力地推反[翻]着。污蔑是推反[翻]的第一步。

2. 反对社会主义思想改造

这一点高华在自我检查中已经承认，但是他的承认与我们的看法仍有距离（反对思想改造的言论、理论、行动、方法有一套，是很完正[整]的一套）。

高华反对思想改造的表现有：

A. 公开拒绝批评。人家向他提意见，他说我不是党员，对我要求不要过高。把同志们的帮助当做[作]打击，批评他的人是他的“仇人”、大敌，肃反中批判了他的思想，他要怀恨在心。整风中也是如此，有时并且事先有目的的[地]散布空气为自己的错误行为打掩护，如考大学问题。

B. 避免群众的监督，不愿跟群众打交道。

C. 污蔑党的批评与自我批评，把他说成是“指指责责”，批评说成是“责人”，污蔑批评他的人。

他不仅拒绝改造，而且有拒绝改造的理论。

(1) 合法论。在解剖开来看右派言论说，作为从旧社会和非无产阶级家庭出身的是难免和党的原则有抵触的，高华在交代中沾过的小资产阶级思想是合法的。

(2) 自觉论。他认为思想改造是自愿的，批评可以接受，也可以不接受，保留意见。

高不仅如此，他还疯狂到企图以他自己的思想来改造党的思想、改造别人的思想,他说要他自己的思想上台,要党的思想下台。他极力宣扬他的观点看法,并且拉拢小集团,争取他的思想合法,在整风运动中他不是运用了他一系列的方法,企图要人家接受他的意见吗?夸大别人缺点,讽刺挖苦,塞住人家的口反驳,威协[胁],盗用马列主义字句等等。

3. 反抗民主集中制

他曾说:现在工作中最大的困难是人与人间的关系。这句话猛看起来好像是工作上碰到困难的一句牢骚,其实是在反对我们党的根本组织原则国家的政制。因为我们现在工作上的人与人的关系是按照民主集中制的原则组织起来的,他与右派分子一样认为民主集中制妨害了人们的工作积极性的发挥,他之所谓正确的意见得不到实现,生活不民主;严格的组织纪律束缚了高华的自由思想的发挥,思想不能解放;他认为现有工作关系是主仆关系,工作上集[执]行民主集中制,其他都平等。他主张:

(1) 工作是个人兴趣选择,不要强调服从组织分配,这样可以发挥积极性,只有不同意见的争论(连工作在内)。

(2) 谁的意见对,谁就领导谁,上下一律平等。

(3) 主张不要反右派,以便造成大家追求"真理"的空气。

这些主张的实质是什么是很明显的,是要取消民主集中制,实现他所日夜想望[向往](的)民主、自由、平等的社会。

老马曾说过,天下没有绝对的、抽象的自由、民主、平等,是都有阶级性。你有你的民主,我有我的民主;你有你的自由,我有我的自由;你有你的平等,我有我的平等。让高华的民主、自由及平等得逞,那么大家就没有平等、没有自由、没有民主。请看高华的平等:

(1) 不如与机器打交道。

(2) 谁的意见对,谁领导谁。

请看高华的自由:

(1) 污蔑丑化打击领导的自由——《洋相》,批评共产党十足反革命。

(2) 有批评人家的自由。

(3) 有讽刺挖苦的自由。

(4) 有干人一下的自由。

(5) 有自由选择工作的自由。

其实他想借无政府主义、借大民主、借绝对平等来达到他来统治社会，来实现他的野心。很明显他〈听〉说的谁的意见正确谁就是领导，当然高华他的意见是最正确的，因此就应当以他的思想、以他的意见、以他的方向作为大家的斗争目标，来实现他所理想的社会。他要大家追求真理，追求的是什么真理，当然是高华所说的真理了。

高华不仅思想上、言论上反对民主集中制，而且他一向在坚持他的真理、为实现他的主张而百倍努力而勇敢的[地]斗争，甚至不惜牺牲自己。考学校问题很明显，不同意我去我也要去。局长有什么，我要吵就吵，要闹就闹。我迟早要与共产党闹反[翻]。整风中不是积极斗争吧。

4. 污蔑肃反成绩，反对肃反政策

肃反是巩固无产阶级、巩固社会主义制度所必不可少的措施，是无产阶级专政的历史任务，没有肃反中国就可能出现“匈牙利事件”。1955 年的肃反运动，虽然有些缺点但成绩是基本。全国如此，省计委、本局也是如此，这是不可否认的事实。通过肃反，搞出了很多反革命分子(有些宽大处理回原机关工作)，搞清了许多人的政治历史问题，使这些人能放下包袱愉快的[地]工作，提高了阶级觉悟。

高华不也是如此吗？肃反以前由于各种各样复杂的社会关系，参加了各种各样性质不明的组织，领导上对你是怀疑的。肃反把问题搞清了，做了结论，只是反动思想而已，那对你来说，不是好事吗？再说肃反对你的结论也是实事求是的，而且是你自己检讨中说的，是你自己做的结论，你有什么地方不满。这对你来说本是好事，你不仅不感谢党的帮助，而且对党的肃反恨之入骨。高华不仅仅是反对对他的问题的处理、对他的问题的结论，而且是反对党的肃反政策。他说省计委肃反典型，伏主任年轻锋芒。他并代朱大同、陆国昌鸣冤。他同意罗隆基的平反委员会吗？他不仅如此，而且利用部分同志在肃反问题上对党的不满情绪，进行串连[联]拉拢，企图发动反攻，有机会准备“干一下”，如对张协祥说的那些话。

平反问题并不那么简单。它的内容不是单单纠正错误，而实际是向共产党倒算，是企图在中国制造“匈牙利事件”的先声，是反革命暴乱的导火萦[索]。高华的拉拢其实是在准备平反。

高华说有机会要干他一下。这句话中说明：高华看来平反总会“有机会”,迟早总有一天伸[申]冤报仇的出头日子。说出了他的心里话,高华就是葛佩倚[琦]所说的“想杀共产党人”的人,是革命队伍中的一颗定时炸弹。

他只要干,他也正在干了。他说,他要干的思想在毛主席十大关系报告提出后好了。是不是好了,没有。如:

(1)人与人之间关系。

(2)高华考学校问题。

5. 反对马列〈主〉主义

前几次辩论会已揭露了高华这方面许多事实,可是高华却一口否定说“马列主义正确,他是没有怀疑的。问题只是他不是学马列主义的胚[坯]子”。为了证明他的论点,他几次的[地]列举了他对毕兆岗“为什么只有马列主义才正确”的答复,凡正确的就是马列主义。现在且看看高华所说的马列主义正确是什么。首先,他反对中国共产党。我们知道中国共产党是中国工人运动与马列主义相结合的产物,中国共产党是以马列主义为指导一切工作的指南。难道反对共产党是承认马列主义正确?其次,马列主义的目的是通过无产阶级专政实现社会主义、共产主义社会,而他对社会主义是格格不入,处处看不惯,甚至企图推反[翻]我们这个社会。第三,民主集中制是马列主义政党的组织原则,是社会主义体系国家的政体。他反对,主张绝对民主、绝对平等。第四,批评与自我批评是马列主义的思想武器,他反对。第五,思想改造是巩固无产阶级专政的重大措施,他反对。第六,肃反运动他反对。

请问马列主义除了以上这些基本的以外还有什么?这些基本的东西而高华都反对,那么他所说的马列主义正确的是什么东西?很显然他所说凡正确的就是马列主义是对马列主义的一次污蔑。

他宣传的谬论目的何在呢?是企图煽起群众不要学马列主义。

从以上事实是可以看出以下问题:

高华是从根本上反对社会主义,向往资本主义社会的。他反对的都是要害问题,都是根本问题,他企图从根本问题上来推反[翻]社会主义。共产党推反[翻]了、马列主义推反[翻]了、民主集中制推反[翻]了,不进行思想改造,不进行肃反,那么这个社会主义制度不就成了高华所向往的社会了吗?看来高华是聪明的,是打中要害的。

高华反对社会主义是蓄意已久的,他一解放就已感到新社会这个党不是他向往的。一贯的[地]对抗党，反对军事代表，要炸死县委书记，肃反问题上说有机会干了他。与新社会誓[势]不两立，在肃反前后，在他看来社会主义制度难以推反[翻]，曾一度悲观厌世，想消灭自己，表示多么忠于他的理想。在正[整]风运动中大放大鸣，全国各地被右派分子搞得乌云乱反[翻]、乌烟瘴气，各地人民闹事，在他看来“机会已到”，积极起来了，向党向社会主义大肆进攻起来了。他反对社会主义，不仅是思想而且还有理论，不仅是言者而且还是行者。他是时时刻刻都在为他的反动政治方向努力着，他从各方面在中国准备“匈牙利事件”的条件，反对肃反(、反)对思想改造是企图保持反革命势力。反对民主集中制，松懈人民的意志，涣散革命的力量，拉拢人是组织准备。正[整]风期间到处进行点火、煽动是在制造匈牙利事件的具体表现。高华所说中国如发现“匈牙利事件”，他当时一定积极参加。现在事实证明不仅是当时积极参加，不仅参加而是在努力制造。

(二) 高华反党反社会主义的社会根源与思想根源

高华反党反社会主义思想不是偶然的，而是他本来的反动的顽固的阶级本质决定的。

(1) 高华出身于地主家庭，过的是资产阶级生活。解放以前首先从经济上看，他家有 150 亩土地，而这 150 亩土地之收入只占他家庭收入的五分之一。可见他当时的生活水平了，解放之后显然是生活不如以前了，土地没收了，他父亲只不过同“王科长差不多的工资”。

从他社会地位来看，解放前他父亲是一个大学教授，哥哥是什么石油公司经理，亲戚朋友都是在朝高官，是统治者，解放以后这些都失去了。就高华这个人有点小聪明，有本领，在那样的条件下高华总可以爬得很高吧。就是他自己所说的“不参加革命，大学早就毕业了”，在革命队伍中干了七八年还只是一个小干部，受人气。如果是中国还没有革命，则凭高华的本领总不至于像现在一样。

总而言之，无产阶级革命不仅没有给他带来好处，而且损害了他利益。这就是高华所以如此的阶级本质吧。这就是高华之所以如此顽固的真实原因吧？高华的这个立场站得非常牢固的，毫不动摇。

高华的观点是资产阶级反动观点，他是站在他的与工人阶级敌对的立场上看的问题，我们认为是好的，他却认为是坏的。他的反动观点与他的出身与他的接触的人物关系很大。

(2) 反动的地主阶级出身的人,不只高华一人,有的比高华还反动的人,而现在也改造得很好。

反动阶级出身的,是高华反党以社会主义的条件之一。更主要的一点是"对待反动的立场、观点的态度问题"。如果是对自己的出身阶级立场有一正确的看法,从而下定决心,坚决改造自己,那就很好。高华却始终地坚持他的反动的立场观点,认为他的观点是唯一正确的,是"真理"。改造是触犯"自尊心",拒绝改造,反对党反对社会主义是"正义感",是"坚持真理"。认为只有他这样的"坚持真理",有正义感的人是最清白、最高尚的人。所谓"清高",从而拒绝改造。这就是高华所以成为反对党反对社会主义的右派分子的另一原因。

"自尊心"也是有阶级的。无产阶级的革命的自尊心,能督促人们进步努力;反动"自尊心"只能是使他的反动的阶级立场站得更牢,成为最坚决的敌人。请看高华的自尊心是什么自尊心?坚持真理这句话也很好听,这句话是有明显的阶级性与立场。这里首先一个问题是什么是"真理"的问题。真理是马列主义呢,还是资本主义?如果你认定真理是马列主义,那你坚持真理是对了;如果你所说的真理是资本主义,那坚持真理就变成坚持错误了。高华所追求的是什么"真理",坚持的是什么"真理"?上面已经说过,他是资本主义的"真理"。这就不难理解高华之所以难以改造的所在了。

能坚持真理的英雄人物是好汉;坚持革命的真理,是革命的英雄,革命的好汉;坚持反革命的真理是反革命的英雄、好汉。高华是什么英雄好汉,大家看得很明白。

再看高华所说的正义感。正义感也有两种,问题也是正义的内容问题。土改农民斗了地主,分了地主的土地,高华对地主有点儿正义感吧。肃了反革命,高华有点儿正义感吧。领导批评了一些同志的错误思想,高华有点正义感吧。这些是什么真[正]义感,不很明显吗?高华有如此的正义感,怪不得有如此的"正义行动"。高华曾说:由于他有自尊心,有正义感,很清高,他自认为自己是绝对不会反革命。我看高华错了。有反动的自尊心,有反动的正义感,坚持反动真理的人是反革命最坚决的人。

我看高华是一个有用之材,具有改造自己的条件,有一定的文化知识,有一定的理论知识，有勇气敢作改[敢]为的，能坚持真理，有自尊心正义感的人。只要他有勇气能转变立场，改变他的观点，真正的回到人民的队伍中来，还是有光明前途的，不要自绝于人民。

（董服海）

对高华的批驳

高华是有计划有步骤的[地]向党进攻的，在方法上也是非常阴险毒辣的，抓住了党的要害部门、关键问题向党进攻，进行开刀。从以下几个问题看：

1. 打击老干部，要把老干部推下台。因为老干部是受到革命的长期锻炼，对党的事业最忠实，贯彻党的方针路线他们是起到决定性作用的，并且很容易辩[辨]别是非党察问题。而高华也就看到了这一情况想把老干部搞下去，因此他就大肆的丑化领导，以捏造事实、颠倒是非等手段来攻击领导，把老干部推下台。因为老干部一般都是领导干部，把老干部推下台后，高华的头面就可以露出，那就是他所说的要他的思想上台，党的思想下台。否则就很难理解。

2. 高华是用挑拨离间的方法，来分化瓦解我们的内部。因为高华也看到中国共产党的强大力量是团结了广大群众，发挥了群众的智慧。党的团结就是党的生命，党与群众的关系是好象[像]鱼与水的关系一样，没有了水鱼就不能生活，所以高华就用挑拨离间的办法，说“物资供应局的领导不如一般干部”，“物资局的领导干部是不做具体工作的，所有的成绩都是具体干部干出来的，领导上是剥夺了具体干部的劳(动)果实”来激发同志们的愤怒，来分化我们的力量。

3. 在民主集中制问题上，他在局里是散扬极端民主的。借着局领导上说是主观主义很严重，不民主，要求我们同志们起来争“民主”，来削弱我们的力量。他为什么要这样做呢？因为民主集中制是我们党的组织原则之一，党的斗争意志就是集中了广大群众的意志，如果不能做到集中，我们就百事无成。因此他就看到了这个问题来加紧反对这一原则，来分散我们的斗争意志，达到他的反党反领导的目的。

高华的反党不是偶然的，而是由于他原有的阶级地位所支配的。而高华呢？他却不是这样说，他所说的呢，是由于他一贯来“个人主义”、“自由主义”、

“清高自大”、“自尊心”所发展起来的。我们认为根本不是。

“个人主义”、“自由主义”是会发展到反党反领导,但高华根本不是这样。如果是的话,那他那时刚刚参加工作时,“个人主义”、“自由主义”还没有发展起来呀!为什么就要用手榴弹炸死县委书记?刚刚解放时他就要反对共产党的军事代表呀?我说他的“出身处地”就是一贯的反对共产党、仇恨共产党,在平时之间挂羊头卖狗肉看来好象[像]马列主义水平很高似的。当共产党碰到一些风波时,有一点空隙可乘时就掀风作浪,勇往直前的出来了,并且是一个反共的健将。如他说,如果“匈牙利事件”在中国发生他会积极参加。这确实是事实,一点也不勉强。如果中国处在匈牙利的条件,我看不是积极参加问题,而是为首组织者与煽动者。现在右派分子向党进攻就是想在中国挑起“匈牙利事件”,他现在事实上就是一个积极煽动者呀!这是他的反动本质,也是他的政治面目。这难道是他的“个人主义”、“自由主义”发展吗?这难道是他的“自尊心”、“正义感”所支配的吗?如果说“正义感”是他“反共的正义感”,“自尊心”是他“反共的事业心”。

高华说,他过去想当一个政治上的活动分子,由于犯了错误(指肃反)以后,把标准订低一些——单纯搞科学技术,再不问政治了!我说这是骗人,不问政治,专门想搞科学技术还会反对共产党?为了一心一意走上技术道路[illegible]考学校,在这样紧张关头温习功课而抽出时间一连串写了七八篇反共文章吗?他说不问政治了,说是民主党派有很大前途,以后要想参加民主党派吗?我说他过去不是要做一个政治活动家而是要做一个政治野心家,一参加工作就是想用欺骗的手段加入共产党,并且要在共产党内爬上最高地位。这就是他开始时所说的“高的标准”。而肃反呢,揭穿了他的本质,打破了他的迷梦,因此他就感到这条路走不通了,就转变了方向,从想当一个政治野心家的而转入到仇恨党、反对党,要把共产党推下台。现看到在党政机关党的力量较强,不好反;而看到现在党在科学文教部门力量较弱,容易活动。因此他坚决要求上学校,说是为了单纯的[地]搞技术。这就是他自己所说的以后标准降低了后所订的“标准”。

那么高华的反党究竟是什么所支配呢?我认为根本不是“个人主义”、“自由主义”、“自尊心”等思想指导,也不是偶然的事,而是本性,原有的阶级地位所支配的。

高华说：在15岁时，就开始对社会主义制度不满。这句话就充分的暴露了他的阶级性。因为高华在旧社会的时候，他的阶级地位是怎么样的呢？是站在人民头上的压迫者、统治者，从他的家庭经济来看有150多亩田；从政治上来看，他所接触的都是所谓上等社会的人。现在经济上同我们拉平了，政治上也与我们平等了，留恋旧社会高人一等生活，因此当然他就想要推反[翻]共产党，推反[翻]我们的社会。

刘少奇同志在论人的阶级性问题上讲得很清楚，他说："人的阶级性，是由人的阶级地位决定的。这就是说，一定集团的人们长期站在一定的阶级地位，即站在一定的社会生产地位。以一定的方式长期的[地]生产着、生活着与斗争着即产生他们的特殊生活样式，特殊的利益，特殊的思想、习惯、观点，特殊的心理状态，及其对其他集团人物与各种事物的特殊关系等，而与其他集团的人们不同，要完全相反。这就形成一个人的特殊性格，特殊阶级性。"

高华的阶级地位就是要想站在人民头上的；高华与我们所形成的特殊关系，那就是要回到剥削与被剥削者，统治者与被统治者的那种特殊关系；高华所产生的特殊要求、特殊利益、特殊观点、特殊思想习惯，那就是他长期来所养成的剥削人、压迫人、统治人。在他看来好象[像]这是很自然的，没有一点奇怪——这就是他反党本能、反党的根本性问题。

因此，高华你[他]要回转到人民怀抱，首先就是要放弃他这个本能，什么说"个人主义"、"自尊心"都不是他主要的，他叫领导上"脱下官靴，回到劳动本能"。我看他真的要"回到劳动本能"才能得到改造。

（罗以东）

关于肃反问题的发言

我现在亦想提出一个问题：高华为什么在抓住其他问题向党进攻的同时，又紧紧抓住肃反这样一个问题大肆进行污蔑，大肆向党向社会主义进攻？它是个怎样性质的问题，它有什么阴谋？

为了反击这个凶恶的阴谋，还必须把整个肃反谈一谈。

首先肃反，它是我们巩固人民政权、进一步发展人民革命胜利的重大措施，它是人民民主专政的具体体现。毛主席在《论人民民主专政》一文说：人民在党的领导下，组成自己的国家，选举政府向帝国主义及其帮凶们实行专政,只许他们规规矩矩,不许他们乱说乱动,否则就予以取缔。为什么?不这样革命就要失败,人民就要遭殃,国家就要灭亡。也的确,经过镇反,反革命不多了,但是还有,有人命血债拒不坦白的;有捕抓、拷打革命干部和抢劫财物,奸淫妇女的;组织武装进行倒算;特务和现行反革命。有这些反革命,时常听说仓库被劫,那里被炸,积极分子被刺,难道我们不要肃清这些反革命吗?所以罗部长在"八大"发言时说:反革命这样明目张胆的进攻,如我们要想巩固、发展革命的胜利,建设我们的国家,就必须坚定不移地肃反。不这样,社会主义就没有希望,我们还是会回到国民党血腥统治时代的。

同时,事实也证明肃反是必要、正确的:

(1) 全国清查出来的反革命分子有 8.1 万名,其中有派遣的特务间谍、有潜伏的反革命、有重要的反革命集团。

(2) 由于方针的正确,有 19 万反革命自首。

(3) 弄清了 190 万各种各样的政治问题,提高了人民的警惕性和觉悟。

从这些数字来看,我们不肃反,社会主义是不可设想的。这次右派分子的掀风作浪很可能会造成"匈牙利事件",所以我们讲肃反是完全必要,成绩是伟大的。再就拿本局来讲,许多人接受了肃反的审查,查出了历史反革命,也有逮捕。有很多问题,但经过审查和本人的交代,现在既往不究[咎]。我们对这些同志的审查是极慎重的,抱着对革命负责的精神,跑了无数的城市。现在他们问题搞清了,做出了结论。这样他们本人放下了包袱,去掉精神负担,他们不要为这历史问题担心了,自己身心愉快了,工作积极了,组织上也更加信任了,大胆使用。许多同志还感谢组织对他们搞清了问题。这些同志的态度表现在这次反右派斗争中就很明确,他们都在为维护党和社会主义的利益而斗争,但是这些情况就使你高华伤心了。其实本局亦只有你高华对肃反切齿仇恨,具体表现在:

1. 肃反中说是对党深恶痛绝(即恨之入骨);

2. 省计委肃反坏得是全省的典型;

3. 他污蔑说肃反中领导上犯了主观主义(就是说党对肃反运动是没有根据客观实际,是无的放矢),伏主任年轻锋芒,干事不稳重(乱搞的);

4. 现在要控告三人小组,同意成立"平反";

并且还发展到连共产党提也不愿提了,说有机会就干他一下。最突出的就是,“匈牙利事件”一发生,他就要积极参加。

5. 甚至不惜毁灭自己也不愿在这个社会活下去了。

好恨啊！不过这里我们可能会有个疑问,即肃反对他审查是否正确的,否则为什么会恨到这个程度呢？为了说明这个问题,我现在来谈谈肃反对高华的审查的根据和是否必要。如果说是正确必要的,那么我们就更正确知道高华散布这些言论的真正用意和阴谋。

1. 他有十分复杂的社会关系。这复杂不是一般的,而是跟他有直接关系的、有严重问题的关系。有跟他在一起的问题很大的特务教员,当时高的恋爱对象是特务,许多同学当时都很反动,高华也是其中之一。难道这些问题不该审查和搞清问题吗？

2. 在浙大附中解放初期的活动。他反抗军事代表接管,组织写反动大字报,高唱国民党党歌,打团支部委员,而且参加了七八个各种性质不明的组织。这些问题在当时情况下,已形成学校的乌烟瘴气,而你是积极参加和为首组织的。难道这些问题也不该很好审查搞清问题吗？

3. 从参加工作一直到物资局一贯对领导不满。

总之,你对新社会对党的不满是一贯的。你的各种反动表现甚至到了惊人程度。根据这种思想,你自己讲讲看,是否应该审查,审查是否正确？我们对你的结论是:思想反动。对这个结论你自己也承认,这说明结论是正确的。那么思想反动的不应搞清问题,接受教育,更好地为人民服务吗？肃反对你那[哪]一点有搞错？

由此看来,问题是很明白了。这说明肃反对你是完全搞得正确,一点没有错,而这只能说明你所以对肃反大肆攻击是由于你坚持反动立场,不愿放弃自己立场,所以你必然会对肃反这样一个与你阶级利益对头的措施表现(得)刻骨仇恨。

但是这里必须要揭破你一个阴谋,这就是你现在企图把向整个肃反进攻推到只是个人在肃反中受到批判的不满之故。如你说肃反中“自尊心”受到损害等等,以上审查完全正确,就是无情撕下你这假面具。肃反本身根本没有值得不满的地方,就是你有不满。也是由于肃反成绩伟大,大大巩固了我们政权,打破了你的幻想而引起你的仇恨。由于这样,你必须会仇恨整个肃反,否定肃反的必要,污蔑肃反。

具体表现:

要“平反”,你说同意“平反”。“平反”是怎样个东西?它是一个要资本主义复辟,要反革命有冤报冤,有仇报仇的机构,是为反革命撑腰的。而你提出要“平反”。

你提出要“平反”的目的:

1. 通过污蔑造谣,如省计委的例子来企图否定肃反的成绩。

2. 利用部分在肃反中受批判而不满的,加以煽动。

你对肃反进攻和仇恨表现何处?要积极参加“匈牙利事件”。

我们讲现在社会制度真正民主自由,千百年来那[哪]有今天的境况,而你却日夜盼望资本主义复辟,向往资本主义的民主自由。总之,你的本性和本质已决定你如此看社会主义,恨之入骨,终于堕落成为右派分子。

(陈灏柱)

反右派斗争辩论大会上的发言草稿

对于高华的真面目,根据大家所揭发出来的事实,并经过大家分析和驳斥了他的谬论,我们已看得很清楚,他是一个彻头彻尾的反党、反领导、反社会主义的资产阶级右派分子。但到今年[天]他自己还想狡辩抵赖,避重就轻的来掩盖丑恶的真面目。我们现在是摆事实,讲道理的。事实是铁证,真理只有一条。你要想在群众面前用歪曲狡辩的手法来蒙混过关,是不可能的。现在我们只要拿你自己所说的话来看一看,就可以肯定你是一个什么人。

你说“匈牙利事件如果在中国发生,你一定要积极参加”。这句话正是暴露你自己的反动本质,证明你蓄意要做一个反党反社会主义的积极分子,企图在中国制造“匈牙利事件”,要资产阶级复辟。这次党整风时期,你借着“大放大鸣”的机会,你积极向党向社会主义进攻,在局里放了八支毒箭。这就是你反党、反社会主义的铁证。

“你要你的思想上台,党的思想下台。”这也很明显,你的思想本质是什么?你要你的思想上台就是要资产阶级上台,要共产党下台。

“你对新社会样样看不惯,感到厌世,要自杀,不要过社会主义生活。”这些话是表明你厌恶新社会,仇恨党,仇恨社会主义到了顶点。你是坚决站在资产阶级的反动立场,你要推反[翻]社会主义,你在留恋幻想资产阶级的腐朽生活。

你对肃反运动不满,你说省计委的肃反是“典型”的。这“典型”二字你的意思是说肃反运动糟得很,你在否定肃反运动的伟大成绩。我们认为肃反运动好得很,为了进一步巩固人民政权,为了确保社会主义事业必须彻底肃清一切反革命分子。肃反的成绩是伟大的,清查出来八万多反革命分子,还有十九万多反革命分子向政府自首投诚,基本上肃清了反革命分子。对于有历史问题或思想反动的人,党为了对人民负责,化[花]费了很多人力财力把问题搞清楚。我亲身体会,经过肃反运动,搞清了我的历史问题,使我放下了历史包袱,更大胆积极工作,我衷心地感谢党。肃反运动党对你的结论“思想反动”,现在从你一贯的反动言行证明这结论完全是正确的。你有什么不满?问题很清楚,你是站在反动立场,同情反革命分子,否定肃反运动的伟大成绩,诬蔑党的领导。你的阴谋是要推反[翻]党,推反[翻]社会主义。

“你要绝对的民主自由”,我看世界上没有绝对的民主自由。你所谓绝对民主自由,你在留恋、幻想资本主义社会里的民主、自由。我告诉你,资本主义社会根本没有人民的自由,只有一小撮反动集团站在人民头上,剥削人民、压迫人民、残杀人民的卑鄙的自由。我们就拿中国过去蒋介石反动统治时期的情况来看一看,我想从旧社会过来的人都记得很清楚。那时候在学校里读书的爱国青年和社会上的进步人士,为了对旧社会不满,说了几句正义话,就要被特务分子暗杀——失踪。在街上走路,时常遇到宪兵特务截路检查侮辱,在电影院里看电影,也时常发生包围检查抓人。就是坐在家中不出门,三更半夜随时来敲门突击搜查。搞得人心惶惶,提心吊胆,日夜不安。物价天天飞涨,苛捐杂税层层剥削,人民吃不饱、穿不暖,充满了饥饿失业的喊声,真是怨声载道,民不聊生。我们再回忆一下,过去上海被帝国主义所侵占的租界里,花园门口挂着“狗与华人不准入内”的牌子。我们很清楚,反动集团和帝国主义一向把人民当作奴隶、当作狗。这样的社会,你说还有什么自由,什么民主?我们只有在共产党领导下推反[翻]了反动统治,赶走了帝国主义,消灭了剥削阶级,中国广大人民才有真正的自由民主。让我们看一看解放后的新中国。共产党领导人民反[翻]了身,人民自己当家作主人。八年以来,在党的领导下,人民发挥了空前的积极性,工业和科学技术的发展飞越猛进。现在我们已能制造喷气式飞机、载重汽车及各种新式机器。农业生产也逐年上升。随着农业的迅速发展，广大人民的生活亦逐步改善与提高。这些事实摆在我们的眼前，任何人也不能否认。人民是热爱党，坚决拥护社会主义，对过去的旧社会是痛恨入骨。这种被人民唾弃了的腐朽没落的社会，在中国历史上已一去永远不复返了。现在问题已很清楚，你不要再留恋旧社会，幻想资产阶级复辟。你该赶快回头，放弃你的反劝立场，老老实实向人民投降认罪，彻底悔悟自新，才是你的出路。

（何经文 9 月 11 日）

在九月十四日辩论大会上驳斥高华反党、反社会主义制度的发言

从他自己交待中来看，他讲对肃反不满是由于自己自高自大、清高和自尊心。但是什么自尊心，你的自尊心是反动的资产阶级自尊心。你不要找理由，要花样，找些好名词来做你的挡箭牌。我们的眼睛是雪亮的，我们早就看清了你的反动本质。

自辩论会开始到今天共六次，大家对党对人民负责，对你这些反动言行进行了驳斥，和对你提出了许多帮助。但你却变本加厉本性不改，死死的抱住资本主义的老根不放，还在幻想，再等时机。这就是你的野心是根深蒂固的。

（1）驳斥高华的绝对民主与自由

你要的民主与自由是什么样的？你要的民主与自由是资产阶级民主与自由，你对我们真正的民主、自由不感兴趣。这很明显。因为你的立场是和我们两样，你的立场是资产阶级右派分子的反动立场。你看到资本阶级被劳动人民消灭掉了，因而就怀恨在心，就趁整风的机会向党大肆进攻，要想本阶级复辟，再恢复你们当年压迫和剥削劳动人民的所谓民主、自由。

我们知道我们的民主、自由是有阶级性的，我们需要的是社会主义的民主、自由。我们知道阶级社会里，有了剥削阶级剥削劳动人民的自由，就没有劳动人民不受剥削的自由，有了剥削阶级的自由就没有无产阶级和劳动人民的民主、自由。

在社会主义国家民主、自由是广大人民的真正的民主、自由。资产阶级的民主、自由是少数剥削阶级虚伪的形式的民主、自由，但你喜欢的就是这些民主、自由。

我要告诉你，所谓绝对民主是反动的幻想。我们对少数反革命分子是没

有民主、自由的，我们的民主是有阶级性的，是社会主义民主、自由。

你要剥削阶级的民主、自由是没有的，它正在消灭中。你要这种民主自由，人民是绝不答应的。我要驳你这种民主、自由的企图。你强调民主不要集中，不要纪律。你的阴谋是想发展资产阶级的分散主义、自由主义，以瓦解我们的组织性与战斗性，使我们党的组织处在涣散、无组织、无力量的状态。就从本局综合科来讲，你要把综合科分散掉。企图分散我们的革命力量，使人民不能进行社会主义改造和社会主义建设，以便你进行资本主义复辟的反动活动。

(2) 驳斥高华仇视和污蔑马列主义

这很明显，你的野心是多么毒辣。你讲马列主义学多了会犯错误，学马列主义的标准很高，你企图不叫我们学习马列主义。我们知道马列主义学的越多越好，因为马列主义就是无产阶级革命的指导思想。你为了达到反党反社会主义的目的，你就用[在]公开的[地]和阴[隐]蔽的[地]反对社会主义和污蔑攻击党外，还千方百计的诋毁马列主义。你企图挖共产党的老根子和从理论上去推反[翻]共产党和社会主义。我们知道我们中国革命胜利就是精通了马列主义，找到了这个真理才指导中国取得了革命胜利。这是不可动摇的客观真理。

(3) 驳高华要党的思想下台，要自己思想上台

我认为你的反党反社会主义不仅是思想上台下台的问题，而是你的行动问题。就从“匈牙利事件”来讲，我们知道“匈牙利事件”是反革命搞起来的，是要杀党员和推反[翻]社会主义，要资产阶级复辟。“匈牙利事件”是多么惨痛，把些忠实于党于社会主义的一些老同志、老党员以及善良的农民都被杀害的不知其数。我们是非常的同情和难过，你却高兴。你就积极准备盼望中国也来一个“匈牙利事件”，好积极的[地]参加，亲手杀共产党员，把社会主义搞垮，要恢复资产阶级的复辟。

你讲全国的党是光荣伟大的，只有本局的党不好。这是你的诡计。你的野心是多么狠呀！你讲你没有反对社会主义，仅是思想上这样想。我要问你，如中国来一个〈象〉“匈牙利事件”，你要积极参加的目的是什么？不是杀共产党，不是推反[翻]社会主义是什么呢？你的行动在本局来讲，就是你射出的那八支毒箭。整风本来你是不参加的，你要温课去考大学，后来你为了配合和响

应全国右派分子的号召,你就认为时机到了,就积极的配合和响应全国右派分子的号召,就连继[续]写了八篇稿,同时你知道你一个人是搞不起来的,你就采取了一切煽动、挑拨和蒙蔽的手段来找你的同情者。你就打起反三个主义的旗帜,假装帮助党整风,而又用一切恶毒的词句来丑化党、丑化领导,在党的脸上涂黑,而又用一切漂亮的词句来美化自己,在自己脸上搽粉。你就是扩大缺点,抹煞成绩,否定一切,把某些个别的、局部的和暂时性的问题说成是根本的,企图以此挑起群众对党对领导不满,要大家跟着你起来一起干,好达到你的目的。

我们知道鉴别资产阶级右派分子的善意恶意、美丑的标准,就是毛主席的六条政治标准。高华你自己的八篇稿子和毛主席六条对照一下,你那[哪]一点附[符]合?你不要在那里做梦,还想再等时机,我希望你要干[赶]快的□肉□骨的把问题交代清,否则的话,你自绝于人民。

(赵德英　九月十四日)

二、省物资局中层干部鸣放材料

生杰仟同志在10月21日至10月24日本局中层干部放鸣座谈会上的发言(记录综合)

一、对局长的意见:

1. 关于贯彻党代会的问题,当时讨论本局影响积极因素的原因是什么,大家认为是局长的领导方法不好。经支部研究后孙主任就把这些情况汇报给党委。到了开党代会时,局长不在,我们选了代表,代表们讨论了局长的态度,认为是粗暴的,意见都一致,此后并交给党员讨论过。到了大会发言时,我就把讨论的问题讲了,并讲到支部思想领导不够,同时还批评了机关事务管理局不照顾我们房子等等(发言的稿子还在)。这个发言我回来汇报时,党员还认为是不彻底。当时我们担心局长不认识这个问题。局长回来后果然发脾气,说:“我知道你们在搞我”,思想很不通。到省党代会时局长的态度稍有缓和,而后就接着贯彻了,党员意见很大,而局长却说,“你们就是要搞掉我,特别是孙主任”,我们思想有抵触,我的这个思想在小组会里谈了,我们确实没有搞掉局长的情绪,而是帮助局长改进[正]缺点。

贯彻党代会的缺点:是非界线未划清;未向群众贯彻。

局长此后经常提到贯彻党代会的事,说要我“接受教训”。一次张玉坦酒后骂我,我向局长汇报,局长说:“你生杰仟从党代会后已经威信扫地了。”局长思想至今还不通,前次孙主任去党委放鸣,局长交代孙主任带信说:“我对党代会还有意见,要保留。”这说明局长态度仍未转变,说明是主观不虚心,没有接受党代会的教育,希望局长应该继续认识。

昨天有同志提出党代会是否是“一棍子打死”、“不实事求是”、“否定局长成绩”等等问题,我的看法不同,党代会并没有否定成绩,也没有不实事求是和一棍子打死的地方,这样的讲话我认为不好,我们应肯定党代会的成绩,有意见再提。关于有否报复情绪的问题。我认为也没有,可能只是当时提意见的语句上有偏激。

2. 中央提出整风以后,我们成立了五人小组,后来明确了由计委燕主任领导,本局我们一致推选李局长领导,并由李局长参加计委领导小组。但局长在领导方法上有毛病,如未经大家研究即召集群众座谈会,开了四五次,没作纪[记]录。抓紧这个工作果[固]然是好,但局长不敢给下面放;对积极分子也是这样,连连解释。这些情况我们都不知道,到后来开局务会议局长谈起这个问题时我们才知道,但局长在大会上说自己"犯了错误了"。

此外局长就是到处跑小组,这象[像]是左,实际是右。再如毕兆岗、杨宛华等正在放,杨当时还说右派分子就是反革命,局长当即就(不)同意;其他组也反映局长一来大家就不敢放,原因是局长讲话太多,再如毕兆岗谈到关于民主党派不要党领导的问题,局长亦与他争论。

局长好似"护疮口",局长的这个表现在对积极分子及群众做的工作上就可反映出来,如对颜承俊及孙家瑜的问题,孙家瑜是中间偏右分子,当时由于局长拉得紧,所以没有好好放出来;对颜承俊的个人主义问题,我认为不能当小组领导,但局长就当着小组里大家的面指定由颜领导,并要撤符长松小组长的职。

3. 关于辩论会时期中,局长专门为《试帮局长克服主观主义》一文组织辩论的问题,我的意见不是不驳,而是应该结合联系进行,不同意专门组织积极分子加以布置,而当时局长是按照自己的意见做了,以致在辩论会上形成(为)局长说好,说局长没有一点主观主义,这样做就影响了中间分子的发动,后来局长在会上还叫蒋科长专门发言,我很不同意,几个支委亦有反感,因此我们准备在积极分子中叫大家主要抓论点,但仍未很好转过来。这样的辩论会约历[达]六个小时左右。后来开会(顾局长亦参加)我把此问题提出来了,局长却说我们是"一伙",是"小圈圈"。我认为局长是认识不够的。

4. 局长与计委的关系问题,有同志提出局长对下面是压,我有同感,与计委的关系我认为局长应该主动,多请示。局长说我生杰仟是卜明的"授义[意]",局长认为肃反运动计委不重视自己,不相信自己,说卜明"就是喜欢小伙子","老了是不行了","在卜明手下是没有好事干"。这些问题局长应很好认识,我对物资处张处长也有意见,犯了自由主义,当然张处长本身也有些问题的。我认为本局成绩是很大的,但局长有些问题主动向卜主任汇报总是不够,有些事情就自己干了,存在隔阂,当然这我并不是说局长对贯彻上级指示是不坚决的了。局长对伏主任也有隔阂。

5. 思想方法问题

(1) 局长对待干部态度不正常,表现在批评不当,如对科长们稍有一点不如意就想尽办法来批,轮流地批。当然批评是应该的,问题在于不恰当,有的甚至是情况不了解就批。另外对孙主任的批评问题,孙本身是有缺点,工作无计划,但局长对孙主任到底是什么态度呢? 批得使人家哭,这点局长是没有考虑到的。局长对我也批,虽然好象[像]没有孙主任那样严,但也一样的凶,不过我有时常驳一驳。这个现象就使党组造成不团结。党组在研究问题时如遇意见不一致时,局长就想尽办法要大家服从自己的意见。

(2) 有高人一等思想,总觉得自己比人家高明,自己意见才是正确,因此就忽略了听取群众的意见。如有人反映一个意见,局长就先问:"你应该怎样看这问题"等等,如果意见是针对局长的话,局长就说提意见的人有个人主义。

(3) 自尊心很强,如有人说局长有毛病,局长就尽量辩驳,并把事情都推到别人身上,害怕担当原则性的担子,如造房子的问题,局长就是推,如推给王承祐、孙秉夫等人身上,有些不应该检讨的问题也叫检讨。

(4) 对别人的怀疑心大,如科长之间谈些话,喝些酒,局长就说这是闹个人主义,拉一伙,如符科长和王科长在前一时期常在一起谈谈,一方面有些工作研究研究,另外对局长的态度也谈谈,但局长就说这是自由主义。如果向局长汇报,局长就会反问你怎样怎样,是否主持真理等等。

(5) 关于住房子的问题,客观上已形成了不团结的现象,这个问题局长应该负责。当时行政会议已经决定李局长住长寿弄,但局长搬进去又搬出来说是怕影响不好,我认为局长在这些小问题上不大方,有着狭隘的农民思想。

局长的这些态度不是偶然的,过去有的单位叫李局长的绰号为"李虎",批评人的严厉是周知的,而我们给局长的帮助也不少了,局长仍未改,所以我们提意见时总感到有些信心不足。

6. 关于本局的思想领导问题,这是党组负责的,但局长看人就象[像]看小孩一样,我认为应该讲明意图放下去给大家搞,但局长什么事都自己搞,什么事都搞不好。昨天有人提到局长单线领导的问题,我自己的体会还不深,不过局长是有这个现象,亲自抓下面干部,如对高华就是这样。

7. 对干部的尝[赏]罚不明,如对董科长父亲自杀的问题,李局长只是迁就,但对董的某些优点上,就不分场合地加以表扬。

二、刚才大家谈的焦炭问题,情况是这样,去年物资全国紧张,我们一季度焦炭只分配到 790 吨,不够用,还差一半,为此我们派王祥到湖南去搞,搞到

1 500 吨,我根据计委的精神主张全部要了来,张玉坦和王科长主张要一部份[分],说质量差,局长回来后最后确定全部要,今天来看,如果没有那焦炭,56年(原文如此——校者注)真的过不去。

三、评级问题。关于部队下来的同志的级别,他们不是评级而是定级,当时提级的理由:赵洪新的级别认为是正营级,一级参谋,所以提一级;对王祥的问题,认为伍[军]龄较长,所以提一级;华平是新干部,在部队里的中尉是新提的,所以未提;甘朝田提了一级,因为比华平强;王林因表现不好所以没有提;陈平的 17 级并不低,他不能与赵洪新比,陈事后大闹思想情绪是不应该的。另外张玉坦提行政级 18 级大家不同意,后来拉到技术级。张夕旻的级别是可提可不提的。因为有一个缺额,所以提了一级。

王承祐同志在10月21日至10月24日本局中层干部放鸣座谈会上的发言(记录综合)

(一)工作方面的几个问题

1. 上海干部闹思想问题,孙主任为此专门去了一次,但并不解决问题。现在虽然居鹤鸣、解主任调回来了,但问题还仍然存在,你说一套,他说一套。

2. 成立宁波、温州工作组,开始劲头很大,而后来只是等着计委下放,对那边工作不顾[过]问,他们干部因此思想苦闷。杭市机构成立后,局长尽量推,人家说我们不负责任。

3. 我们干部的安排上群众提了多少意见,如邵汝瑾整天看小说,李黎有时忙不开(原文如此——校者注);化工科干部叫空,但还调进项海生,现在项下放后,科里还是空;储运科整天叫人少,但王祥到艮山门(仓库),张仕民到小河(仓库),办理运输单还叫临时工,那么干部到底干的些什么?局长不能光听科长一面讲,干部实际上是可以调整的。

4. 仓库里建造办公室和宿舍的问题,我当时意见不能住家属,但现在还是住。艮山门仓库晚上干部睡在很远地方,仓库却给临时工管理。

5. 关于储运科、金属科、会计科之间长期账实不符的问题,局务会议没有作出过措施,局长只是一推叫他们自己协商解决,关于管理费收取比率问题,这个问题我请示局长,局长说就是我们问题多。这问题解决不了,我以后还是提。

6. 介绍信拿出去就是一大本,王祥出发(去)湖南丢了四张。改进意见:订薄一些,要几张领几张,回来缴销。

(二)对局长的意见

1. 对干部的使用与看法,凭自己想象出发,一时好一时不好,我认为顺着局长的就好,多提反面意见的就不好。

2. 虚心接受意见不够,对此改进不多,主观上没有努力,强调只是作风问题。局长对自己估价过高,好象[像]自己比人家都强,不考虑人家的意见,如别人提了反面意见就认为是不怀好意。是否自己样样比别人都强呢?并不如此,但局长态度上一贯盛气凌人,与外界接谈亦如此,传达上级报告时把自己的话常渗[掺]入，好象[像]是自己的报告，我认为上级的话与自己的话应该分开。

3. 对干部问题，该严肃的不严肃，如对王祥与张玉坦的关系问题，董服海父亲自杀的问题；颜承俊的问题。对董服海的问题，董说："死了活该"，许多人在场，有的在笑，而局长在旁边也不作声，一直未采取严肃的态度。对王祥和张玉坦的关系问题，王祥说是我挑拨的，我认为王祥的做法与局长有直接关系，王祥对张玉坦不尊重，公文自己批，不给张玉坦看；会议上张布置工作王反对，使会议开不下去；分工问题上亦与局长有关，局长叫他们一个里，一个外，这使张玉坦发生错觉；王出发[差]到湖南的一段，来电话，张去接他就搁断；来信只给我和生科长；出发[差]中不应打的电话亦打；在湖南的账到现在才搞清；在那边介绍信也给丢了。后来要开小组会来解决王与张的关系问题，我说他们之间应该是领导与被领导的关系，责任应先王祥来检查，局长却说这是小题大做，这样的问题不能用党的会议解决，用个别交谈的方式解决。所以我认为王祥的这个态度是不奇怪的，调到储运科又与符科长闹，这与局长对他(的)教育(和)使用态度有关。

4. 在贯彻党代会后局长是起付[副]作用的，如一次当着詹秘书的面说："这个房子是他们一面在搞我，一面自(己)在盖房子，我那[哪]里知道，人家想搞掉我嘛!"我想插上解释，局长又顶了我，我认为党代会向局长提的意见连5%也没有接受。(党代会)历来对局长的批评都不轻，但局长认为给他提批评是"兴风作浪"。为什么干部不敢接近局长，不敢向局长汇报工作？局长也该想一想。前次汇报学习情况时局长说我没有贯彻党的意图，我不通，在会上我说明了情况。会后我想找局长谈一谈，局长说"你找我来吵架?"跑出去不与我谈了。干部有错误是应该批评或处分，但无根据的乱批是达不到教育目的的。前天我找局长汇报工作(关于轴承问题)，谈了半途局长又火了，说"你就是不主持正义，鬼祟"，我叫局长举例子，局长说是关于王桂轩的问题；我说你鬼崇[祟]，放鸣中正在淌"浓[脓]水"时，你到处补疮，到处谈话解释，自己单独开座谈会，作解释很多次，不让支部书记参加。而后局长就对我抱着不理采[睬]的态度，另外张玉坦父母来杭州，我说不大[太]好，局长说我不近人情。

5. 去年评级的时候，我们正在研究，局长中途插进来就说："张桂荣应该两级三级地提，我去年主张生杰仟提两级，只是人家不同意。"他在上海写信来给生提一级,现在又推到是我不同意。

6. 一次解学仁发戏票,我说应该研究一下再发,局长听了片面反映,把我叫去大训了一顿。

7. 局长对正面提批评意见的同志没有好感,相反就认为是好,满意。这样就会形成一些人看风驶[使]舵的不良习气,领导本身亦会失去警惕性,在研究问题上也不会深入一步。

8. 自尊心太强不够谦虚,如学习上,如果有些意见局长看法与别人看法不相同时,就与人争论,如争不通,即动态度,如研究生产力与生产关系〈时〉问题(时)与董争,最后即离了题批评,有一次我们正在讨论人民内部矛盾问题时,我们认为象[像]石家庄学生闹事、坏分子写反动标语骂我们这是个外部问题,李局长认为这是内部问题,而且非这样认为不可,最后以压的办法扣帽子,弄得大家不愉快。局长确实把自己估价得太高。另外领导讲话也要注意,如对“实事求是”的解释,说一个人怎样想就怎样说,这就是实事求是。这样解释不妥当。

9. 一次党委徐同志来找党员谈话,局长说叫他有事找领导,搞得那个同志很尴尬。

10. 董科长在一次学习中检查自己,检查得还好,局长最后说:“不能和这些北方垮[侉]子分了家”,批评是应该的,但局长讲这种无益处的话,宣本荣听了有意见,这说明局长讲话是不注意的。

(三)对生科长的意见

1. 在肃反前待人接物较谦虚,没啥吵嘴,肃反后就不谦虚起来了,作风上不约束自己,态度有些粗暴,有些问题未经考虑就评论起来,如对孙家瑜、颜承俊等,对颜的一次谈话中颜已蹦跳起来了,还在和他吵,我认为不应该和他顶起来的,支部应该专门研究处理。对孙家瑜在反右派后大家互相提意见不冷静的问题(原文如此——校者注),生科长与他谈话也不冷静,反而起不到教育作用,引起(他)反感。

2. 对干部的大胆使用是好的,但太过火,在建材科时连图章都交给杨淑君、张夕旻,当然不是说不相信他们,但出了问题怎么办?到综合科后认真研究下面反映不够,存在麻痹思想,如对许中声,生科长只认为是幼稚,但不分析这个人物,据说在开会时还画生科长的漫画;对杨淑君的问题,生科长过去也认为是作风问题;又如对张夕旻,有时生科长觉得这个人很鬼,但遇到具体问题时就没有细致考虑;另外还有偏信,如杨宛华向领导反映一些情况后,也不了解一下,就把那些意见转而向下批评。这些问题说明生科长是缺乏动脑筋的。

3. 关于兼职多的问题,生科长应该大胆布置给罗以东和周为俊分别管理综合科和办公室的事务。

(四) 对党组的意见

党组在处理干部的团结问题上是非界线不清,如:

1. 王祥与张玉坦的问题上,到现在王祥还说我拿打电话这件事挑拨离间张玉坦,我现在还认为王祥与张玉坦及符科长的问题,首先应该从领导与被领导角度上来检查。至于王祥说我挑拨,希望举出些事实来。我是支委委员,对王祥这种思想,我对他批评没错,当然我也不是说张玉坦没有缺点,王祥在会上对我这些骂,我只原谅他水平不高,但党组对王祥问题是有责任的。

2. 在贯彻党代会中也是是非界线不清,提的意见谁是谁非没有搞清,所以思想问题没解决好。

另外党组对一些问题作了决议不执行,如:

1. 北京办事处到现在还未成立起来,房子亦没有设法找。目前这个办事处的任务很重。

2. 本省的机构成立后既未交代任务,又没有派一些业务比较熟悉的干部去帮助。

3. 评优问题这是党的决议,支部计划也订了,局长在大会上也宣布过,办公室和我都搞过一些办法,但领导始终未抓。

4. 去年评科员的工作是否上级有些布置? 那次评级的结果起了付[副]作用,有的(科员)没评上〈科员〉情绪不高,后来不知宣布过了没有。

另外党组对上海的问题都凭汇报来研究,如对甘朝田同志,我认为这个人有些缺点,但思想品质还是不错,有人说他很好,后又有人说他很坏,局长就随着说,说来说去;居鹤鸣的确不好,讲的些言论与右派分子一样,居说青年人要碰,不碰没有勇气;老解本身领导方法上虽有毛病,但居对他是不服从的。对上海的分工问题,省局派人去常常各搞一套,搞得老解自己无主张。

党组几次开扩大会,决定帮助颜承俊,但结果仍没有开。人民来信来了,生科长却把信交给颜看。这封信我认为不应该给颜看的,他看了反而有抵触,说要上法院打官司。生科长说要帮助他,但自己又不冷静。党组在这个问题的处理上表现了右的情绪。

对肃反的结论有些人现在还未作,有些在大会上已谈过,但书面的未搞,对有些问题是好结论的也未处理,使有些人思想存有包袱,如蒋科长,原来准备开除党籍,后又决定给以警告处分,但到现在还未决定,对于我的解除处分的问题,很早前叫我写个报告,我写了,也催过几次,但却搁了半年,陈平才找我谈话。

(五) 符科长谈的工资改革问题,我补充一点。对于赵洪新及陈平的处理我没意见,但对付[副]连级提级的几个人我认为有些问题,如华平、甘朝田、王祥在部队里同是付[副]连级,但这次却评为华廿级,甘十九级,王十八级,这样使华的思想有影响,同时华平工作态度、思想作风还比较好;如果在部队里,他们三个待遇都是一样的。

本局的评级其他没啥问题,就是张夕旻大家有意见。对张提级是今年个别通知总务组的,既是提级又没有补发,张提级后还对领导不满。郑永年四九年参加工作,这次二十二级未提级,对此领导上没有听取群众意见。

(六) 关于向回收局拿废钢铁的问题,组织工作搞得不好,后来问题解决了,但金属科又办公文批评回收局,王祥送去后,我看了认为不必,这样回收局会反感。我回局后在会上向局长作了回报,张玉坦那时思想还不通。

(七) 建党的工作检查起来有些保守,五四年和五五年时对情况还没有了解透彻,但排队工作却显得冒进。不过据已发展的工作还是稳重的。

此外马蒙天、郑云清是可以发展的,只是郑马历史上还有些问题未弄清。

(八) 尝[赏]罚没有分明,出了问题只是批评一下了事,没有严肃处理。储运科的事故怎[这]么多,没有处理。从这次处理矛盾时才了解,很多事故损失与会计科研究一下就报销了,局长根本不知道。

11月28日下午与孙秉夫(前本局办公室主任)同志个别征求意见的记录

这是我在11月28日下午与孙秉夫(前本局办公室主任)同志个别征求意见的记录。由于笔头不快,很多地方记得不全,亦可能在某些词句与原意有差错,因未经孙秉夫同志亲自审阅,仅供参考。

顾励　11月29日

李局长的工作是好的,积极负责,埋头苦干,有时抱病工作,连■■天亦不跑出去。工作态度是值得学习的。

另一方面的优点,在工作上对方针政策、一般原则性的掌握上,特别物资供应业务上还是抓得比较紧。对组织纪律不对头的地方他要讲,一方面反映出个性直爽,要说就说,不转湾[弯]摸[抹]角,我感觉他不像个政治干部,似个军事干部。

另一方面,在思想意识上考虑个人问题亦少。如年纪大了,当休息亦不休息,个人经济手续上亦很严格,生活亦比较简朴。对一些干部的关系上生活上还是比较体贴关心的。

优点有怎[这]么几点体会,特别是工作态度是值得学习。在与计委关系上在他(指李)个人看来虽受了些挫折,还是死心塌地工作的。

对他的缺点:

工作两年多来,总感到这个同志在领导与被领导关系上不够温暖。这里表现一个缺点,李的态度很不够民主。领导态度不够民主在会议生活上表现出家长领导,当讨论问题时,领导者应该是来启发诱导大家来讨论问题。而他是主观上匡好了,来套大家意见,在大家提出反面意见时,他就不满意,当同志们提出具体情况,表明不同看法时,他就把人家意见压回去。所以在会议上与科长们经常争吵就难免。争当然可以,但领导应该听取人家意见才是好的。

再一个领导态度上很粗暴,修养不够,怕听反面意见,不管那[哪]位同志去请示工作,他不是耐心的听,当听到不合意的意见他一下给你打回去。这些意见具体例子很多很多,他就是这样。当同志来请示报告问题,你如何像慈母一样,该[从]帮助同志爱获[护]同志出发,指示究竟怎么办。过去提出批评了，13 个同志哭说明这种态度粗暴。讲话时，眉毛一皱，那副吃相是的确难看的。使同志们怕他，不敢见他，他总强调自己精神出发点好的，但不等于效果好。

领导态度不够民主的确是比较典型的。总的毛病是这个东西。

为什么这样不民主呢？其思想本质上主观性很强，群众观念很差。如何走群众路线，听取群众意见很差，他不是耐心同同志谈，而是训的态度，批评多于表扬，思想方法上总认为批评才能解决问题，其效果则相反。实质上是一种统治思想。他认为他是上级，你是下级，你们总应听我的。你的意见是对的当然应该尊重、执行，但你亦相信群众亦是来是[自]客观的。李局长的党性锻练[炼]是不够的。多年来老干部修养的确是差的，但亦是有一定历史根源的。所谓党性就是修养性，就是有政治风度。无产阶级应有的是团结性，原则上的坚强性，他在这方面是很差的。

我常说，辩证法在他口里似很通的，黄的能说成白的。

这些意见过去亦向她[他]提过，有些改进，改的不快不多，现在谈的仍是老账。

李局长喜欢吃酒，酒后就番[翻]老账了。

生杰仟同志来局与局长的关系问题，表现上有三个时期。

开始对李局长有印象出发，受了一些道听途说的印象，如听说李局长在其他单位工作时亦表现很凶，称李为“李老虎”等传说的印象，以后见李的态度的确不好更加深了印象。54、55 这两年是大[太]不安心的，可能有两个因素：一个对李局长的印象，另一个有个人地位待遇的考虑。

肃反运动这一工作当时由生杰仟同志负责的，掌握肃反运动这一时期，对李的态度还是正常的。李当时对肃反有意见，认为肃反未由他来领导是领导对他不信任。因此，以后他俩对问题的看法方面就有不一致。生杰仟同志通过这次运动后亦滋长了骄傲自满情绪。

经过肃反，李局长对生的看法亦有转变，感到生表现有些魄力，能负担工作，生的组织观念亦较好，有事能经常向李局长回报，李对他亦较相信，所以有事与生商量，这是得到李局长好感的方面。

我对生杰仟的看法，最不满意生的就是自由主义。凡是党组内研究或争论一个问题，很容易表现自己，夸张自己。如经常说：“我们党组三个人，孙秉夫不说话,叫我有什么办法,我要讲就讲的”,自认为原则性很强,亦有意无意的在客观上表现有打击情绪,如经常在人面前说我是“拖拖拉拉的,还是老干部,怎么办,硬不起来末[么]”。

因为李局长对人家是采取强制性的,我有时亦少讲话,讨论问题仅表明态度,当然这亦表现出我的原则性不强,但我亦感到没有办法。因此[为],生〈所以〉经常说我不斗争,但又不是支持同志,所以我过去讲生有“两面手法”即两面都滑的意思。

我对工作职责范围未能很好承担,这是我的责任,但亦有客观原因。我说李局长有宗派主义情绪他是接受不了的,他定会说:我那[哪]些地方对你不支持,但我总是经常听到(他)在我面前说生杰仟同志怎样这[怎]样能干,实际上就是说我不能干。

以后,生与李关系不好起来,我看主要是党代会后感到对李是没有办法了,是改不掉的,李对生亦有不同看法了,如经常说:“还不是你与孙秉夫两人搞起来的”,以后谈工作亦经常批生杰仟。

整风运动初期,李局长召开座谈会发出话来。说你们这些科长,特别是生科长在这次整风运(动)中要好好改,这亦引起了生的反感。

生平时亦表露出地位观念,过去的积极按我看是有动机不纯的,主观愿望想当付[副]局长,是否有这种情绪呢?群众亦有这种反映。

过去在与计委合并问题上,生就这样说过:“并就并吧,不是并过去,要他(指物资处)并过来。”结果宣布合并了,就有些泄气了,这问题可以考虑。以往的积极主张合并的劲头可以考虑。

所以前一时期,生与李很接近的,李对生所讲的话似乎很香的,总的感觉生与李是比较接近的,生讲的话好听些,我讲的话(李)就不爱听似的。所以我亦就在琐碎的事情就不去李那里,免得找他麻烦。

总之,有些宗派情绪,这是我的看法,如在化仙桥造仓库问题上李就这样说过:“没有你这个主任亦能把事情干下去。”这引起我一段时间是苦闷的,曾当面向李提过要调换工作。

党代会议领导与群众之间存在着这样的矛盾,大家抱着很大的希望要他改进。结果他从北京回来说干部兴风作浪,吃他的批评,戴我一顶帽子,说我是“阴险的人”,我到现在思想亦不通。

不信任群众，方法方式上亦是这么一套，另外，总因为这样，思想意识上造成的结果是听喜不听忧，蒋萍在他面前就是这样，光讲好的。

当然在我来讲亦存在缺点，官僚主义作风，细心踏实不够，一般性的事务主义领导，思想意识上亦表现固执、狭隘，修养性不够，有时被李局长批评时表现不够耐心，但未影响工作。背后小广播对领导不满是没有的，因此说我是“阴险的人”，兴风作浪，我是很苦闷的，对这样的结论我是不满意的。

我还想到这样一个问题。他为什么这样？什么因素造成的呢？除上面谈到外，是否对现在职位不满，有这样情绪支持。表露在对计委的关系上，有意无意的谈一些问题。当然在卜主任来讲，工作比较忙照顾不到物资局的工作，(李)就来一个不满意说：听起来似乎打“官腔”不能解决实际问题。好好的向领导提出建议则很少。另外平时听起来，(李)看到人家提拨[拔]为厅长，有意无意的亦谈。这些都表露出与人家对比的情绪。

这人主观性强，自尊性亦很强的。

计委物资处长或计委秘书长与他打交道，当问题不能如意地解决时，口头上流露出不满。特别与张奇镇同志的关系上。

我在两年多来，感到不够温暖，工作做了得到的结果是批评多，当然我个人思想意识有毛病，不一定要表扬。批评是一种教育方法，但对部下不断批评要看效果，要有地点、时间、场合，这在领导作风上亦是个问题。

批评要有场合，该在大会批评的就要组织大会批评，该个别教育的就要个别教育，李局长这一点做得不够。如整风初期邀集各厅局供销干部会议，意见提得很多，当听到意见不对头时，不是倾听而是解释，反过来听起来是你们不对，不是我们不对。不是听取意见，似乎交换意见，结果工业厅不满意走了，下次继续开会请亦请不来了。会议缺乏“有则改之，无则加勉”的精神，不应解释的亦解释(具体记录有)，形成了批评人家。我感到这的确不虚心。

平时类似情况很多。很不虚心。例如与我的关系上，工作上有缺点，思想意识有毛病，当然应该批评。但他不顾任何场合就讲。如买了一件雨衣(是公用的)，事先事后是未告诉他，他就在大会上批评开了，说掌握经济制度不严。并且对同志经常翻老账，这里亦谈，那里亦谈。在这个干部面前讲那个干部不好。有些批评不是在刀口上。

批评亦不分具体对象，那[哪]一个同志愿意到局长那里听听他的批评，接受一些指示呢？主要光是批评，不从爱获[护]同志出发。批哭的就是这样，不是治病救人，(是)缺乏政治风度。这种领导的失败就在这里，我就有这种看法，像这样的领导干部很少。

粗暴是不能解决问题，应该说服才能解决问题。李局长这种粗暴态度就是这样，批评不分对象的。

另一个缺点在意识上批评人有些意气用事。如造仓库的问题，确定造时，一些工作是我做的，我是外行，但亦有我的看法，原确定在施家桥，我的初步意见是确定在这里造，调查研究的结果缺点有二：一是群众培赏[赔偿]大。二是地势低一点。但在有利条件据有关方面提供的意见是好的。将来要造一条铁路支线，还要造一条公路，运输方便，运费减少。当时因我生急性肺病而迟回[汇]报了(初步准备工作已做好)，李局长发脾气了说："你太主观，你的头是大，腰生得粗的，像你这样搞五年计划要化[花]多少钱，未造就要化[花]万把元钱"，讽刺挖苦了一顿，结果搞在化仙桥(亦是我搞的)，事后大家有意见，储运科对我意见很大。现在来看，施家桥这块地再要亦要不到了，以后人家对我们亦有意见，说我们反复无常，不为长远打算，结果你们搞到旁的地方去。从这一问题上李是可能有意气用事。当时我做具体解释的，结果压下来，没有解释的余地。这可能是党代会后的意气冲动。

李局长从党代会后，对我的印象总是很坏。对符长松亦好，老颜亦好，他们本身是有毛病，老颜的个人主义严重，符生活作风上有毛病、工作不踏实，但领导(不是)如何从爱护团结出发去帮助教育他们，而是从印象出发去对待他们。这一些在对干部态度上、在意识上表露出或多或少存在问题。

这一些使(得)干部造成悲观(情绪)。工作虽然在做，但是沉闷的。主要是对干部有意气用事，或印象出发。干部在他的意识中，糟了，就糟了。这样对同志的积极性就难免受影响。由于表现如此，有问题向他去请示时，表现束手束脚，有些顾虑。那(哪)一位同志愿意与他去接近？如对小陈要求很高，在文法达不到要求时就发脾气，不耐心帮助。而他说："你就是不动脑筋"，搞得小陈有苦闷。如对周为俊调查材料回来向他汇报时，李说："你们相信我李骏升能解决问题你就向我回[汇]报"，态度很粗暴，这里说明了如触犯他的自尊心就不行了。如造房子问题超支了钱计委詹秘书长来谈，他亦表现不满。(李)当时很冲动，如说："你代表上级来检查浪费的。你看我们那[哪]些地方浪费,请你检查检查。"

总的来说是这些意见,具体的亦记不清了。

党代会议向党委汇报的材料是根据大家所提经支委会研究后我去回[汇]报的,李就说我无组织无纪律,扩大事实。

李北京回来后,向他汇报群众所提意见时表现很冲动,并在蒋萍、李鹤舫面前去调查意见是那些人提的,说:"你们要把我搞掉,这样给我敲起了警钟,以前我看错了人。"他认为干部有圈套,一棍子打死。

关于向群众(传达)贯彻,以后生杰仟同志督促了几次,亦未贯彻下去,为什么不贯彻呢?是有领导上的得失考虑的。

以后李说:"我对党群党委有意见,在我这个问题这样做法是主观主义的,我是有意见的。"

通过这个问题,亦看出他对党群口是不满意的,为什么呢?他认为不应该把他作为例子在大会上检讨。大会批判是否过重,这样做法是否合理。

这样一来对团结问题的结论,基本团结不团结很难讲,看起来在工作上亦商量过,是团结的,但在思想上是不团结的。平时看看一团和气。实际上是否团结呢?相互意见是存在的,生科长有些问题亦提,但得不到好态度也就算了,生科长亦讲过,这人的态度是改不掉的。

蒋萍同志的书面发言

（一）第一，李局长的主要问题是存在着严重的家长式领导作风，批评下级态度太凶，往往不许被批评者解释。第二，李局长对干部看法上有印象观点（在去年党代会前）。第三，李局长是党组书记，但是党组内的批评、自我批评没有很好展开，如生科长对孙主任看不起的问题。另外李局长接受批评和听取意见也是不够虚心的。

1. 在1955年二季度李局长通知我要垫付内蒙来的木材款，我说这个款不能垫，卜主任也讲过，流动资金不能垫款，局长听了很不耐烦，马上批过来说："我知道的，什么卜主任，都是你。"事后，局长自己检查垫付木材款是不对的，但是局长在当时就一点都没有考虑下面的意见。

去年评级以后，李局长找我谈话，问我对那几个人有意见，我就把我的看法谈了，但李局长就是认为我不同意生科长等人提级，他批评我说："你们什么思想，为什么接近生杰仟的人就不能提级？"他又说了张夕旻工作怎么好，杨淑君怎么好的理由。今天事实证明，这两个人以德才来衡量都是有问题的，如张有严重的个人主义，杨的道德品质恶劣，是个女流氓，而且她对肃反也是不满的，是个假积极分子。这一点说明了李局长对某些问题的看法上是凭印象出发。

李局长欢喜[喜欢]听个别人的汇报，例如1956年会计科工作很忙，经常加班，但是局长听了个别人的反映，就决定把会计科调出一人，以后工作做不了还是调进一个来。又如化工科本来干部不少，工作轻闲，而李局长只听了赵洪新同志的要求就分配他一个干部，结果干部空着在办公时间看书报，等着下班去吃饭（化工科阮美春也这样说）。

局长在去年党代会议前对我们中层干部的看法也是凭印象的。他认为好，对他态度上就好；他认为不好，态度上就很严肃或碰到问题就批评。我们认为（他）在去年党代会议前对生科长印象最好。王科长曾这样说过，凡是请示不通的问题，通过生科长去请示局长就通得过，如局长想把张玉坦调上办工作，王科长意见留金属科，局长不同意王科长的意见，后来王科长请生科长向李局长提出就同意了。局长一度对王科长的态度特别凶，一度对我的态度也特别凶，一碰到问题就要发态度。如一次他和孙主任在一面走一面谈着笑着，我走上去请示他湖南焦炭运费的问题，他就马上脸沉下来批了一顿，究竟怎么办却没有指示。孙主任也说，局长对他的看法认为工作总是没做好。对老符的看法吧，孙主任说局长也认为他满身都是缺点。孙主任又说："局长对生科长的看法什么都好，生科长来局后每年提一级，如今年工资改革通知一来，局长就对我说生杰仟应该考虑提一级。"

李局长工作不够深入，有些应该他亲自研究的问题他也不参加，如整风初期提出的钢材损耗处理问题，本来确定李局长来参加会议一起研究，但是那天会计、储运、金属等科都派代表来了，而局长没来，叫我们自己研究，结果谁也作不了这个结论，到今年还未研究好。

李局长往往以批评来代替教育，如我们送一公文给他批，有时文句不对，有时内容有出入，李局长不是耐心地指出，而是训责[斥]，所以思想上感到局长是有些怕的。如关于湖南运费追回的问题，我办了一个文去金属科会稿，唐熊祥就说不要以局函发，否则这个文拿给李局长一定要批评。

2. 去年贯彻党代会议精神时，李局长开头是不虚心的，党组委员向他汇报后有抵触情绪(听生、孙讲)，事实上，在局里没有迅速贯彻。

贯彻中召集中层干部交流思想，局长在这个会议上本来主要叫大家向他提意见，但是大家提了意见后，很多他都作解释，而且态度又不冷静。如我提局长对周为俊同志爱人调来本局工作，这是对老周的迁就，他就说："要说迁就首先对你迁就。"其他科长提他意见，他说"你们就没有责任了吗"？所以我当时感到局长是不够虚心，不敢再提意见了(当时董科长也有这样感觉)，所以我说要提意见的话，要生科长撑腰。

李局长从北京回来没有几天。一次去人民大会堂听报告，那天我也去的。回来时刚巧天下雨，所以局长叫我一起坐三轮车。坐在车上，局长问我："这次党代会议那些人提意见最多？提些什么意见？什么人去党委汇报的？"我都讲了。局长又说："我看他们兴风作浪，我是不服的，党委来我也要讲话，不能单打一面头官司。"(局长)又说："他票数最多，为什么支部书记又分给我呢？好事都是他们的，不好的都是我的。"(原文如此——校者注)和我就讲这么多，但里面是包含着个人得失〈在内〉的。

局长对计委物资处的看法上也有不服气的情绪，认为张奇镇罗[啰]嗦，认为物资处对管理费调整问题多管闲事。

局长和某个科长谈工作时，有时要谈到另一个科长的缺点，如和我谈工作有时就要谈到王科长的主观，谈到孙主任的缺点，这一点希望局长今后注意，否则干部之间的团结有影响。

（二）我认为生科长的个人主义思想比较严重，表现在骄傲自满，看不起党组委员，看不起计委物资处，这里面还夹着地位观念，同时他的自由主义、怀疑病也是严重的。

1. 他对党组委员孙秉夫同志是看不起的，这在他平时言语之间就流露出来，认为孙秉夫同志工作拖拉，该做的工作不做等。这些和王科长谈的较多。我自己平时有这个感觉，董科长也有这个看法。其中在1956年的工资会议上暴露得最明显。当提到孙主任可以提一级时，生科长就起来发言，说孙主任的思想意识有问题，说他有了意见当面不提背后提，又说他在宿舍里把路灯的电灯泡摘了，以及说他如何与保姆吵架，后来如何由王科长拉开等等，最后又说："我看他保姆替他作的结论就是不错：'国民党作风，资产阶级思想'。"当时有群众孙家瑜参加。我当时听了很为不满，我认为生科长是党组委员，有意见为什么不在党组里批评，而在群众性的工资会议上提呢？目的何在？大家听了对孙主任的印象如何呢？会上当提出符长松的提级时，生科长却认为可以考虑提一级。

2. 对党组书记李局长在他思想上也是不够尊重的，也有某些地方的轻视，如去年省党代表大会期间，他对我和王科长说："李局长不敢向计委卜主任提意见，我叫他大胆地提，他反叫我起稿子。"他又说："人家厅局都在大会上发言，我们李局长就是不发言，物质工作也应该讲一讲。"又一次他和几个科长又谈起局长："局长在北京订货真的没工作做。"又说："他要请假回去看一看，要我替他写信向卜主任请假。"今年在整风与反右派斗争初期，有一次李局长召开了一个学习小组长会议，汇报学习情况。他那一天去党委开会，回来听到老周讲了，〈他〉非常不满地在草地上说："我知道的，都是他自己在搞，他要向计委去汇报我是第二个孙秉夫的右倾思想了，我反正不怕。"以[最]后老符叫他不要讲才不讲了。而且他还认为李局长说右派分子是敌我矛盾是不对的，他认为右派分子是人民内部矛盾，他认为局长不应该在会上讲。总之好象[像]

他自己比局长认识得正确。

3. 他对计委的张奇镇付[副]处长是看不起的,他认为罗[啰]嗦一套。这一点他和李局长的看法是一致的,例如今年物资处打电话来叫我们去研究管理费降低的问题,我去请示局长,他们两个人都认为不要去听他,物资处多管闲事。当时我想不去是不好的,所以派了夏纬和同志去。又如今年省委决定物资局合并为省计委下面的一个局,生科长听了很不高兴,他曾说搞了两三年就搞这名堂。又说将来他们的处长可能要来当局长,他们处长要比我们高。在生科长思想上是否想提拨[拔]当付[副]局长?这请生科长自己检查。

这里还有一个事实:有一次我听孙主任说生科长要求救济,是计委伏主任打来的电话,当时局长认为生科长的生活还可以,所以没有批准,但生科长认为是孙主任不同意,因而对主任有意见,说主任福利工作没有做好。

1956 年修建靴儿河下宿舍,这是生科长负责的,确定的,孔庆和是具体搞的。当时因为房子要倒塌,工程急需进行,故由我和生科长一起到财政厅要求先用款后补手续。财政厅同意了,即在年内预算内先动用,但要作调整手续。以后我一再催孔庆和,他强调忙拿不出预算,又强调修建和新建不同,不好造预算,因此我就去请生科长督促孔编造。生科长第一次答应的,第二次他就不耐烦了。他认为我故意麻烦他,他说:“财政厅也不要,你为什么要?”我说:“如果再不造的话,财政厅要通报我们了。”他说:“财政厅要通报我哩,我要通报财政厅。”身为党组委员,(生科长)不但不支持我们维护财政制度,而且自己不执行,还怀疑别人有意麻烦自己。我认为这是离开了原则的。

4. 在去年贯彻党代会议时,生科长先是抱自满情绪的,好象[像]光整领导,自己没有缺点。在中层干部交流思想会议上,大家向生科长提了许多缺点、错误,生一方面表现了对问题感到痛(原文如此——校者注),同时还怀疑别人,好象[像]他的缺点是别人替他制造出来的,而不是客观存在的。因而他向我们提意见时,情绪上就偏激,用词上就不甚妥当(当然不是全部)。如提我意见时,把我在金华以及银行工作时的缺点也拿了出来;对董科长提意见时说他是窥测方向,待机而动等;向李局长提意见时说他已到悬崖勒马的时候了。

去年党代会的贯彻先是由孙主任搞的,当时生科长对孙主任不满,认为主任没有和他研究,文件没有给他看。接着支部改选,并选出党的代表,在改选过程中要全体党员对上届支委会提意见。在小组会议活动上,生科长光提孙主任的缺点,自己缺点提也不提,这我听吴爱琴讲的。党群党委党代会后,局里开始贯彻时,生科长在小组会上也光提孙主任的缺点,这是我听董科长谈的。在党群党委党代会中,生科长和孙主任统一起来了,都认为是局长的问题了(文中的时间顺序如此——校者注)生科长在代表大会上发了言,揭发了李局长的错误和缺点,据吴爱琴当时说,生科长讲得真好,有些代表听了哭出了眼泪,特别是关于房子问题。从此以后生科长的劲头的确很大,他这个办公室已成为合法的自由主义市场,科长们在一块就是谈局长。当时分析局长北京回来可能有三种态度,一种是继续粗暴,一种是表面检讨,一种是可能虚心,但第一种可能性大。当时我也同意这种看法,还有王科长、陈科长、孙主任、符科长也同意。据孙主任谈,他们还分析了李局长回来要找三个人谈话,了解情况,估计我要给局长争取过去,不向局长提意见。李局长从北京回来后,他们三个党组委员和局长交谈了,但交谈的情况,生科长、孙主任都向外面自由主义开了,说李局长是不虚心,生科长和他个别谈也谈不通,而且李局长又发态度。我记得生科长一次曾这样和我说过:"李局长这次如不虚心的话,党委劲头很大,就要调走他,局长当不成。"所以在学习全国党代会议精神后,我说,根据毛主席说的,对犯错误的同志不要一棍子打死而是要从团结愿望出发,通过批评达到团结的目的。这个精神在我们贯彻的过程中是有些毛病的,但生科长却说:"我看一点毛病没有。"在参加省党代会中[后],生科长回来说:"今天李局长向卜主任提意见了,他还提卜主任不信任他,说肃反运动未叫他领导。局长就是瞎提,这向卜主任提是不对的,根据中央的指示,局长就是不能领导。"建局初期,在他办公室里和科长们一起他还介绍了李局长是李老虎,说从财政干校调来本局后,他们干部知道了喜得是双手拜的;又说李局长在宁波工作时还要凶。三反中下不了台,省里把汽车装来杭州后没有去(原文如此——校者注)。

王科长、孙主任都说过生科长是商人出身,有商人意识,对人两面好好。我对生科长看法先认为是好接近,后来也认为有两面好好的感觉。不过这一点,我感到在去年党代会后好了一些。

根据党代会议的精神来衡量,我认为生科长以上的言行是对党组的团结有着影响的,特别是去年贯彻党代会议中的这种严重的自由主义,如再发展一步的话就要形成反对党的领导，变成宗派主义的活动。这主要的一个因素，我认为生科长把个人与集体的位置摆得不够恰当，过份[分]地迷信自己。

另外生科长对上级指示的贯彻不坚决是有着这种倾向的。就以最近几个例子：如那天生科长下去开“除‘四害’”的干部大会，李局长一再指示老鼠夹由大家自己买，为公家节约，但是生科长下去没有讲，所以叶福媛还是照前几天生科长布置的精神买了；又如星期天本来决定下午是学习的，而生科长却通知大家不学习，搞宿舍的清洁工作；再如 12 月 31 日晚上通知叫各科开科务会议，而他自己科里却不开会。生科长身为支部书记，这种表现既对领导指示不坚决贯彻，反过来又会影响大家。

我认为生科长的政治修养是不够的，对待问题往往夹杂着个人得失，如在前个时期，大概生科长对李局长有些意见。他和我说：“计委顾处长很快要来了，是付[副]局长，如顾谦虚，工作深入，那么你看大家都要靠拢他，而李局长呢，就要孤立了！”我认为生科长是党组委员，以这种态度来对待党组书记是会影响团结的。这点请生科长应该从思想上来检查。

5. 生科长思想上是否认为自己是党组委员，有某种程度的特殊思想呢？这一点我不肯定，我举几个例子请作考虑。

（1）生科长的宿舍前后搬过三次，从吉祥巷搬到信余里，从信余里搬到长寿弄，应该比群众好一些的思想是否有？

（2）生科长的经济比较紧一些（现在我认为不一定紧），每年公家都要救济，但是生科长为什么还买手表呢？

（3）生科长去仓库脚跌坏了，第三医院看得马虎一些，那么可以到第二医院或其他公家医院去看，但生科长却去私人医院医了五元多钱，这是不合制度规定的。当然以后顾局长同意了就报了，这样给党的影响不好，因为今年夏纬和在上海看病就没有批准她报销。

（三）颜承俊很长时期是局里的支部付[副]书记，他的个人主义思想比较严重，与党离心离德，对党不满，对同志有拉拉扯扯的现象。

1955 年他通过人事工作的解学仁同志在局务会议上提出家庭困难要救济的问题，后又提出家庭困难要改工资制，当时有些同志同意，有些不同意。王科长提出理由坚决不同意，说老颜有什么困难，身上穿的是呢子衣服，床上盖的是缎子被面,光棍一个。由于王科长的提意见,大家没有一致通过,认为王科长提得对,但是颜承俊就对王科长心怀不满,说他主观,说他不了解他的困难。他在55年鉴定前散布说:“财经党委说,王承祐犯过错误,刚受处分,他的组织委员值得考虑。”(因为他是支部付[副]书记,当时他经常去党委开会或汇报工作)。由于他的散布,在我思想上就有影响,认为王科长犯了错误,刚受处分,不好当支部委员,去年党代会前支部改选时,我们小组里就没有选王科长。

研究发展党员的问题认识也不一致,第一次颜说斯德元同志在省法院表现很好,那里就已是发展对象,那一次会议上根据他的介绍大家同意了;但在第二次提出研究时(王科长是组织委员,所以由王科长提出),颜又不同意了,说斯德元在法院表现如何如何不好,说斯德元不安心工作,有地位观念,存在个人主义。我认为这是颜与组织委员闹别扭,理由:他是在政法党委的,是了解情况的,为什么一会说好,一会就说不好、不够入党条件呢?经调查证明斯德元是不错的,工作、学习、家庭出身各方面都很好。

1955年干部年终鉴定,王科长向他提意见,他认为受不了,没有等宣布散会他就先离开会场;王科长鉴定时他先不来,以后叫了他才来,向王科长提得也很凶,王科长也感到有些吃不消。总之不是从团结愿望出发,好象[像]你提我一下,我也提你一下。

1955年一个早晨的学习会上(我没有参加,听王科长讲的),王科长批评他晚上回去把老百姓门踢开,影响不好。颜承俊不从党的利益、党的影响上来接受批评,而和王科长又顶起来,说王科长主观主义,说自己没有踢门。事实他是踢过门的。

1955年下半年上级确定本局要调几个干部去加强农村合作化工作,当时组织初部[步]确定他的爱人阮美春下放,他不满意地说:“我知道的,这都是孙主任去反映的。”

他对支部书记李局长的态度也是不满的,说李局长好批人,主观。房子问题认为组织上对他不照顾,吹嘘自己在政法党委时房子住得如何好,说有桌子、凳子,又有沙发。当时我对早上参加学习在思想上不想去,所以我也就说李局长对女同志也是不够照顾,要我参加早晨学习也是主观,听说统计局里的女科长就没有参加(这种看法当然是不对的)。但这个时候老颜又说:“李局长就是这样,在背后学习会上批评说蒋科长就是不自觉。”当时我听了很不高兴,不高兴李局长为什么在背后这样批我。这些话拿一个支部付[副]书记来说是不应该讲的,这会造成我对李局长的不好印象。

我和颜承俊是不认识的,他了解我爱人在公安厅工作,他就主动和我接近,散布他的个人主义,争取我为他同情。如在救济和改工资制未通过时,他就和我说:“王科长提我呢子衣服,缎子被面,王校长是知道的(我爱人并不知道他),是公安厅劳改犯生产的,只10多元一条。”(他)又说:“呢子衣服是向财政科买来的旧货,一套只10多元。”以此他来说明自己是困难的。又说,公安厅科长的房子住得怎么样好等等。所以我和他说,我在银行里组织上也照顾得好,因为我那时身体不好,组织上送我鱼肝油,别的身体不好的同志也有。我认为支部付[副]书记为什么要和我讲这些话?这样把他的个人主义影响别人?我认为他(之)所以这样和我谈,〈他〉是想利用和我爱人过去在一个公安厅工作的关系争取我对他的同情。

在肃反运动中,我先由于怀孕反应很重,未来参加学习,以后思想上是有右倾麻痹思想,对运动认识不足,所以没有积极参加。〈以〉后(来)支部委员生科长来叫我后,我就表示第二天就来参加,但颜承俊在路上碰到我非但不鼓励我来参加学习,反而说:“你身体不好,来学习吃得消吗?”并同情似地说:“我很难说。”我不知道他难说什么,我认为他这句话带有挑拨性的,不过我没有受他话的影响,以后我是立即积极地投入肃反运动。有一次我从楼上下来到对面计委去参加学习。他叫我,我进去了(从楼上下来要经过他办公室门口)。他一开头就说:“他们都去听报告了。”这时老周天正在叫我,话就断了。我认为他是一个支部付[副]书记,为什么要向我讲这个话?无非要我对党跟他一样不满。当时我就考虑到他有问题,所以也没有受到影响。事后了解,因为〈他〉没有参加肃反领导小组和不叫他去计委汇报情况,他在不满。

肃反运动中组织上派他到东北去了解材料。(他)一面向组织伸手要地位,一面在经济上贪污。那个时候已经改为工资制了,但他回家到山东去的路费还在出差路费中报销,并且还报住勤费,总共多报八天。

(四)根据党代会议精神,以及我反复地学习了安子文同志的报告和六月十五日《人民日报》社论,我认为孙主任的问题是严重的。孙的话虽然和我(有)个别讲的(有些不是),但是从思想上可以看出孙主任的思想是不健康的。

这些因素都会影响党组的团结,所以我现在把孙主任的错误揭发如下:

在省一次党代会前,主任很少和我接近,谈话也不多,但在去年党代会议期间与以后,向我散布的自由主义比较严重,话虽然讲得不多,但性质是违反党组织原则的,从这些现象上可以透视出主任对党组思想上有距离的,说得严重一点是离心离德。我认为主要是主任的个人主义所致。

(1) 早在一次党代会议以前,主任的思想上就流露出对局长的看法,认为局长对他是"要马儿好,又要马儿不吃草";工作做不好,思想苦闷;以及局长批评他不正确等等(在一次党小组会上讲的)。他举例说:"局长批评我,说吴爱琴经费拖了几个月不记帐[账]是我不抓紧,我认为吴爱琴加班加点是努力的。"

他有时思想上流露出局长、生科长都对他印象不好,如去年靴儿河下宿舍快要倒塌了,房管处通知要修,否则压死了人要我们局里负责,生科长和他研究时说要修,孙主任不敢决定,怕局长。在去年党代会议中他在我的小组里启发大家打破顾虑,大胆向局长提意见,我也提了。

(2) 去年贯彻党代会议前,即局长北京回来前,他一个人来我宿舍说:"估计局长回来要找你谈话,他们估计你要给局长争取过去,不敢向局长提意见。"我说蒋科长学习党代会议精神认识也提高了,不会的。后据吴爱琴说主任也曾找她谈,叫他大胆向局长提意见,而且那天谈到十点多钟;李局长从北京回来后,党组三个人交换的情况也告诉了吴爱琴,又说自己饭也吃不下。他也和我说:"局长不虚心,认为我搞他。"

(3) 他在党代会议期间和我说:"他们看人就要把人看死(指李局长、生科长),认为我孙秉夫工作就是没做好。"接着又说对我的看法,"你在历史上关于你弟弟的问题犯了一些错误,但他们就把你看死"。我说这可能是生科长的看法,局长不会的。他说:"他们都是一样的"(这些话他还要我不要讲)。

(4) 他又说:"你肃反未来学习,他们和我的看法也不同,我认为你身体是不好。"又说李局长对符科长的看法也是如此,说:"符长松虽有缺点,是否都不行了呢?"

(5) 在党代会议小组会上,他说:"我在党组里是孤立的,李局长和生科长的意见总是统一的,即使开始不一致,当生科长看到李局长的意图后马上就变了!"并说自己在党组会上不提意见。他被李局长曾经批哭过,他说局长把他管得太多,使他工作不好做,什么都要来问一问。

这次干部下放，主任对局长也怀疑的，他和我说："我知道他们做好圈套的，一定是我下去的，所以我先要求下去。"他和吴爱琴说，计委原确定局长下放的，局长不下去，所以他下去。

在下放干部会议上，主任的讲话毫无党组委员的气魄，好象[像]很可怜，说自己惭愧，没有做好工作、钻进业务。主任究竟是什么思想呢？

反右派斗争开始时，主任认为《人民日报》社论发表早了，这究竟是什么思想？是否认为局里对局长的意见还没有提？

这次回来在路上碰到我，问我身体好吗？他接着说："昨晚在生科长家里碰到局长，看到了叫我提意见，表现得很虚心，我说意见都提了，只是虚心的问题，他叫我去找顾局长谈谈。"

主任到我家里来说和顾局长谈了三个多钟头，他又说："关于宗派主义问题顾局长叫我谈一谈，我说未考虑成熟。"又接着问我这是那[哪]个提的，我说中层干部放鸣我没参加，我们过去只提李局长有印象观点，他说这个问题不成熟，不想谈了。这个时候我爱人打电话来，我去接电话了，他走了。和我的谈话中，主任对局长的虚心还是不够信任的；关于宗派主义的看法，他还有顾虑。

(五) 对王科长的几点意见

(1) 王科长是组织委员，有意见为什么不在支委会上提，而是对我说："你们为什么不向党委会提意见？支部这么长久应该改选了，开始不了解情况，支委可以指定，现在这么长的时间了大家已了解了，为什么还不改选？"这种谈话我认为是不利于党的团结的。

(2) 王科长和李局长经常顶嘴，这是组织观念问题，王科长应很好认识。现在(疑是"甚至"——校者注)客观上错认为这是斗争性强(当然李局长的批评上是有缺点的)。

(3) 王科长对孙主任也是看不起的，而且和生科看法大体一致，和生科长经常谈孙主任。

(4) 去年党代会议期间，王科长对李局长的意见也很多，也犯自由主义。

(5) 王科长的主观主义是严重的，而且对别的科室不谦虚，如我们要收漓渚铁矿空气压缩机的管理费，王科长气呼呼地跑来责问："老蒋，你们管理费根据什么收的？没有供应科的供货通知单，你们不要乱收。"

蒋萍同志的书面发言(补充)

一、1956年贯彻毛主席十大关系,迎接省党代大会召开时,本局党支部改选,王科长曾这样说:“如果局长是选举的话,我就不选他而愿选生杰仟。”在党群党委会开会回来,王科长说:“孙主任报送李局长的材料不全,李局长历史上犯过几次错误,而上报的材料上一点没有。”王科长的思想上对局长的印象为什么那么不好,在王科长看来生科长的德才好象[像]比李局长要强。这种看法我认为是王科长的个人意气,因为生科长不批评他,有时和他共同谈论一些看法,所以说如果局长选举的话要选生杰仟当局长。

二、在1955年上半年,一次我到王科长办公室去联系工作,他曾这样说:“生科长一点事儿就去和局长谈,经常去找局长有什么事。我是有事才去,反正不想当付[副]局长。”这里有两个问题:第一,王科长当时是支委,对生科长有这种感觉应该在支委会里提出而不应该和我谈;第二,生科长经常去找局长谈问题是否是为了想提拨[拔]付[副]局长。

三、生科长去找李局长的时间有些地方可能是不够适当。有些生科长可以处理的而且应该是生科长做的工作也去找局长,这样影响局长考虑重大问题。我听吴爱琴同志反映,她说:“在顾局长未来之前生科长经常大半天坐在李局长办公室内,而自己不办公,如有次一份统计报表拿给生科长看,他自己看也没看就拿去请示李局长。”

四、董科长对他爱人是缺乏政治思想教育的,而且过份[分]地片面地听取爱人的反映,也不加分析不加批判。这样会影响他们家庭的团结和干部之间团结的,如对他父亲的问题,早在董科长出差北京时,他爱人就已有意见了,说他父亲不顶事,要叫他父亲回去等等。董科长回来后我反映给他听,而董非但没有表示教育他爱人,相反地说他父亲过去怎么对待他爱人不好。一次他爱人生产前为调正[整]宿舍也大闹。我认为他父亲的问题是由于董科长片面地听取他爱人对父亲的怀疑所致的,而且董科长自结婚至今没有叫过他父亲,因而使他父亲很感伤心。这一点我认为董科长是很不应该的,通过这次正[整]风,(董)应该自觉地叫父亲,以挽回党的影响。

五、去年党代会议董科长向我提的意见中,我认为有些问题也是片面地听取他爱人的反映的。例如说我不肯借炉子烧东西。事情是这样的：那天大家都要上机关学校，而你爱人怕你迟，在我家烧，那你不想一想，等你烧好了我烧，我去读书是不是会迟呢？另外我觉得董科长爱人思想上已染上了资产阶级的平均主义思想，因而她对老董的工资收入亦感不满，如我在产期内是吃得好一些，〈但是〉他爱人很羡慕，而且和宿舍里保姆说思想不愉快，钱不够用，买了点菜吃不好。

六、董科长对孩子的教育一般是好的，但是我认为也有过份[分]。如一次丽生哭得长了一些，他就把他女儿抱了要丢新宫桥去，以后他爱人、父亲，甚至连居民区邻居都来拉，有的居民反映说，丢死了他自己也要坐牢去。

向陈平同志(原本局基建科科长)个别征求对本局各级领导同志意见的记录

这是我在 10 月 17 日下午受支部委托向陈平同志(原本局基建科科长)个别征求对本局各级领导同志意见的纪[记]录,由于记得不全,又未经陈平同志审阅,很可能在某些词句上与原意有差错,现整理,仅供领导参考。

周为俊整理

57.12.25

我对领导没有多少意见,过去有些〈都〉提过了。转业来局后领导及组织上对我都很好,事实上也没有什么新的意见提,希望在整风中领导上及同志们对我有啥意见,可提出来转给我,以作整风中改进。

去年贯彻党代会中,那时我们〈才〉来局不久,不大了解情况,听同志们对李局长提了许多意见,当时感到李局长怎么这样的,提意见时我是有什么感觉都谈了。会后王祥同志曾对我这样说:"我们转业军人太疯狂了。"我曾向他解释。以后在接触中感觉李局长的个性对人还是直爽的。

关于赵洪新的评级问题,我没有别的意见。李局长曾在党小组会上讲:"对赵洪新评为 16 级的问题,我们都没有意见,就是陈平不同意。"局长讲这话,当然赵也在场(他们一个党小组),可能会使赵对我有所感觉。这话是颜承俊向我反映的,据颜说是小阮告诉他的,是否真实[是]这样说的我不知道。至于对赵评 16 级,我意见主要是赵本人历史上有个问题,在未结论前,提级是不妥当的,对赵本人我没有别的意见。

我自己曾有一个阶段不安心在物资局工作,再加上在评级工作中有点意见,曾去组织部反映过情况并想要求调动工作。组织部除指出我应安心工作外,并叫我把所谈情况写一书面材料(后来没有写)。此事曾告诉过颜承俊,颜说:"有意见为什么不写呢?"意思是鼓励我写,结果我仍没有这样做。

对颜承俊我了解也不多,我认为颜的个人主义是比较突出的,但大都表现在生活问题上,斤斤计较。如房子、床铺等问题上有时谈起来表示不满,我曾向他解释过,不应该计较这些问题。其他方面组织上都知道的,如闹地位等。

这个人在整风中应该很好教育一下，否则是很成问题的，对他我没有什么新的意见。

对张玉坦的评级问题，原提出由技术级改为行政 18 级，我是有意见的，当时领导看法是不一致的，曾引起争论过，后来没有改，仍提技术级。对此问题，领导同志认为我个人没有满足要求，但事实我还有什么地方不满足呢？从部队下来是付[副]营级，按国务院标准相当于 18 级，给我评 17 级，报提付[副]科长，批了正科长。我觉得组织上对我的问题是很满意的，当然后来评级工作我不搞了，因为意见不一致，连总结也没总，我是有缺点的。

李局长讲话是有些不注意场合的。我们这批转业军人刚来局不久，局长从北京回来，就召集我们开了个座谈会（这是好的）。但他曾举了两个例子：一个是符长松，生活作风怎样，影响不好；一个是周为俊一个老婆没安插工作就闹情绪。那时我们还不认识，就给了我们一种印象，会后我说，李局长这是给我们打预防针。

孙主任对李局长可能是有些意见的，一谈起来好象[像]很伤心，他可能自己会向他（指李局长）提的，我不多谈。

孙主任对评级问题也反映出有个人主义，如评为 15 级，据说先前党组没有通过，生科长没同意。那时我生病在家休息，孙去找我谈此情况，叫我去参加党组会议，研究对他的评级问题，结果开会又都同意了。生为什么先不同意，后又同意了，内情我不了解。

王科长在一次会后，曾说："局长是组织上派来的，如果是选举的话，我选生杰仟也不选他（指李）。"王这样说法，当然是错误的，但生科长听了王这一奉承，却笑笑就算了。我觉得生身为支部书记，对王说这种话不给批评是不应该的。生也有时背后说局长怎样怎样，我有这样的感觉，生对李象[像]有些阳奉阴违似的。我对生科长，开始没有什么意见。后去上海听了一些反映，情况向李局长汇报过（可能李局长找生谈过），以后感到生对我的态度有些不同了（这是我有此感觉，不一定正确）。

对本局下放干部问题，我们这一批没有什么意见，听说后来下放的几个人，我有些看法，感到不大符合上级的要求。例：王桂轩作风不够好，左景田生肺病，住了很长时间医院才回来不久，下去是不大[太]适合条件的。

对其他科长及负责同志：

董科长思想很落后,表现在重业务轻政治,对于要干部他是不要文化低的,认为文化低一点就不能做工作,不要党员,说老干部或党员难领导。据说去北京订货,多加了一个另(原文如此,疑是“零”字——校者注),向国家多要物资,是为了回来显示自己能干、有办法?我看是意识问题,再从他对待父亲的问题也可以反映这一点。

蒋科长有些旧思想,对小孩子是骄[娇]生惯养,自己小孩打别人家的小孩,她摸摸别人小孩的头说不痛吧,她对同志提意见也不够直爽,如说生科长没事做,闲着看书报,工作有办法。

对王科长提不出具体意见,但有这样感觉:王主观性较强(仅供参考),王科长对痛[疼]小孩也有些过份[分]。

对王祥同志的看法:好功,好表现自己。如他常说在部队里领导上要叫他去当管理科长的,以后就转业了,思想上有地位观念。

我和张玉坦曾一度关系不大好,因张父母来杭时向总务组要粮票,先没给他,以后给他,张又不要了,为此而引起争吵过。张感觉我与他的关系与王祥问题有关,这事我们在党校时曾交换过意见。

另的我没有什么意见。今天随便谈谈,仅供领导参考,希望整风中对我的意见给我转去,以帮助我提高。

符长松同志在10月21日至10月24日本局中层干部放鸣座谈会上的发言(记录综合)

(一)对局长的意见:

1. 对局长的领导方法方面:在贯彻党代会时我提了许多意见,局长并未改。局长的领导方法是家长式的领导,认为自己都是对的,对下面有不同意见不是打通思想,而是用批、压等粗暴方法。如整风开始时搞体力劳动,当时没有钢皮尺,我到局长室去找主任,局长听到这个问题时态度非常粗暴,具体情况就象[像]我大字报写出的那个样,我感到局长对我训斥特别厉害些,是不是有从印象出发?果然有缺点是应该批评的,但应该是从分析着手。局长对董科长的态度就与我不一样,对董却是作不实事求是的表扬,如一次董到小河去,回来对钢板估计了一下,局长就拿这些肤浅的问题来刺激我,说我工作不深入。

一次我向局长汇报工作,局长问我库存有多少,我说200多吨,局长就批评我“糊塌塌”,后来又批评张协祥。局长是从凭印象、武断出发的。

又一次,城站物资要搬仓,事先请示过局长,但搬过后,局长指着手道:“你们浪费,浪费!”而局长事先并未交代过那些该搬,那些不该搬。

由于以上情况,我对有些工作就与局长疏远些。

再一次,局长指出我与王祥的关系问题。现在我要讲,王祥在科里是不尊重我的,弄得我很难看。如一次正在开会交换意见,王祥调头就走;分配他工作他推来推去;有些已经研究好了的工作,王祥也不干,如复核制度、仓库制度等;有时候他还说我自以为是,没有与他商量,说我遭到群众一致反对。局长遇见以上问题时就说:“你们就是井水不犯河水。”支部为了我们的关系要开小组会,但局长也没有来。另外局长还对王祥作一些不必要的表扬,说王祥能干,老符不懂装懂。我认为这样说法对同志是没有帮助的,如果误会领导的话那就会造成不团结。

〈对〉王祥分配我科工作当初并未说是负责,后来又说一个管业务,一个管思想。

2. 局长的工作计划性很差,想到就干。党组与行政领导没有分开来。

局长来本局成绩是大的,但缺点很多。局长叫别人工作要深入,自己工作不深入,如到宁波了解打捞物资的问题,当时工人搞的一些工作有浪费现象,但局长不了解。局长对科里的工作了解也不够,对工作安排方面很少交谈,但等到下面提出困难时,意见往往就不一致。如一次研究整编问题,我说科里有些本位主义,请局里来核定一下,局长对此就批评。

科与科之间的关系上,互相职责不清,互相推诿,并影响到工作。如催货问题,局务会议研究决定由各业务科催。以后何经文同志反映说这样不合理,局长又同意,结果责任不明,到现在还是这样。又如仓库物资的统计工作,各科表格不一,有的说多,有的说少。物资的统计,数字也不一致,责任不明。这些问题我们(的)意见(是)由李局长主持一个会议来解决一下,请示几次,局长没有参加,会议不解决问题,到现在还在拖。

局长对下面的分工问题亦不了解的,本局有两个仓库,我们研究李主任放在化仙桥比较好,当时局长亦同意,但后来又批评李主任是去休养,现在李主任今天跑化仙桥,明天跑艮山门,没有固定,干部思想亦掌握不起来。

3. 一次湖州制钉厂厂长来局联系解决一个问题,局长与他吵了一顿。计委张处长在北京时局长也吵了叫他下不了台。计委为编制储备物资请局长去,局长不去,是否其中关系有问题? 局长有些问题批评人家是不头(原文如此,疑是"对"字——校者)的,但局长却以"精神"来为自己解释。

在建局时我们正在找房子,局长说自己负责经费,叫我负责联系,要买下一座。后我去上海与房主联系,不成功,回来局长就批我,还要算我的路费。局长对干部的评价是片面的,如对董科长,开始说他很调皮,思想很不健康,后来又作不恰当的表扬,这样的评价是不妥当的。对于表扬与批评的看法,局长认为一个人缺点未改正以前是不能表扬的。

对肃反的工作李局长有些不满,如会计科并到计委以后,局长就认为这是伏庆祥出的主意,说:"我就不能领导了?"肃反后也存在事后诸葛亮的味道,说:"看你们搞得怎么样,我是不会搞得这个样。"

局长批评人时说:"你们这些人整天脑子里想些什么东西啊?"好象[像]我们都不是为人民服务的一样。对局长的批评,我也犯过自由主义,说局长是"打一个,拉一个"。

4. 党组委员之间的意见据我知道的是(有)分歧的,表现在局长不虚心。

当时孙主任对生科长、李局长都不满,生科长对孙主任也不满。局长对孙主任交代不清楚,只是批评,孙主任认为是两面夹攻。另外科长不尊重局长也是不对的,但局长有些地方确使科长下不了台。如一次评级小组开会,局长中途进来就发表意见,说那几个那几个要提,并说生科长本来应该提两级,只是某某不同意。

另外局长的敏感性也是不应该的,如贯彻党代会的问题,局长从北京回来就到处打听,说是谁这样搞的,后来又说谁要搞下局长了,而实际(上)我并未有这样想。

在放鸣中局长召集了几次座谈会,我觉得局长有右的情绪,表现出对放出的意见一个一个的解释。

局长有些问题掌握原则不够。如在一次欢迎转业干部的大会上,局长把我的缺点作例子,也在大会上讲开了。而这些问题并未经过支部研究,这是违反组织原则的,这也说明局长对同志是采取一棍子打死的态度,弄得人家威信扫地。

局长常说给[找]我谈话的次数多,而实际局长对[找]我谈几次话是数得过来的。如我从上海来杭州谈过一次;一次是写信批评我生活上的不注意;一次去年"三八"节我违反劳动纪律的事情。以后局长就很少找我谈了,要么就是批一通,要么就是工作上不支持,如一次批评我在小组会上看《聊斋》,而实际上这个情况是王祥汇报中断章取义。局长还批我是大权不放。我认为局长这样批评不解决问题。局长对王祥甚至情况也未了解清楚就给以表扬,在表扬中又批评我。

局长对夏纬和有惯养思想,在提级问题上也表现出来,局长说:"对她照顾一点,是大学生!"

5. 局长对上海办事处领导的问题,抓得很不紧。上海经常出事故也不很好调整配备干部,去年(因)为危险品越[违]章运输还被上海港务局通报了一次。今年派孙主任去了一次,但回来孙的说法与其他同志说法仍不一致。一说是领导责任,一说是下面干部的责任,到底怎样,并未很好解决。现在我仍认为还要加强。

6. 局长在放鸣中的一些讲话是不注意的。如一次在小组里说:"民主党派向毛主席提意见了,你们还不提?"一次左景田发表了一个意见,局长一插上去就长长的发了许多言。(局长)对小组的[在]学习方法上也布置得很简单。

局长对一些问题过早下结论,如关于右派是内部或外部的问题。当时党内有一文件,局长很快就在小组里讲开了。

7. 局长对下面汇报工作是听谁讲得圆满谁就好,否则就不好,如上海的领导方法问题。当时对表现不好的同志有几种说法,一说是邵溜身,一说是沈荣祥,一说是居鹤鸣。我认为在未彻底了解情况之前不能下结论的,不能凭汇报就轻易相信。对我和王祥的关系问题,局长说我也是不好惹的,我认为也不能这样下结论。

9. 局长找下面谈话时最好与我讲一声,否则我不知道他们到那[哪]里去了。(原文序号如此,并非删减——校者注)

10. 局长对干部的看法有问题。如年轻年老、能力强弱、老党员与年轻文化水平比较高的等等都作对比,造成下面互相学习帮助不够。有的还看不起文化水平低的同志,使这些同志悲观失望,文化水平较高的同志就骄傲自满起来。

(二) 本局的不团结现象除局长应负责外,生科长应该负责。生科长常讲局长如何如何不虚心,并且还讲到群众中去。生科长对本身的一些问题也不冷静,主观性强,如选举党代会的代表时,孙主任讲生有骄傲自满,生就与孙吵了一顿。这些问题领导是认识不足的,甚至群众在场也吵起来了,给群众笑话,说领导没有涵养。

(三) 对评级问题当时教育不够,有从照顾干部情绪出发。领导上有存在多争取、多评级的现象,没有很好研究。如对张夕旻的问题,小组讨论时群众都不同意;对张玉坦的评级意见有二:一是行政级十九级,再就是按原技术级不动;对解主任的提拨[拔]也没同意。对这些群众的意见领导就是没有很好地加以研究,以致有的仍旧是提拨[拔]了。

对部队里下来的同志不管表现好坏,全部按原级别提了一级。陈平对此意见很大,他说自己倒没有什么,只是对张玉坦、赵洪新有意见,陈平还主张我也应该提。关于我没有提的问题我是有意见的,在一次吃醉酒的时候我为此哭了。陈平对以上评级情况(有意见)说还要跑组织部反映。

(四) 本局劳动纪律松驰[弛],尤其是科长,如蒋科长经常跑医院、回家去。叶林福亦如此,未下班就去吃饭。这问题局长有迁就。其他在办公时间去梯[剃]头理发的也有。

（五）关于使用干部问题。办公室人员多了，有人解释说二个顶一个用。如对刘恩正的使用，孙主任看不起他，要将他搞出去，他平时又没有设法发挥他的积极性。

（六）本局工作是有技术性的，所以叫了一些技术员和工程师，但现在〈一面〉却把有的同志的技术级改为行政级。这样做不妥当。

（七）为了使订货工作与运输工作能够配合得好，我们要求订货时能派我科一同志去参加，以便协作。如去年炸药分车皮的工作，浪费很严重，另外有的可以直接运达的不直运达，据统计去年的变更数字达总数的 40%。水泥亦如此。

（八）我科与业务科之间的某些扯皮问题。各方提出的要求都不解决问题，希望领导采取措施予以解决。

（九）对孙主任的意见：孙主任对李永早他们谈话不注意，说自己是老首长，又说为了照顾他们要把他们安排到农村去。

（十）对生科长的意见

1. 工作方面：抓得过多，由于工作比较忙，所以在处理问题时就简单化。另外工作计划性差，开会临时通知，使我们科里的一些工作被打乱。

2. 讲话不分场合，吃酒后也讲计委张处长不好，对张不满。一次我向生科长请示工作，生叫我向局长讲，说自己向局长讲过了，局长不接受。我认为这样讲法不大好。

3. 过去我与生科长接近较多，生叫我提意见，我说你有骄傲自满，生又叫我举例子，我说自己记忆力差，举不出。

夏锦华在10月21日至10月24日本局中层干部放鸣座谈会上的发言(记录综合)

一、对局长的意见

1. 局长的批评太粗暴了,如建局初期局长问杨钟英汇总情况。杨说:“订货汇总基本上差不多了。”局长就批评杨是教条主义。(造成)现在〈造成〉大家对局长怕,效果很不好,王[杨]钟英还不敢接近局长谈工作。在北京时为了我汇报不具体,也批评了我很长时间。局长的批评还有光看现象的,如说:叶林福“到底在搞些什么?”因而说“金属科分工不好”等等。

2. 局长每月抓工作计划是有,但计划提出后对执行情况就很少检查,流于形式。对局里一些扯皮的问题,局长只是说:“两科协商解决。”小额供应范围不及时明确解决,临时急需的问题局长批评是做人情。当然充实储备是必要的,但有些小额还是必须[需]。再如社会主义改造高潮到来后,物资非常紧张。我们从外面搞到了一些物资,进口了些物资,一方面向局长汇报,同时向计委物资处谈了。计委作了安排,把稀缺物资(如板管)供应了些,事后局长批评不保密,使下面工作左右为难。

关于刚才符科长提的催货问题,我们并没有全部没有搞。

3. 局长对局务会议的决议没有检查。如到货问题要储运科建立制度,储运科未执行;验收的制度亦未执行。这些问题如领导能亲自参加意见或支持一下,可能会好些,但没有。又如钢材的分类很难分,虽有困难,但这也与未建立有关制度和局长不支持有关,以致迟迟未搞起来。希今后关于进仓、验收等必要的制度能够建立起来。

4. 局长对干部的教育不够。如张玉坦去年到沈阳去解决钢材问题,根本未解决好就回来了,事先未向局长请示,事后又不汇报。对于这样的往返不解决问题的同志,局长也未教育。希望今后多加强对外出同志的检查。

二、领导对部队转下的同志有另眼看待,没有培养教育,使大批同志来了又回去。我局党支部对此缺乏教育,处理不当。如孙主任对刘恩正歧视,陈灏柱同志亦看不起刘同志。

三、党组是存在不团结现象,如生科长一次与孙主任吵得很厉害。科长与科长之间亦不团结，如王祥与张玉坦的关系。这方面王祥在科里擅自布置工作是不对的，因当时科里是张玉坦负责的。

另外领导干部之间的自由主义也是严重的，如符长松把领导决定下放郑云清的问题告诉了下面，结果造成下面情绪波动。生科长的不分场合议论领导也是很不好的，如评论局长的问题，物资局与计委的关系问题等等。

四、对生科长的意见

1. 生科长做政治思想工作简单化。我认为不能三言两语了之，这样会使同志们产生不满。

2. 生科长批评叶林福同志不切合实际，使叶不安心统计工作。

3. 最近搞订货汇总工作综合科是参加了，但高华却坐着看报，不顾[过]问。

五、大宗物资的管理费是否千篇一律，请领导考虑是否降低。

六、出差的补贴费过去每天二角不合理，领导也很少考虑，我们出发[差]的同志只是"哑子吃黄莲[连]"。

赵洪新同志在 1957 年 10 月 21 日至 10 月 24 日中层干部放鸣座谈会上的发言(纪[记]录综合)

一、关于团结问题。很重要,特别是局领导。过去领导不团结的情况比较严重:党组委员之间、王科长、陈科长等都闹不团结。"八大"后并未解决,改进不狠。拿局长来说,"八大"后工作作风有所转变,但思想作风仍未转变,吵嘴现象常发生。如搬房子问题,在中级干部会议研究已确定李、孙、王住的房间,但局长不去住。为什么不去住?不知什么缘故。

为什么领导干部之间的团结没有实际改进呢?我认为这是没有运用自我批评,没有处处从考虑党的事业出发。如局长就是凭自己的主观愿望,不虚心听取别人的意见,因此就在某些问题的言语态度上不分场合地讽刺挖苦,使对方很难接受。

二、对李局长的几点具体意见:

1. 民主作风问题。局长往往未了解情况就草率作结论,或者马上批评。当然批评有些是妥当的,但有些是不当的,表现在不耐心教育,着重批,形成下面干部苦闷,造成了对局长的印象是粗暴、不讲道理。根据我的体会,凡局长对某些事情较了解时,指示较具体、耐心;如见局长心情不好,请示工作则多遭批评。批评人要针对问题,要讲方法,要必须从效果出发,对症下药,否则必起反作用。

2. 在使用干部问题上,批评多、表扬少。对业务能力差、思想问题较多的同志就批评多、帮助少,使这些同志更加背上不愉快的思想包袱。而对业务能力强的就表扬多,甚至有毛病时批评也轻一点。

3. 处理干部的思想问题上是虎头蛇尾,没有结果。如对王祥和张玉坦的不团结问题,局长认为不必拿到小组会上来,我认为推动组织解决问题是正确的,而局长忽视这一点,凭自己想象办事。

对于王祥与张玉坦闹不团结的问题,我曾作过较多了解的。王祥的主观性很严重,到金属科与张玉坦闹不团结。王对局长宣布的张、夏、王分工的精神领会不足,好似领了圣旨一样,不与张玉坦商讨,自己制订了一套业务工作计划，并在科里向其他同志谈科里工作怎么忙乱，张玉坦能力差，增加了不团结的因素。到储运科后又与符闹不团结，说明问题不是偶然的。这些问题对下面影响很坏。王祥的主观性强还表现在：(1) 煤炭发运装车计划问题，这是储运科的工作，符科长未学习前搞得很好，但王祥在科里负责时，张协祥已填好装车计划表交王祥批。王祥即写"下次不发"，为此我提出与他研究，王说："我不干，你们想干你们干吧。"我认为既没有在局务会议上研究，又未经局长批准，擅自决定是不妥当的，此工作到现在还没作[做]。(2) 去年煤建公司通知我们说煤中发现雷管，要我们急知(会)用方警惕，公文储运科拟好了，但王祥不批，这事我也未汇报领导。另外如擅自搬房子，如爱人的找工作问题发牢骚等，表现甚不好。另外王祥在平时的一些言行中常表现自己了不起，如贯彻党代会时一次发言后向[同]我谈："老赵，你看我分析的怎么样?"意思是既全面又具体，以上王祥同志是存在不少毛病的，应很好检查，但局长对王祥的看法不是如此，偏重王好的一面。

4. 局长对各科业务工作未全面掌握起来，大力支持和经常了解不够。各科负责同志向局长汇报也少，因此较长时期局长存在不问不闻的现象，对重点工作主动指导不够。为了促进局与科之间的密切，局长必须抽出一定时间与科长或主办同志交谈，以密切上下关系；其次要严格各科工作计划，及时检查，达到心中有数，便于领导工作。

5. 为了提高业务工作水平，每一时期工作应作出小结。过去各科是作[做]了，但局里总结搞得怎样不知道，局对科的总结看法如何也不知道，建议不要为总结而总结，应起到改进工作、提高业务水平的作用，局长应在一定时期在干部大会上总结我们的业务工作，避免形式主义。

三、对支部的意见：

1. 思想领导薄弱，表现在：有不少同志个人主义思想上升，中层和下面干部重业务轻政治的倾向存在，看不起老干部。其原因：局长业务抓得多，政治抓得少，没有推动组织力量解决问题；党的小组会自我批评不够开展；人事工作无力。这些问题与领导上特别与局长有直接关系的。

2. 本局下放干部存在着本位主义现象，如孙主任、陈平等在这里是闹不团结的；王桂轩、项海生、程真然、于殿初等同志在业务工作上是差的，尤其是于殿初的思想问题尚未解决，左景田是肺结核，把这些干部下放，有的与上级要求是不符合的。

四、对生科长的意见:

1. 我始终认为生科长存在着骄傲自满情绪,如对局长,表现不冷静、不尊重。拿被领导来说,这是较严重的问题,生科长有时有自由主义,谈论领导,影响领导威信。

2. 对同级干部方面有不服气和看不起现象,如对孙主任,就不分场合地讲他工作拖拖拉拉,一次还与孙吵起来。对董服海也看不起,说他是小聪明,没啥了不起。这样对下级影响不好,对陈平也闹不团结、吵嘴。

3. 对下级干部表现教育不耐心,多批评。对本科的思想领导则更薄弱,综合科存在的思想问题在本局讲来是比较突出的,科里同志不乐意与生接近,说生科长是“二大人”,杨宛华、邵汝瑾怕生科长批评。

4. 上半年在北京与孙家瑜争吵的事,孙本身当然有毛病,但生科长的耐心帮助了解情况也不够,事后用开小组会的方式来解决这问题,效果并不大,孙还认为这是“组织压力”。另外邵汝瑾对生科长的意见亦很多,如听汇报要邵简单扼要,不让人家说明情况等等。再如对计委物资处,生科长也有些不满。

5. 工作上深入不够,掌握业务肤浅,了解情况差,有些地方不懂装懂,多坐小办公室。对支部工作亦无计划,推动支委会发挥小组长积极性方面不够。再如二季度召集主管单位布置汇总上报的问题,到会的同志提出了许多困难,如时间紧、规格复杂等。生科长说规格难填的就不填,结果下面有的真的没有填,造成我们工作被动,增添了许多不应有的工作量。

五、关于干部的待遇问题,一些同志未经宣布即表现有特殊化,如罗以东、王祥、周为俊不值班而排带班,而且还参加省级所召开的科长以上会议,这样对下面影响不好。领导意图培养这些同志果[虽]然是一回事,但我认为未经领导宣布的同志应与大家一样,不应有特殊待遇。

六、在提拔干部的问题上,生科长和陈平的意见如打仗似的不一致。张玉坦行政等级提到18级不够格,领导却提了技术级一级,而且现在张并不是搞技术工作,这是没有根据的。

七、一次县委书记会议的听报告,我没有票子,其他科长都去了。我那时想我的政治质量不够他们的吗?这是剥夺我的政治权,要末[么]就是我的历史问题未搞清楚所致。

八、长寿弄七号宿舍的调整问题，我认为应给在外面租另[零]星房子的同志住，以避免群众舆论科一级干部住好房子。而调整的结果，孙主任、生科长、王科长搬到长寿弄，而孙主任等原来的房间却给王祥、张玉坦、符科长等同志住，这样不仅表现主要领导干部要住好房子，更重要的表现出领导干部未能与下面干部同甘苦共呼吸。

九、本局对家属的安排上非直系亲属也照顾，造成下面平均主义思想，领导未能按章办事。如项海生老婆、小孩到现在还没有小桌和双人床，房间也是漏水的。

李鹤舫同志在10月21日至10月24日本局中层干部放鸣座谈会上的发言(记录综合)

一、对局长的意见：局长来局后成绩是肯定的，这里不谈。缺点：

(1) 思想领导不够。对下面的思想情况了解不够，对待同志的汇报往往批评多、表扬少，而且有的批评是不分场合、不根据对方水平，硬批评的。党代会后改变了一些，但仍不快。过去被局长批哭的或批评后诉苦的到处都有。批评是必要的，但不应该这个样。

(2) 局长的主观性较强。当然事情做对了，这不是主观，但有些局长根本是不了解的，如在业务工作方面。左景田以前提起局长就怕，有情况也不敢来反映。另外局长对人严，对己宽。局长并不是什么事情都比下面了解，但在汇报工作中常常顶人，或者不愿意听下去，如下面同志出发[差]回来回[汇]报时往往不等讲完就插上去，不是具体帮助或分析后提出问题。

(3) 本局领导干部都是从各地调来的，开始不熟悉业务是个事实，但李局长很少提出一些方法指示帮助。

局长本身对业务掌握也不够，光听科长回[汇]报，很少自己下去向同志们学习一些业务知识。

二、关于团结方面，我局这是一个大问题，特别是党组。过去党组三个委员之间常发生一些不团结现象，长此这样，必影响下面工作，以前我曾听到孙主任曾为闹不团结而哭。另外党组委员也有自由主义现象，这给下面影响不好，有些不应该谈的问题就不要谈，但生科长在搬到这边办公室后，到处讲孙主任这样不好，那样不好。

我科符科长和王祥同志也不团结，为一些工作上的问题常发生矛盾。这些问题建议通过领导或其他方式得以解决。

三、关于建仓问题，开始本来建在施家桥，后因平地关系而改建在化仙桥。建在化仙桥当时领导考虑是为了存水泥，但建成后并不全存水泥。因此地点就不适：一是没有发展前途，另外还增加用方运输费用。当时下面同志对建在化仙桥也有很多意见。现在我们又在艮山门建仓了，地基我看过，■屋不多，比较好。这样我考虑化仙桥的那座可让给水泥厂，我们的仓库集中建在良山门,以节省费用。

四、关于发展党员问题,支部事前缺乏了解、掌握,来了一阵歪风就罢手了。虽然不是为了数字,但对象如有毛病也应培养教育,当然这个工作成绩还是基本的。

五、对党组的意见:

在用人方面多重才,对文化程度低的同志没有很好发挥其作用,如对刘恩正同志。给的职位不少,实际上他抓不起来,领导又不管,有的会议也不给参加,所以刘对孙主任的意见很多。我感到能力差或文化水平低的同志虽写东西不行,但做其他工作并非不行。造成以上情况的原因:政治空气未树立起来,政治领导不强。

六、对生科长的意见:我刚来局时,听说生科长较好,但我到储运科后,生科长给我的印象并不好,如叫干部替他买香烟。另外坐在办公室常跷起脚,干部请示工作常草率打发走,从贯彻党代会后好些,常与我们谈谈。

七、关于符科长和王祥的关系,我的看法是这样:他们之间并没有什么大问题。王祥有名利观念,来储运科不久就有摩擦,与符常为一些工作问题意见不一致,思想没解决,此后两人互相敏感、猜疑。我相信通过这次整风会得到解决,因为不是什么大不了的问题,但不解决,肯定会影响工作。

王祥工作还是肯干的,但有毛病,如向上级汇报多谈好的方面,较片面。如一次在仓库为工作我与工人吵了,后来王祥插进去也吵开了,但王祥回来向符科长汇报时只是说我吵了。另一次我出发到山东化工厂去搞炸药,局里关于矽铁的问题搞错了,我回来后王祥竟叫我写检讨。因我不了解情况,所以不能写,后王祥又叫程浩然、郑永年他们写,他们也不承认,最后这个检讨仍旧没有写。

解学仁同志在10月21日至10月24日本局中层干部放鸣座谈会上的发言(记录综合)

一、局长对上海的督促检查、听取汇报不够,至于好的方面,也有,如社会主义改造高潮时,对农业机器运输方面支持较多。督促、支持不够的方面,如上海发生的事故多,计十多件,损失达800余元,要求省局派员帮助,但始终没有,直至孙主任去后才初步好些。

二、关于调换人员方面,我要求居鹤鸣回局较好,省局没做到,使我没法领导。居在上海表现非常不好,找他谈话他不听,不满我们领导,说甘朝田只会讲政治,连磅称[秤]都不会,我们分配给他的工作,他不干。

三、一次省局派符科长到上海,为的是解决煤炭运输路线的问题。一天我们正在开会讨论分工问题,符却在会上主张按储运科的形式来分工,不听取我们的意见。结果会议没有分成功,下面同志对此有反感。这点说明局里如派员解决问题的话,不能只是按照本部门的意图来办事情。

四、关于奖罚制度问题,省局没有很好掌握执行,以致对表现好的同志没有奖励,表现不好出了事故的同志亦没有及时处理。

五、省局对甘同志的教育不够,甘的思想是不大健康的,去年夏天叫了两个弟弟和一个哥哥到上海,要领导给他找工作;其次房子给他了还嫌小,有意见;另外还常常打老婆,教育后还不改;平时自己的钱存到银行里,一面却借公家的钱。我们叫他还有意见。

六、关于上海与化工科的关系问题。化工科要报表,上海不同意,结果没执行。

另外,业务科订了货应该早先检查督促,不要到了遇到困难时什么责任都不负,我认为业务科与运输部门的工作不应分家。

王祥同志在10月21日至10月24日本局中层干部放鸣座谈会上的发言(纪[记]录综合)

一、干部政策方面:人事工作上对可安插可不安插的人员本局处理有问题。如胥建群就把她安插了,胥本人又并不安心这里工作,领导没有掌握原则。

二、评级方面:有些问题与上级精神不符。如给张玉坦提18级群众不同意,领导却在技术级上提了一级,拿的钱与行政十八级一样,而张实际并不是搞技术工作。这样做领导既没有贯彻上级精神,又没有接受群众意见,同时对张本身也不好。

三、对支部工作方面:

1. 思想教育不够,如拿我去年的思想问题。小组会都没有开,有一次开也没有开好。我在金属科时和张玉坦关系搞不好,根据王科长的态度好象[像]为了斗争我才开会。

2. 最近符科长对我有很多反映,我建议开小组会谈谈,但后来生科长说符科长对我的反映好了,因此小组会也就没有开了,我认为小组会搞不甚好。现(在)我不知道符科长对我有什么意见。

3. 对补选支委问题,前次不知道是党组还是支部指定的。我认为现在并没有什么特殊情况,因此用指定的方法选王承祐为支委是不符民主精神的,同时王又是上届的落选委员。

四、对局的领导方面:

1. 领导深入了解情况不够,只是大概了解。如储运科的工作较锁[琐]碎,工作又不很正常,领导对于我科的人员安排就不妥。拿郑永年来说,近来做科里的工作就不多。另外小额物资多,规格复杂,因此工作量大,生产基建又要分开,数量又另[零]星,但局长却批评我们人员要得多。我认为本科人员再增加两个也不多,但也可以不要,只是要增加钱,雇小工。如水泥每月有七八百吨,如没有人的话打个电话每吨要多化[花]0.25元。所以本科人少不在乎,只是钞票用得多。领导没有考虑到这一点。再如另[零]担供应问题,如果由本局办理的话则可为用方节约2.5%,所以我们人员要增的话再多五个亦不多。到底增好减好,请领导考虑,以前领导对此就了解少,没有算细帐[账]。

2. 增产节约方面,孙主任对我们的有些费用,如果开支在办公费方面就不准,摊在用方就可以。例如物资分割的工作。如果在车站上立即分,则要雇临时工,每天要1.8元,这是要我们负担的,主任不准;如果运到仓库分割,虽然可由用料单位分摊负担,但运费浪费很多。会计科对此的掌握上亦如此。这点领导只注意到我们节约,没有全面考虑。

3. 局里在贯彻某些运动时有头无尾,如党代会的贯彻。当时大家劲头很大,认为不仅要整顿局的领导,而且还要整一下科的领导,但后来却没有。所以这次大家对领导改进信心不大是有道理的。

4. 奖惩工作没有做,下面死气沉沉。领导应该重视这个工作。

5. 领导对工作的指导缺乏,很少提要求。记得只有去年一次,以后应多提要求,使大家有奔头。

6. 局务会议质量不高。今后应将领导意图先告诉大家再考虑,以便提高会议质量。

7. 党组对生科长的使用过多,使(他)兼职多。但据大家反映生科长的工作并不深入,只是掌握掌握原则,在综合科亦如此,工作上拖拉,如肃反审干工作到现在还未结束,(是)由于工作不深入。一些思想意识不健康的同志就有孔可钻。我认为工作兼职多不好,同时也会助长了生科长的骄傲情绪。

五、团结问题:

1. 本局自上而下特别是领导之间的团结确有问题。原因:党组思想领导薄弱;局长作风粗暴;某些支部委员也有责任,如王承祐无视领导,对孙主任随处闹脾气,不分场合,对局长也是这样。当然局长对有些汇报的批评是不恰当的,但王承祐一听到就跳起来。这点我不是为领导辩护,而王科长的态度是抱着"对一般干部要斗,对领导要刺"。如在贯彻党代会时的发言,以及这次整风对领导的态度,王对领导的狠比对右派分子还要狠,对我与张的关系问题也偏于采取斗的方式。我认为对同志用刺和斗的办法是不解决问题(的),特别是支部委员,那就更不应该。

2. 科长之间的团结,我与符科长及张玉坦的关系,确实是我不计较方式,使后果不好,影响很坏,我本身应该检查。至于我和他俩的感情还是如旧的,很好的。昨天有同志谈到我对领导不尊重,现在我来谈谈。

对符科长，他自从学习回来后，有些问题是有争论，有些问题没有争论。符好象[像]认为我吹牛拍马，那么符本身要负什么责呢？当然他是科长，但是下面有意见是否可以提呢？提意见是不是不团结呢？我提的意见现举几个例子：

(1) 符科长对上级意图的贯彻是不坚决的。一次局务会议上决定本科要派一人到上海，符科长迟疑不决，叫别人去又不信任，自己去又怕总结没人搞，结果仍旧没有人去。

(2) 综合科召集用料单位开会，我不知道，科里同志的工作当时也较忙，后来符科长叫我参加。但那天下午恰巧南星桥来了货，我来不及向符请假就去了，一直到下班才回来。而符科长见我未参加，即批我"以后发生什么事你要负责"。我说你中途看到我未参加为什么自己不去听听而溜回来呢？

(3) 本科上半年的工作总结研究时只叫曹鼎诚、张协祥等去研究。后来草草地写起来，时间又急，因此张协祥很有意见，写好后来征求我意见时，我说"很好，很好"，实际上因时间太急，大家又没有讨论，所以我内心是不满的。这些问题符科长是单纯的任务观点，而我本身也有自由主义，抱旁观态度。

(4) 关于科里的团结问题。因为王林工作不负责，我认为不好，而符却把我说王不好的意见告诉王林，使王林对我有意见，写了大字报，这样对团结有影响。

(5) 一次给杭州沟管厂发 6m/m 元丝发错了，责任不明。后来总算搞清了，但符科长却自己打电话，要自己处理，但时间拖了一个多月还是我们赔了 42 斤。

(6) 符科长有虚荣思想，我叫老符不答应，叫符科长才答应。前天为了开这个中层放鸣会，符叫我统一思想，我认为不必，自己有自己的看法，何必在背后谈。

(7) 关于到福建搞木材的事情，张夕旻交代我搞来搞不来没有什么关系，后来我搞到了 300 立方公尺的杉木。由于张夕旻的交代，所以我与上海换东西了。对此符批评我是"多管闲事"。

(8) 与符科长的工作联系方面：一次车站上货来了很多，当时我们又正在搬仓库，很忙。符科长叫郑永年去帮助，但不向他交代清楚，郑去了没事做，事先又没有经过研究。另一次关于搬仓库的事情，蒋科长批(评)我不发挥李主任的作用,自搞一套,超越范围。对此我思想上也不通。

(9) 关于经济制度方面:一次临时工的工资已经改为计件工资了,但符科长还发给半个月的工资,我向符科长提出意见,符还非常不冷静。

(10) 符曾散布这样的空气:我的骄傲自满是局长支持的。如一次学习,符科长在小组上讲颜承俊和杨淑君的问题是大是大非问题,叫大家分析,工作问题不要提;又如为钱学良写符科长的大字报问题,符竟大发脾气。这些情况我向领导反映了,符说我不应该反映的,那么我是党小组长是不是可以反映?前天顾局长批评符科长,这也是我汇报的关系吗?

以上(这)些团结问题,应该解决。致[至]于我的工作,我愿做点具体工作,其他我没有什么要求。

3. 关于我到湖南搞 1 500 吨焦炭的问题,电报费是化[花]了不少,但局里仍不能决定,最后终[总]算拿来了。但王科长说拿来不行,因为不好长期储存,同时〈并〉以我打电话给局里的事情挑拨我与张玉坦的关系。

4. 我在金属科与张玉坦的关系是不好的,但我对工作还是任劳任怨的,去年我出去搞到不少东西。我与张的关系有些是王科长夸大所致的,如打电话给张玉坦的问题,这不是我为了张玉坦来听电话而放下的,而是电话局放下的。再如关于回收局分配废钢铁的事,我向局长回[汇]报了,王却说我这是打击张玉坦,我认为这正是王科长自己打击张,我只是传达而已。关于我在金属科批改公文的事,这是办公室规定要一个人搞文书的,王科长抓住这一点也加以夸大。我出差生病坐软席(卧)铺的问题,生科长同意报销,而王科长不同意。王科长对我的态度(比)去湖南以前还好,以后就猛然转变。

我认为干部之间的团结有些问题是不分是非的,如王科长说我对符科长提意见不尊重,与张玉坦怎样怎样不团结等。当然我的方式是不好,但是我有意见还是应该提,至于是否正确,那么由领导上来看定。但王科长就认为这样是不好,所以我认为身为支部委员的王承祐,是不从团结出发而是“整”人,王科长常用科长是组织部批准的等等来压人。(以)前王哲友也认为张玉坦的后面有王科长支持,叫我不要闹。

张玉坦在10月21日至10月24日
本局中层干部放鸣座谈会上的发言(记录综合)

(一)关于党代会的问题:

1. 会议的进行中对局长提出了许多意见,局长是当时的主要目标。我当时思想与以上做法不同,局长本身虽然存在许多问题,但我提出不同看法时就认为我是党性不强。我的看法是由于会上一些同志的发言而引起的,如董科长说:"局长不走,本局工作很难搞好,业务不懂,作风又粗,过去的'李老虎'很出名"等等。我想,我们局在刚成立时,人员从各处调来,思想混乱,如董服海就不愿做会计工作。局长在那时是作[做]了许多工作,帮助同志。在业务工作方面,开始大家都不懂,订货工作中还叫计委和工业厅来帮助;生活方面,机关事务管理局对我们很不重视,不给房子,计委的支持也很差。这些情况到了党代会时都有了很大的改变,同时这段期间的工作也没出多大漏洞,基本上完成任务。这些成绩当然不能全是局长的,但也不能抹煞局长的这些成绩,光强调缺点,所以我思想不通。当时我曾想是否可将局长的缺点放在党组或支部里解决,不要放在大会或群众中去解决,这莫非是一棍子打死?实际上放在群众中也不一定能解决问题。后来因为党组和支部思想还很不一致,所以也没有那样帮。另外我想要(的)就是拿到党委去解决。总的就是局长毛病是有的,但那时的方式不妥,后果不良,没有抱着治病救人的方式来帮助。这是我的思想情况,一种看法,希望大家分析批判。

2. 在贯彻时,生科长鼓励大家向局长提意见,这目的是达到了,但自己却做好人,没提什么意见。我认为真正要解决思想问题,这样搞就搞不好。

3. 关于在贯彻中对缺点、错误批判的问题,这是完全必要。我昨天(注:十月廿三日)讲的不是讲贯彻党代会没有成绩,但是对于〈当时〉象[像](当时)董科长所说的言论不作批判是不应该的。他说"我们科长是省委批下的,局长搞不了"等等。另外对大家应抱着怎样的态度来对待贯彻这个重大问题,生科长事先的工作也是作[做]得不够的,因此董科长在会上会说出局长的这种作风,如在农村的话就会被农民轧死的话。关于在[借]此机会大家都谈出自己的意见,这是很好的,党委来参加会议也是应该的,但是党委却没有根据大家提出的意见分清是非,〈形成〉没有结果而结束。我认为既然问题暴露了,为什么不去很好地把它解决一下?这是不应该的。党代会的成绩是肯定的,如问题暴露了,自由主义少了,但根本问题没有解决,以致有些人的毛病会重犯。

(二)对局长的意见:

1. 工作作风上没有民主,其中[实]虽然按局长的意图去做并没有错,但(局长)态度很不好,对待上下级都是这样。

2. 缺乏研究的精神,看问题很不耐烦,不看看别人的意见是否正确就进行批评,这说明局长向群众学习的精神是很差的,以致往往将征求群众意见的口号流于形式。这不仅是民主作风的问题,也是主观主义的表现。如一次杭(州)市计委来电话说一种物资是有的,我去后实际并没有,回来向局长汇报时局长就很不耐烦。

3. 局长把人批哭了是常事。局长说这是为了要人家好,我认为应看其后果。局长对新到本局的同志或事不相关的同志也这样。

4. 对干部的思想领导方面局长虽很严肃,但界线不清,如符科长在上海以及在杭州的表现都不好。局长虽找他谈了不少次,也本着爱护同志出发,但当一个同志犯了纪律性的错误时就应该处分,这表明了局长无原则的爱护。另外还有无原则的迁就,如我喝醉酒骂领导的事就是这样。另外关于颜承俊贪污的问题,颜不承认,反而写抗议书,说领导处处给小鞋穿。这些问题都应提出批评,但局长没有做。

5. 局长在人员分配方面考虑不当。在我负责金属科的一段,当时除了订货的以外,科里只剩下两个人,毕兆岗白天黑夜加班。但机电科却很空,高华还闹着思想情绪。我向局长要求是否可以暂时支援我们,局长怕王科长思想不通,结果仍未调。另外北京订完货的不回来,只是叫陈灏柱同志带回订货合同。总的就是领导考虑很不周到,加上一些领导存在本位主义,使当时人员分配上很不妥当。后来分配给我们王祥,王来我科开始尚很好,后来的情况就象[像]夏科长所说的那样,很不好。领导对这些方面的掌握了解就是不够。

(三)团结问题。本局的团结是个大问题。虽然大家的工作热情很高,但如果领导干部、支部、党组之间存在不团结的话,这是不可能很好完成工作任务的。我对本局不团结的原因的看法:

1. 李局长应负主要责任,特别是态度及修养性方面。〈作为〉一个负责人，如果不注意态度，不注意批评的场合，那就会使下面不能接受，(下面)就会对局长不尊重。过去我还认为局长是直爽，但方式不对的话，是不能收到应有的效果的。这是主要的方面。

2. 有些科长同志亦应负责，非常不照顾领导威信，特别是王科长，与局长吵架特别多，好象[像]以此来表现自己的党性及斗争性。另外如董科长曾说："干啊！我们是省委批的科长，局长搞不下。"蒋科长要叫生科长撑腰，说自己顾虑很大，但其发言又发不出什么名堂。我认为克服不团结情况是双方面的，其原因有误解，也有猜疑。这问题必须解决。董对本局不团结情况认为"世界上那[哪]有公平事"，这样看法不对。王科长说局长整风中开座谈会是怕提意见，我认为这是敏感。

3. 我与王祥的关系问题。王确是争权夺利，后来说要解决这个问题，但仍是不了了之，没有解决思想问题。

(四) 对生科长的意见：

1. 我对生科长的看法过去认为较好，因为那时他能常和同志们谈谈，能倾听群众意见；自肃反后就表现得很不谦虚，与董科长吵架时说："你有什么了不起。"又如对王哲友，生科长狠狠地批评过他，但具体情况却未了解，以致问题并未得到解决。再如对我，五六年〈时〉为了自来水管的变更问题，解决不了，局长又不在，一天晚上我们开会来解决这个问题。生科长对此就是批，问题仍未解决，等到李局长回来后才解决。

2. 在选党代会代表的时候，不知孙主任和生科长有些什么意见，孙说生有骄傲自满，而生则大加否认，我认为生科长的骄傲自满是存在的。

(五) 对我自己的评级问题，我没有意见，不过据说为了我的问题领导上发生纠纷。陈平说我如果按过去三级驾驶员的等级来计算的话，我原来的等级还要倒退，所以原来十九级已经很好了。我说我并没有当过三级驾驶员。对此我有意见。我到局里后到底是什么名堂还未给我明确。另外陈平同志搞人事工作而对这个情况也不了解。我对评级从未有过意见，当时转业下来的同志只有华平未闹意见，其他都闹。领导希望陈平多打通思想，而陈平反过来却针对着我干，与我过不去，如对我家属的粮票问题亦如此。

(六) 有关工作上的问题：

1. 我在金属科时干部不够，一直未解决，但董科长去时就来干部，领导是否看人行事？此后我对自己也有消极情绪，上不上，下不下。另外如焦炭问题，长期得不到解决，但董科长到了就解决了。

2. 焦炭问题去年搞了 1 500 吨，本省一年用不了，但货又是很缺。当时我和王科长都说不能全部要，把此情况汇报给生科长。生科长说全部要，并说按照用料单位全年的需用量分配给他们就是。我们考虑到用方的资金及储存场地有问题，而且如果将来这些问题解决不了，造成罚款怎么办？这个问题的处理说明生科长考虑问题简单化，如果物资真的无法安置的话，工作必会造成损失。

3. 关于去年王祥到湖南去搞焦炭的问题。王在那边不先与本局联系，而直接与北京局长联系，局长对物资质量等具体情况不了解，复信叫他要了来。这也说明王祥的思想意识问题。否则为什么不先与局里联系呢？另外领导对具体情况还不了解〈前〉，这样决定也是主观的。

4. 关于废钢铁的问题。去年中央批准由回收局给我们 500 吨，后来回收局又不给了，其理由认为我省自己可以解决，后经交涉总算解决了。但我们拿的物资质量有问题，只得去人挑，结果出了工伤事故，对此我们当时认为应由回收局负责。在对待这个问题中，王科长处理不当，说问题已解决了，把局里带给上海回收局的信没有交给他们。后来局长开会我汇报时，发现了这个情况，并且批评我。

5. 建党工作有问题，到现在只转正两个，发展两个。开始搞得很多，如杨淑君、薛在善、薛达、居鹤鸣等都列为发展对象，我不同意，蒋科长说是可以的。但后来却一直未搞，就连郑云清、马蒙天也不给发展。

6. 对杨淑君、薛在善两人乱搞男女关系的问题，有的同志早已发现和反映，但领导上未重视，最后处理也太轻，应改变。

7. 局里的各种报表要求能够统一，如订货分配明细表等。现在机电科搞出的就与其他科搞的不一样。

8. 关于组织纪律方面，如孙家瑜与领导吵架的问题，这果[虽]然是不对，但我们只会扣帽子，实际上领导本身有这个毛病，应该认识。

9. 对办公室的意见：叶林福(以)前得肺病很严重，对救济的问题其他病号都有，唯叶没有，据说是叶林福穿呢衣服的关系。我认为叶的工作积极负责，但入院后精神上得不到安慰，缺钱也不解决，这样是不应该的。办公室对颜承俊就不是这样。

周为俊同志在10月21日至10月24日本局中层干部放鸣座谈会上的发言(纪[记]录综合)

一、局领导之间的不团结党代会后稍有好转,但仍然存在,如局长与孙主任、生科长与局长、局长与王科长、王祥与符科长等等都是不够团结的。党的四中全会中指出,党的团结是党的生命,因此领导之间的团结就更为重要,通过这次整风应作为主要问题来解决。

二、局长的作风在党代会后有些改进,但对贯彻党代会的问题思想仍不通。在一次小组会上我批评局长,局长说:“我从北京回来后,不知你们怎么搞的,什么事都归在我身上,有人想把我搞掉;我是不怕风浪打,稳坐钓鱼舟的。”作为局的领导说这样的话不应该,使当时提意见的人听了不好受。如果真的提意见有偏激的话,应该适当解决,也不应该这样。

三、局长的批评对工作有影响。孙主任一次被局长批评后说,自己很少哭过,在家被父母也未骂哭过,参加革命在战场流过血、出过汗也未哭过,在部队里与许多首长相处亦未被批哭过,到物资局被批评哭了,真是第一次遇到这样的首长。对我的批评也这样,没有从爱护同志和从团结出发。局长常有这样的态度:我说就是对,否则你就是不虚心。一次因为小吴丢失一件雨衣,找了一个多月未找到,我说一句找不到了,怎么办?局长就说这不是党员说的话。另外,我一次搞审干调查〈出发〉回来,局长说:“你认为我局长能解决问题的话,你就汇报。”我认为这个工作当时是生科长负责的,所以开始没有主动向局长汇报。局长还有从印象出发,如前次普查总结时说,只有我一人没有提高。局长这样讲不知是否还有其他什么问题,我不通。我对提干问题有过思想情况,但没有影响工作。局长对同志的态度,如一次对我说:“本来很早就想找你谈了,由于你接受意见不虚心,所以没有找你谈话。”

四、关于派出机构的成立问题

本局成立了温州工作组,但没有发挥其作用,钱照常付。他们干部对工作也没有头绪,只得做工业科的工作。我认为这个机构的成立有些盲目性,计划还未下放为什么成立这样早?春天还叫他们来人,我认为来了也没起啥作用。

五、本局搞有些运动常有头无尾,如评级问题。大家有些意见,但最后也没有总结,中途陈平同志为有意见连工作也不搞了。总之对干部教育不大。另外在学习上也有松劲现象。审干问题目前对履历表的意见都未提。

六、思想领导方面:如对团的工作支部很少列入议程,有时没人管。对干部的思想教育不够,对犯错误同志的处理亦不及时,如颜承俊的问题就没有赶紧处理。

七、对生科长的意见

1. 生科长说自己没有自由主义,根据大字报的揭发,自由主义是有的,不过领导之间的交换意见当然不能看作是自由主义。

2. 生科长对孙家瑜的救济是没有根据的。孙拉帐[账]是自己花的,同时又是姊姊要用钱,这样的理由生科长也批了,群众很有意见。

3. 支部由生科长兼办公室主任,但工作没有很好抓起来,开会也不经常。

4. 局并计委后,人委和省委发给我们的文件很少,计委又不及时转阅,(给)我们工作造成很多不方便。此意见反映后,生科长没有及时处理,也没有向上级反映。

八、对局长的意见

1. 在领导这次学习的工作上:办公室一次学习中,小陈等为文艺手法问题正在争论,局长中途到会插进去就批了一通,使小陈不敢继续谈,这是不恰当的,接着又批评邵汝瑾的记笔记的问题,这也是不应该,后来邵为此还哭了。那次会议还当场问我准备回[汇]报那[哪]几个问题,我觉得局长这样对放鸣是有影响的。

2. 在反右派斗争中,局长布置了一些积极分子关于《试帮局长克服主观主义》一文的辩论。结果在辩论会上一些同志都说局长没有主观主义。事后我与生科长、王科长他们谈起这事,认为这说法以后会被动。晚上开会生科长提出这个问题时,局长却说我们是“小圈圈”等,我思想不通,不知局长为什么要这样怀疑同志。

九、关于贯彻党代会的问题,我认为沟通思想是必要的,但是沟而未通,至于报复不报复的问题,我认为谁有这种看法谁负责。但其中董科长说生科长是“两面手法”,生说董是“窥测方向”,这样说法是不妥当的,可能会引起错觉。另外在贯彻党代会中有没有人想把局长搞掉呢?我认为是这样:贯彻党代会的成绩是肯定的。谁想搞掉局长是谁的思想意识问题,应该检查,我们不能以此来评论党代会。张玉坦说当时有党委在支持，那么党委是否有支持错了呢？如否，那么张的认识有问题。

十、本局的人事调动方面有教训，处理不慎重，如刘恩正、王哲友等人向人事部门要来了，又要求退回去，去年一批转业军人的调动也是如此，为此人事局、转业军人委员会对我们有意见。

颜承俊同志在10月21日至10月24日本局中层干部放鸣座谈会上的发言(纪[记]录综合)

这次整风中大家向我提出了许多意见,我准备改。

(一)对局长的意见:

1. 建局时,大家就看到局长在听取意见方面不准申辩。如左景田在负责储运组时,搞一些表,在局务会议上汇报不出什么名堂,局长就大批,左哭了,并说工作也不愿意做了,而左的表原来却是根据局长的意图做的,只是在会上说得不够清楚。另外一次李宏威为打电报的事情受局长批了一顿,后来电报还是发了。当时大家对局长非常怕。据说生科长也被批得满头大汗,生说要到省委去告。我也把这些情况向计委蔡主任汇报了,同时将以上情况也向局长反映,后来局长反过来却说我是挑拨离间等等。从这些批评中,我了解到局长的确是不容人家申辩的,由于自己思想不健康,所以很不通。

2. 我一次要出发到温州去,因为我刚来局,业务很不熟悉,担任负责人很难搞。这情况我(当时)向计委刘处长汇报了,刘说还要组织业务学习的。为此〈所以〉在一次开局务会议时我向局长请假,要求去学习,使得下去少些困难,但局长对此就批,说我就是按照自己情绪出发,而实际上我是为工作而去的。

3. 我去年一次曾借钱给钱学良,局长说我是感情拉拢。

4. 一次吴爱琴在打扫卫生时打碎玻璃,郑云清埋怨吴爱琴,同志们向我们反映了,我在处理这事时说公家是否可以报销?局长听到就批我,说我是抬高自己,打击组织。

以上几点情况明局长的主观偏[片]面,不分析情况,不听取批评者的意见。

5. 局长对一些问题的处理不慎重,从印象出发。如我们局有三个公务员,确实太多。当时小吴要求回家,局长说可以,为此我向人事局反映了这个情况。后局长又说小吴年轻,还是叫老方回去,后来又想叫老陆回去,到结果那[哪]一个都没有回去。事情处理得很不慎重。

6. 贯彻党代会时,我生病住院,开始没参加,后来听说局长思想不通,说

“科长们要把我抬出去”,“乌云满天”,“我大不了是个作风问题,大风大浪我不怕”,“党群党委搞不出什么名堂来”。我认为如果科长有把局长抬出去的思想的话,应当检查,如没有,那么局长说这番话是很不应该的。我对局长其他方面很有信心,唯对改进作风方面我没有信心。

7. 局长批评人家时常强调自己“我批评是为了对你要求高,对你看得起”。这对中层干部还可以,对下面同志亦这样,这是不适合的。这样的结果(使与)群众的接近有困难,虽然局长是直爽,但有点过份[分]。如吴爱琴反映了下面情况,局长马上就找那个人来谈话,并告诉他这是吴爱琴反映的,造成下面有意见。

8. 关于补助问题,我不知道领导掌握的是什么原则,如对蒋科长的补助,是非常不应该的;对王科长的救济,大家传扬开来说是有,实际没有;对生科长的救济,大家反映生科长是买戒子[指]、买手表的。张协祥要求公布福利费,后公布了。但赵连壁[璧]说55年不敢公布,因此56年的问题不大,所以公布了。对我的救济问题,左景田说是照顾病号,不是救济。当时我不要,因为我并没有要求,现在真说是对我的救济了。我不通,对吴爱琴的救济问题,一次就四十元,救济费用来买呢大衣。局长对以上情况认为是正确的,在一次干部大会上说人事局来本局检查救济工作,因为他们没有打通我领导的思想,所以检查无结果。局长的此番话还用来说明下厂(原文如此,疑似“来”字——校者注)同志要很好与领导联系。

9. 我个人的问题除思想上外,在工作负担也很重,交代的任务很不明确,帮助提高不多。在综合组成立时,叫我负责,当时提出的任务是了解到货情况及呆滞物资。因为开始工作摸不到头绪,局长就批评,使我负担更重。以上我不是说责任都在领导,而是说领导布置不明确,帮助不多。另外自己也应负责的。

10. 关于我改薪金制问题。55年我因回家一次欠了三十多元,要求改,局长没有同意,局长的理由是:全局那[哪]一个同志比上我?我已经腐化了。我结婚后,钱不够用,最后六月份才改了。局长对这事的处理是比较主观的。

11. 我爱人的调动问题,我认为调到这里来领导是照顾的。但当一批干部要下放时,局长又说要把阮美春调走,我当时的态度非常不好,但局长这样的提法也不是教育干部的方法。

12. 局长对待下面的汇报工作,喜欢听好,不喜欢听坏。局长当支部书记时,一次我向局长汇报财经党委某支部分工问题,说他们的委员不知道自己是担任什么职务。我还未汇报完,局长就批评我,说:"别讲了,我知道你在那里汇报不好。"

13. 关于局长单线领导的问题,我觉得一方面表现出局长对中层干部的使用与信任问题,另(一)方面也表现出事务主义。如今年一次计委召开关于木材问题的会议,局长直接找张夕旻汇报,而张汇报的数字不实,我想更正。但局长说:"你们谁实谁去参加会议。"局长为什么事先不找我呢?又如水泥问题,局长也直接找赵连壁[璧],后来我也汇报这个情况。局长见我的数字与赵不符合,就说我的数字不实,其实我的数字是对的。

14. 这次反右派斗争中,开始讨论"无题"诗时,组里思想情况很复杂。一次沈祖怡正在谈肃反问题,说计委刘科长怎样压他,但李局长马上把他压回去,使我领导这个小组缺乏信心。

15. 局长布置张夕旻写关于驳斥《这是帮腔吗?》一文的墙报。局长的谈话中使张敏感,张不敢写。我认为局长确有"左"的情绪,不注意策略,而张当时对"两党制"的认识本身思想问题也还未解决,而且当时还想把他列为中左。局长以上的布置是不恰当的。

关于我们小组的领导问题,因为我有思想问题,我与符科长谈过,我不宜当小组长。

关于我的历史问题,局长当时对我谈话的讲法,我有意见。我没有象[像]局长讲的那回事,局长硬说我有。现在终[总]算搞清了。

16. 对砖瓦问题,今年出了漏洞,主要是运输流向方面。对此,我问计委,计委说已发文了,我却未见公文,后来查到是储运科转到综合科时被综合科压下来了,弄得我们工作被动。另外局长对砖瓦的交换问题说我们是没有事做了。再如砖瓦由那[哪]个科管的问题,一度叫杨淑君到综合科去搞,搞了一通后来又调回来。领导对此处理不妥当。

17. 这次放鸣当中,局长到处塞漏洞。据杨淑君说,局长要她把对局长的意见一条一条写出来,局长一条一条解释。现在杨淑君说自己有顾虑,说自己已准备好的十六七条意见不敢拿出来。我认为局长这样做对高价征求意见的精神有违背。

18. 在肃反时我曾有一个思想，当时高华正在兴风作浪，把目标转向杨宛华。一次会上我们准备再转向高华，这个会上邵汝瑾反映局长说我闹个人主义，不上不下。这说明局长讲话不分场合，这是不对的。

（二）党组的团结问题：

孙主任对生科长是有意见的，生科长对李局长有意见，孙主任对李局长也有意见。其中生科长对孙主任更是看不起，生科长很骄傲，自由主义也很严重，如对张奇镇就不分场合地[的]议论。这次我们与计委合并了，生科长似乎不高兴，说局长过去是厅局长，现在不是了，讲我们科长普遍也降了一级。另外党组刚成立的那段，本局干部工作不安心，而生科长说本局要就是合并，再就是撤销，而且会后还叫董科长和我去计委提意见，叫别人提，自己做好人。这次调整房子问题，孙主任说，如果李局长来的话，他就不住。这也反映了党组不团结，闹个人意气。这方面我个人也表现不好，但党组表现如此则不应该。

（三）对张玉坦的住房子问题。一段时间房子都紧张，别人都未搬进，而张玉坦却首先搬进。

（四）对周为俊的爱人问题。当时许多人员都不好安排，由于老周对此思想不通，所以对胥同志首先安排了。而当时本局公务员已有五个，胥到本局后又不安心工作。在这个问题的处理中孙主任是迁就的。

（五）我刚到本局不久，一次讨论预算，其中要买收音机、三轮车等等。我不主张买，应该买其他，而且收音机放在局长室里不象[像]样。而局长常常提到这件事。

（六）前年调干部下放的工作，本局有存在本位主义。

罗以东同志在10月21日至10月24日本局中层干部放鸣座谈会上的发言(记录综合)

一、关于有关政策方针的贯彻方面:

1. 增产节约、精简机构问题,本局领导与群众未统一,距离很大。下面认为可以抽出,但领导却认为不仅不能减,而且还要增加。我认为这样很不好,表现了本位主义。业务发展果[虽]然是快,但目前并不是不可以抽出,说明领导与精简有抵触。在讨论本局机构问题时,我们了解本局报编委会的方案中有把科扩大为处等等。对此编委会要来了解为什么要扩大为处,领导上还向同志们交代怎样答复。这也说明领导上没有从业务的实际需要出发,违反了精简原则。

2. 前次下放干部到农村。局长在大会上传达了省委的指示,并说了几个条件,总的就是要好干部,而后又报名。但从抽调的人员中实际并不然,特别是第二批,如于殿初,全不象[像]搞农村工作的样子;左景田身体不好,生肺病,王桂轩的作风到农村也很成问题。

二、干部的提拔与使用:

我与王科长的意见有同感,本局不论在使用或对待干部上确存在缺点。如王祥,在部队里犯了错误,在本局又没有好表现,与张玉坦闹不团结,互不服气,后搞不下去了,调到储运科,但现又与符科长闹不团结。说明这是思想意识问题。局领导对这些问题的处理是很不当的,好象[像]闹情绪反得便宜似的。又如高华闹考学校的问题,局里写信给局长,局长开始甚至主张用大会斗,但后来对高华却百般器重。局长就是这样对待干部的,好了就器重,不好时,对待也是极端。

三、干部的提级问题:

去年的评级凡部队里下来的都提一级。如有这个规定,当然可以,没规定的话,就不应该这样做。去年陈平提一级还不行,要提两级。

四、对生科长的意见:

1. 大胆抓是好的,但有包乾[干]现象,如对支部工作,没有发挥其他支委作用;领导团的工作亦如此。对业务方面亦抓得很广,实际有些工作是可以放下给下面搞的。虽然抓了一些工作,但对自己整个工作的计划性却很差,不系统。

2. 工作上有虎头蛇尾现象,如上半年的检查工作;对有些运动也是这样。这与生科长的作风分不开:开头劲头大,末了就摆在一边了。对待科里工作也有缺点,想到就开会,但事先却缺乏周密准备,会议质量不高,布置工作光分一(下)工,这次总结就是这样。

3. 生科长对待下面请示工作很少考虑,稍微讲些理由就说可以了,自己没有深入考虑一下。

4. 工作中常有粗枝大叶作风,如统计局发来的经济调查表,内容是统计社会购买力(指日用品方面)。这本来应由办公室搞的,但生科长却批给杨宛华办理,拖了很久。

5. 自由主义,好表现,夸张自己,议论其他科长。如在北京订货时说计委张处长怎么怎么,别人听来认为我们与计委有存在多大的意见。

6. 在北京与孙家瑜吵架的问题,孙的思想是有很大毛病的,但后来处理中生科长与他交换意见后忽然又说孙家瑜是个好同志,能认识错误。这事也就不了了之。而孙是否真解决问题了呢?并没有。这说明生科长处理问题缺乏原则性。

7. 一次符科长向我反映与王祥不团结的情况,我转而向生科长反映,但生科长说,王祥是有一套办法的,符是搞不过他的。我认为支部书记既然已经了解他们的内幕了,为什么不积极去解决呢?说明生科长的思想有迁就。

五、对局长的意见:

1. 批评人严厉,如果向局长反映一些情况特别是他本人的情况时,就急于解释。我认为局长一贯是这样的,说明自尊心强,如上次陈品华提局长在搬仓库中不要吸烟,局长不接受。又如我一次催局长搞总结的问题,都表现不虚心。

在这次放鸣当中,局长表现出很害怕的样子,急于解释。

2. 局长在传达一些报告时,往往读了一个头,内容就是拿本局的一些例子来批。当然结合是可以的,但不宜全是这样,光是批,不是从正面理论来说服人。

六、关于贯彻党代会中有人说要把局长搞掉,这种看法,我认为这次要搞清楚。我的看法是没有的,只是发言的语句上有偏激。

七、关于王祥与符长松的关系问题,王说只是方式方法问题,拿出的例子也是非常细小,那么为什么这些问题会搞得这样水火不相容?我(的)意见这个问题应该搞清楚,到底是什么性质的问题,弄清是非。

李局长在10月21日至10月24日本局中层干部放鸣座谈会上的发言(记录)

会议开始时发言：

正[整]风必须要先从领导着手，领导不整好，工作损失更大。整风的目的就是改进工作，提高认识，把大家引向政治方向。

前几天有些同志已经写了大字报，但不够。现在是中层干部放鸣，利用这个机会，要求同志大胆放，以便改进领导，使本局的政治局面有一个新的气氛。

我的态度是明确的，对整风的精神已经领会了。希望大家大胆地提意见，我一定诚恳虚心接受意见，不计较意见全面与否，主要是为了提高认识，改正错误，为建设社会主义而努力。过去我感到自己还是忠心耿耿地工作的，工作上的问题也不大。现在从群众揭发的问题来看，过去的看法打破了。自己确实是存在很多问题，认识到自己的确没有很好地担当起党的任务，很痛苦。但这次整风就是改进工作，提高自己，因此又有决心，也有信心，也感到很愉快。

会议结束时的发言：

这几天同志们向我提了许多意见。这些意见是为了澄清问题，研究问题，有些问题我过去是模糊的，要搞清。

这次放鸣运动对自己帮助很大，自上而下广泛地[的]帮助。我现在体会起来这次大家的帮助比前次贯彻党代会时精神愉快，前次在大家提意见当中，饭量有所减少，这次精神愉快，吃饭很好。同志们提的问题有待通过思想检查，从实践中来改正它。

李局长在11月1日至11月12日本局中层干部争鸣座谈会上的发言(记录综合)

(一)党组团结问题。我个人的看法,如不对,请批判。

党组团结不团结?总的我认为三个党组委员基本是团结的,在党的政策方针的贯彻上和确定一些大的问题方面如工资调正[整];评级;增产节约;仓库问题;机构整偏[编];使用干部;下放干部上;及56年贯彻党代会精神等。虽都有些争论,但最后是一致的,所以我说,党组基本是团结的。

那么为什么在外表上看来有不团结现象呢?我认为相互谦虚是相当不够的。平时互相帮助、互相督促也很少,所以一接触个人问题,就不虚心,常争吵起来。但争吵的却是一些小问题,如有时对工作督促一下或在具体工作中发生[现]方法上的缺点。一谈起来就相互不服气,而我就是在这些小问题上,不采取让步,没有从自己领导的身份来要求自己,很不虚心,这方面的具体例子,已记不清了,因我说了就忘了。虽然是些小问题,由于我没有及时消除这些误会,因此影响了团结。如对符科长的批评,当时我建议是否能够改善小河的卸车工作,符强调客观,就说不行,我就发了脾气。事情发生后,生科长虽然态度不正常地向我提了意见,但是我也以个人情绪对待了生的意见,没有本着自我批评精神来检查自己。又如对孙主任,他的工作拖拉和思想暴露差,我是常批评的,如修造房子问题,生、王科长是出了不少力,而孙主任认为他们是争了他的工作。我批评他这样看法不对,这种批评是对的,可能也是方式生硬,态度有毛病,以致效果并不好,弄得他面红耳赤和生科长对他的工作拖拉。往往对办公室工作催一催,作为党组委员也是有责任的,但生的态度也有问题,加之自由主义不分场合地谈,使孙主任不满意,内心是成了疙瘩。致[至]于生科长的自由主义是严重的,我们谈了的问题就往外谈,如传到孙的耳朵里就影响了团结,这也就是孙认为上压下挤的来源。对于孙主任的自由主义,我过去认为少些,现在看来也不少。这次大字报揭发的就不少,如档案问题与邵汝瑾讲我不支持,实际上经过局务会议研究决定,一定要贯彻的。后来他和我说科长中贯彻不下去,我叫孙主任整理一些材料,再召开一次局务会议进行教育,但他不干,说自己"没信心"。

以上说明互不谦虚，互不尊重，缺乏自我批评，加上自由主义，小问题日积月累，就影响着团结，成了大问题。我不谦虚，加之态度和作风有缺点，党组的团结不好了，我应负主要责任。

我们党组三个人讨论问题中，往往生和我的意见先取得一致，这里面生的思想是否真通了呢，或把他自己的意见都已讲出来了呢？我不知道。孙表态一般是迟的。有些问题生、孙在事后却说，“民主不够”、“不同意”等自由主义。我认为在会上不是一起同意了吗？为什么现在又不同意了呢？想来想去我总是归到我的方式生硬，态度粗暴，民主作风不够而了事。

（二）关于王祥与张玉坦的关系问题。为他们的团结问题，第一次开小组会时，我因开党代会，当时如何确定的我不了解。一天晚上我回到办公室，孙主任也去了，两人在顺便交谈工作情况及党代会进行情况，不多时，孙要小便去，他去之后我也下楼小便。那时孙主任正和陈平同志谈小组会的情况，孙主任叫我也去听听。我听到陈平说会议没有开好，我问开什么会，陈平说王科长提出解决张、王关系，要把王祥整一整，前晚开了个小组会没有开好。当时我认为这样的方式不好，应先由支委找他俩个别先谈一谈，最后叫他们在小组会上自我检查。那样各自以自我检查的精神会可能开得好一点，可以再这样做一下，然后两人自动沟通意见一次。如果沟通好了，小组会可不开，沟通不好的话，再开小组会，思想也都有了准备，那时谁再不虚心，别人再批评。当时孙主任和陈平同意我的意见，隔日生科长也知道这事，并亦同意，当时还推我找他们谈话。后来我分别找他们谈了。强调叫他们互相着重自我检查，两人均表(示)同意。以后张玉坦回[汇]报说问题解决了，所以后来小组会就没有再开。今天王祥的态度是不虚心的，这样不从思想上认识问题，不易解决。

（三）整风运动初期情况和我的缺点

1. 从整风运动开始至六月七日的一段：

(1) 开始是党员和群众分开学习的。开始动员群众助党整风，还不是全民整风，所以党员是集中在一道学习，团员和群众另外组织。当时整风学习和哲学学习时间上还有矛盾，后来逐步解决了，那时整风学习主要是学文件。这样经过了一段不少的时间。

(2) 党群合并学习了。当时群众要求领导帮助学习，加强团的领导，我们接受“八大”学习的教训就合并了。这个阶段还是学习文件。由科长为组长，群众为付[副]组长。当时我仍以老眼光来看这个运动,认为新的内容就是叫群众提意见,以便整改检查。对整风的认识是很不够的,更料不到在整风开始后,会出来一个反右派阶段。整风又强调工作、学习两不误。对搞这个运动又没有经验,我们就研究布置一边学,一边分头召开些座谈会,吸取群众意见,以便党内整风。就在此情况下,我也召开了几次座谈会。第一次是五月十三日是团支委小组长座谈会,内容是座谈整风认识,打破顾虑,树立正确态度,大胆给党提意见等;第二次是五月十五日,对象是非党团群众,内容与第一次一样;第三次是五月十六日,对象是团支委小组长,内容是座谈是否愿意一道参加整风;第四次是五月廿三日,对象是非党团群众,内容与第三次同。这些会议大家也有谈到领导上的缺点和工作上的问题。这些会议有的是分工召开的,有的是我自己召开的。会开了后,我都利用局务会议的机会向科长同志们谈一谈我召开的座谈会,群众提的(一)些意见,有些问题我也作了些解释。这样的会议当时都布置各科召开,记得综合科、会计科都开过,我也曾参加过。遗憾的是会议记录有的有,有的没有,原因是那时为怕记笔记会影响他们发言,再则一般会议纪[记]录以往也缺乏习惯,所以听到认为是重要的只自己记一下。在这个问题上当时我没有认识到未叫科长参加是个缺点,因为布置各科都分别召开,后来认识到群众提的意见没有冷静考虑,有些解释过早,同时说话不策略,影响放鸣。如杨淑君就谈她提十条意见局长解释九条,还提啥,我并叫她把意见逐条写出来交领导,这样说不管我的目的怎样好,她更不敢提了。

以上这些会上,非党团群众的会,我没有解释过,只是在团支委小组长的会上有解释。当时对[有]些认识不足,认为既是实事求是,就应该说明,而且他们又是团的干部。那时解释的问题,如长寿弄洋房不退租的问题;马益良的离婚问题;生科长在北京与孙家喻争吵的事情;干部的使用问题;党员和群众的提拨[拔]问题;符长松的问题等等。这些问题现在看起来是妨碍放鸣的,当时认为助党整风,也是实事求是,不考虑后果,加上我个性急,沉不住气,所以讲了。到了六月五日的一次干部会上,大家汇报了学习情况,并研究如何把学习提高一步。在这个会上生科长提出了我开会没有叫科长参加的问题,并提出要加强黑板报管理,这些问题我还没有引起注意。因为我思想上没有问题,何必怀疑敏感。六月七日又开了一次科长会。这个会开得很好,同时敏感到生科长对我有怀疑了。会上传达了五人小组的精神,根据这个精神,会议作出这样几个决定：(1) 由我担任本局运动总的负责；(2) 具体工作由孙主任进行；(3) 由陈灏柱同志负责整理材料和写简报；(4) 黑板报由生科长负责掌握；(5) 学习的小组划分为五个：王科长负责机电、金属两科，孙主任负责办公室，赵洪新负责综合、化工两科，蒋科长负责会计科，生科长负责储运、基建两科；(6) 成立矛盾研究小组。此后的学习就更有计划一些。(这还是统一到计委领导之前的)。

(3) 我经常在学习时间到各大组去的情况：一次我到综合科，当时正在争论民主党派没有党领导怎样。我曾发表我的看法说不行，民主党派受共产党的领导，宪法已有明文规定，没有共产党领导，他就不能领导建设社会主义社会。毕兆岗说我这样说法不谦虚。又一次杨宛华谈到右派就是反革命(这个时间大概是七月十日)，而七月五日《人民日报》发表了一(篇)社论，题为《批判文汇报的资(产)阶级方向》，生科长说不能说他是反革命。这时我就根据这个社论精神发表了我的意见。后来我和生科长个别交谈[流]时说，这是群众的分析，你不能阻止他们发表这是反革命，它的性质和反革命有何两样？只是叫法不同。但生科长是不同意我的说法的。另外关于对沈祖怡和左景田的发言问题，我记不清了。总的检查当时对反右派这个问题很不明确。这些问题中说明了领导的说话很不慎重的，特别是没有考虑到影响放鸣问题。

2. 运动中同志们提出我是左或是右的问题。我提出两个问题供大家来分析和批判是谁左或右：(1) 生杰仟当时埋怨孙主任对黑板报掌握不严，以致让《洋相》、《无题》诗这类的东西贴出来，所以后来黑板报转由生科长负责。这问题表现了我对放鸣认识不足。(2) 孙、生(我去计委开会不在家)在党内支部会上动员放鸣，叫党员放鸣要分内外。党员前一段未放出来，我看有一定影响。

3. 关于辩论会时期我组织驳斥《试帮局长克服主观主义》的问题，我主张不要光驳《无题》〈篇〉诗，觉得《试帮局长克服主观主义》这篇文章有明显不与事实符合的地方，那么明知不符合事实，结合起来反驳右派份[分]子高华更为有利于我们，为啥不驳斥？我不是主张不驳右派分子的其他文章，而是全面结合；我也不是为了要大家向我说好而搞这篇文章。抽中午休息时间，找了几个积极分子是[来]布置的，只是说了这篇文章的几个重点，怎样驳法，不是丢掉了其他而来专搞这个问题，是全面结合的。

(四) 干部的使用问题上,我认为有恰当,也有不恰当,但不恰当的地方当时没有向群众讲清楚。不恰当的地方表现在:

1. 储运科决定符去学习期间暂由王祥代理负责这是正确的,不对的地方在于符科长回来以后没有向大家说明免去王祥的"负责"二字。

2. 罗以东刚来局时,说建材科以他为主的做法是不慎重的,事后又未与罗谈明其情况。

3. 在通知上或其他文字上形成了一些同志是负责的样子,如某某科长及负责同志。这样都把他们包括进去了,不如去了负责二字,写某某同志参加为好。如对张玉坦、赵洪新、颜承俊等同志均是如此。

会议结果时的发言:

这次会上,如一些问题有出入的话,我不计较,主要看其精神。我是个党员,我有决心来改正自己的缺点和错误,大家所提的意见,我是很感激的。同志们也应有信心对待我的改正。过去我对下面压的问题这次启发很大,过去我是没有从动机与效果联系起来看。我深深体会到我的主观主义严重,我今年四十六岁了,应该是性子温和,使大家乐于接近,为什么大家看到我还是冷冰冰的呢?打动了我的心,值得我深思。我的缺点与自己的党龄以及党的教育是不相称的。今后希同志们还要经常监督帮助我,使我彻底改正错误。

生杰仟同志在11月1日至11月12日本局中层干部放鸣座谈会上的发言(记录综合)

一、贯彻党代会的问题

1. 对党代会的看法问题现在大家说有两种情绪：一棍子打死情绪；报复情绪。我认为还没有存在这个情况。

贯彻党代会的时间是在贯彻十大关系的时候。当时讨论什么是阻碍我局积极因素的发挥，大家认为局长的批评就是。于是孙主任就将此情况向党委汇报了。党代会是我去的，(并)在会上我〈并〉作了发言，发言中讲的也就是局长的态度，稿子还在。大会结束后我们就接着贯彻。贯彻时局长从北京回来了，当听到这情况后就很不冷静，说："你们这样来搞我，我晓得你们在搞我。"孙主任为局长的这个态度搞得睡不着觉，吃不好饭，说这个日子不好过。而后局长去参加省党代会了，情绪稍缓和，省党代会后就正式贯彻了。我是负责发动群众的，同时在小组里我向局长也提了不少意见。当时蒋科长曾喊着叫我撑腰，我当即给予批评。另外王科长、张玉坦等说要好好贯彻，但有顾虚[虑]，怕局长不接受。当时我们的精神始终没有想把局长搞掉，而是要局长改掉其粗暴态度，但是局长对我和孙主任都这样讲："你们就是想把我搞倒。"会议的贯彻〈中〉先是向党组委员提意见，我也向局长提了不少意见。这些意见我还曾在党代会上讲过，但会后有人说我劲头不大，推脱责任。我认为自己就是这些意见，没有推责任的思想。向党组提完了以后，党委布置要沟通思想。对此支部曾研究布置，叫大家不要认为这是反击。进行中党组委员根据以前同志们提的意见作了些解释，并也向同志们提了意见。而后当党委会来了解时，说其中有报复情绪，我认为这是沟通思想，是帮助同志，不是报复。至于贯彻中有没有缺点的问题，是有的。缺点在于沟通思想后没有向群众贯彻，没有分清是非，没有解决思想问题，如董科长、李局长、王科长等就是如此。所以讲这个会是有毛病的，为此我曾思想苦闷，但整个贯彻上我认为没有错。

2. 董科长说党代会有报复情绪，我认为这是思想意识问题，或者请拿出例子来。董科长说我在会上有两面手法，推卸责任，我觉得自己有什么意见都提了，没有玩两面手法。在会议上的相互教育是党章规定的。另外是不是我不能领导运动?

从董在贯彻党代会上以及昨天的发言,严重地表现了骄傲自满和不虚心。如:

(1) 没有接受党代会上提的意见,反而还认为是打击报复。有同志都反映党代会的帮助是伟大的,而董科长却消沉、不愉快,好象[像]那个会只能批评别人而不能接受别人的批评。我记得党代会的贯彻时曾反复讨论局长的检讨,当通过时董并没有保留意见,那么董现在的意见为什么那个时候不提出来?另外董科长说自己对孙主任“大[打]抱不平”,又说“天下那[哪]有公平事”,那么我们局里有那[哪]些事情值得抱不平呢?这说明董科长是有兴风作浪的情绪的,这种大[打]抱不平的看法是错误的。其次董在会上还曾阻止我的发言。

(2) 三年来董确有政治落后。我认为董科长不能迷信自己,董曾讲过自己有不问政治,说“不愿搞这一套”等等。这种说法不对头,我认为不问政治的人想搞好工作那是幻想。这次大放大鸣中董科长没有大字报要考虑,例如科里的政治思想领导不是不够吗?另外董没有向支部汇报过思想情况,董对父亲的态度是极不应该,如说父亲“死就让他死去”。

另外我对董科长还有这样一些意见:

我们局刚成立时分二个组。董科长是负责会计组的,但不安心,闹等级,后来调到化工科后又想到会计科。董科长与蒋科长那时常有自由主义,到底讲些什么这次可以谈一谈。总之董科长对我和局长放的自由主义是不少的。

董对我与孙主任的看法问题,我昨天已讲,关于讲我“二局长”“拦得多”等等。当然工作没有管好这是我主观上的努力问题,但我多管一些为什么不好?我又没有什么别的意图,如果有超过组织原则的话,我应负责。

二、关于党组的团结问题,如说不团结,请大家拿出具体例子来。我认为在研究一些大问题上是团结的、一致的,只是在小问题上有争论。平常我和局长的意见一般是比较接近,但原则问题是没有相让的;对于局长的态度问题我也是确有意见的。另外关于与孙主任的关系问题,大家说我看不起他,这个问题请同志们也拿出具体例子来。对孙主任我在福利问题上是经常催过的,说他工作拖拉。另外就是支部对党代表提意见的问题,孙主任在表上擅自写了我有骄傲自满,我认为应该交支委会研究,对此我们曾争过。从上看来,我与孙主任的意见也就是方法上的问题。我自己本身是有毛病，如有人说我是"二局长"等。但如果说我和局长二人对孙主任有排挤情绪，我没有。贯彻党代会前局长对孙主任批得很多，贯彻以后，我说要求不要太高了。关于我和董科长的关系，贯彻党代会以前我们争吵过一次，为的是搞煤的问题，但董有犯自由主义。另外在大字报中揭发我看不起董科长的问题，我只是一次为订货的事情，我说本局是不应该派李宏威去淮南的，认为局长就是听董科长的话，另外我并没有说什么。而董科长向蒋科长（说）却犯了自由主义，背后说我怎样怎样。

党组在团结上表现得不够的主要是民主集中制方面。党组里对局长提出来的意见做到发扬民主、充分讨论、互相批评、统一思想是不够的，但讨论中我是通的，至于孙主任是否内心通了我不知道。如果有那[哪]一个不通的话，局长也没有做到帮助提高、督促检查，只是一味地批评。在这一点上我也有存在，但我批的态度上还是没啥。关于物资检查问题，开始劲头很大，而后局长有头无尾，及时研究不够，最后的总结也不妥当。体会的那一段局长还把自己的意见套套上去，没有听取下面的体会。

不团结的原因：

1. 局长的态度是主要的，使人感到不愉快，但是这问题大家都要负责。我也有犯自由主义，特别是平常对符长松、王祥等人讲讲。在群众中我虽然是维护领导威信的，但自己真正思想上还是没有通。关于我和孙主任的关系方面，根据大家的揭发，我们是不正常的，表现在对孙的拖拉作风方面有意见。至于党代会以后的表现，还希望大家提出具体意见，帮助我深刻认识。至于孙主任说我有骄傲自满的问题，这个缺点我是存在，当时之所以有意见主要是没有将我的优缺点通过支部研究，而是孙主任自己写起来就往上报。

2. 局长没有群众观点是比较严重的，自己相信自己，不相信群众，很主观。下结论当中碰准了还好，碰不准，下面就不通，因此说党组的发扬民主是不够的。

3. 关于局长的批评问题，局长还认识不足，局长没有考虑到不妥当的批评会造成对工作的损失；在自我批评方面也不够，表现在听取反面意见上。例如有人对局长有什么反映的时候，局长立即就问："你是从什么角度来看这问题?"好象[像]自己是100%的布尔什维克。对这些问题，局长到现在还没有很好认识,可能还会解释。

三、对局长的意见

局长对干部的态度不正常,如对孙主任。孙本身是有一定毛病的,但局长在贯彻党代会前对他都是批评,使孙很苦闷,甚至哭了。这问题我向局长也提出过。在贯彻党代会以后局长对孙就转为不闻不问的态度了,局长对孙主任的隔阂主要认为孙想搞掉自己。我认为领导对待下级采取这样的态度是很不应该的。又如对王科长,王本身也有毛病,但局长与王就是不分场合地斗起来,而局长对王的毛病有否进行过帮助呢?没有。两人吵的问题又是些小事情。局长常常说王科长踩自己的脚后根[跟],但自己又不严格(要求)自己,形成两个人互相"刺"。这是个什么原因呢?是王科长不尊重领导呢,还是领导对下级态度不正常呢?我想作为领导的话应该是首先检查自己。再如对蒋萍,蒋是有一套办法的,而局长就是喜欢这一套,以致蒋萍劳动纪律松懈,局长也不给批评,反而还推给人家;蒋在肃反中的表现是不甚好的,局长也没有及时对她进行批评。对董服海,董对局长、党组都有意见,而且远离组织,但局长不仅平常没有给以批评,而且象[像]对董的父亲已造成自杀这样的原则问题,局长也没有给以批评。对符长松的问题,果[虽]然符的工作是有毛病的,但也有成绩,而局长对待符长松就是一直地批评,一二年来使符没有挺起身子来,《参考消息》送给工祥看而不送给符长松看。对一般干部也没有根据他们的水平来布置工作或进行教育,这是主观主义的表现。局长常常认为干部好的就是好,不好的就是不好。局长对我的态度也不正常,一些问题争论比较多,我也有对局长不尊重的地方,局长对我的批评对和不对都有,有时在大会上批评我就是不动脑筋,说我"不好玩"。

关于自由主义的毛病我是犯的,这是影响团结的,这也是党性不强的表现(我的自由主义主要是对支委及主要科长散布的),但另外还有些自由主义从什么地方来的呢?局长也有,如到办公室各处都谈。贯彻党代会后似乎少了些,但换了一种形式,就是大家肚子里有些意见,但不敢讲了。

局长的群众观念很差。几年来局长是没有看到群众的力量和智慧的,好象[像]群众不是为了革命,而只是自己才是革命似的。这与"从群众中来到群众中去"的群众工作路线是违背的。几年来局长没有检查过自己的缺点,在党小组会里亦是如此,只是教训别人,不是以普通党员身份来参加。我建议局长今后要反一反，多检查自己。

关于在放鸣初期局长“护疮口”的问题，我觉得局长有些怕，所以自己开会，没有记笔记，而这些工作其他领导都不知道。对下面“放”出的有关科长们的问题，局长只是在局务会议上点了下名，对此我思想不通，我主张局长的这些工作应该下放，最后总算是下放给孙主任了，但局长在会议上说自己犯错误了，而这样说法又并非是从思想上来检查。另外关于亲自抓积极分子布置关于《试帮局长克服主观主义》一文辩论的问题。当时形成了很不严肃，中间分子对这样做不服气，而且局长在会上还布置蒋科长专门讲，对此支委都有同感，以后我们又布置积极分子转向抓重点。

局长在放鸣中急于跑小组，不了解情况就发言，象[像]是左，实际是右。如杨宛华说右派分子就是反革命分子，而局长当场就同意了杨的发言；又如沈祖怡正在对肃反问题进行发言时，局长中途一插，沈就不敢放了。以上情况形成了当时好些小组不欢迎局长来。这些问题局长是思想方法问题呢？还是怕？我看是怕。

此外局长的官僚主义是比较严重的，表现在脱离群众方面，如对中层及下面干部批评的面很广。批评当然可以，而问题在于不恰当的批评，使下面对局长很怕，上下级接触困难，这是很危险的。过去局长常说自己出发点是好的，精神动机是好的，这次局长要很好认识了。由于局长的官僚主义严重，因此就必然发展到主观主义、不虚心，如在别人提出不同意见时局长就是不愿听。当然领导是不能做群众尾巴，但听取群众意见以便很好加以研究这仍是必要的。

以上缺点我认为主要是局长存在着骄傲自满情绪，认为自己已革命多年了，而且又是一局之长，好象[像]样样比人家强，所以就看不起群众，迷信自己。前次有人提出局长把人看成是“阿斗”，我觉得有这个现象。这样看来局长与党章中规定的接受群众监督以及民主集中制方面是有所违背的。民主集中制是我党的根本原则，虽然现在对党组的团结问题说法还不一致，但在民主集中制方面是明显的表现不够，这方面拿整风和反右派当中就表现出来没有很好发挥党组和支部来运用这个原则。党组、支部是机关的领导核心，但局长却以家长式的作风来代替。又如大放大鸣中局长自己开了四五次座谈会，当然行政领导是可以开座谈会的，但党章上规定凡是大问题必须要经过集体研究，这方面局长是做得很不够的。我当时提出局长的民主作风有问题，并主张应下放给孙主任搞,但局长却暴露出我有“争权”的情绪,等到我第二次提出要集体领导的问题时,局长才分了工。这个分工的会议局长前天讲得很好,我看局长当时还是不放心的。如孙主任讲六月八日《人民日报》的社论发表早了,局长不从帮助认识着手,而是到处讲,最后孙还作了检讨。关于我负责搞墙报的问题,当时是大家选我搞的。但当黑板报登出《这不是咬文嚼字》一文后,局长却叫我把它擦掉,这也说明局长不沉着。另外当杨宛华的《这不是小事》一文发表后,局长还想自己写一文章,这也说明局长考虑问题是多么不冷静。

另外在整风和反右派当中局长对我和孙主任的态度是不正常的。如对写简报的问题,局长说“这给我搞些什么东西”,我插了一句,我说陈灏柱开始写还没有经验,局长说“什么没有经验”,非常不冷静。

对以上放鸣中的情况局长应该很好认识。前天的检查是很不够的,局长应该认识一下这是出于没有经验呢还是思想意识问题?总之局长是没有“放火烧身”的勇气,把个人利益放在党的利益之上,对民主集中制这项组织原则认识不足。

另外关于支部大会动员放鸣的问题,事先支部是研究过的,会上由孙主任动员,当时动员是不够明朗,但总的还是动员放鸣。我在会上也讲了话,我说党内外要分开,放鸣的方法主要是小组会,大字报亦可,我说要接受匈牙利事件的教训。对这个会刘恩江、王祥等人反映都很好。第二天吴爱琴问我怎样放,我说大字报亦可,并没有叫她不要放。

对局长的问题历来都作[做]了很多帮助,但为什么不改呢?我认为这主要是局长自己迷信自己。其根源:(1)历史根源:局长虽出身在中农家庭,但是站在统治地位,读了书就当教员(教员在那时是农村的上层人物了),这就形成局长的高人一等的思想。参加工作后虽经党长期培养教育,但旧习气未改,以致就把旧社会的一套搬到党内来了。局长应从这方面来挖掘根源。(2)社会根源:局长的强迫命令作风与党员义务是不相容的,局长的思想已经发展到党的原则之上。我们是革命分工不同,党内是不允许有高人一等的思想的,这说明局长进步不够,接受新事物不快。三年来干部的情绪不够安定,这与局长的作风有关。局长的政治气魄不大,对小问题争论不休,大问题就没能很好收集意见,同时也很少向上级汇报。

局长对以上意见如有抵触的话,那就大错特错了,因为局长的问题现在已经发展到很严重了，应该彻底认识才对。

三、几个不同看法

1. 关于评级问题。54年一次会上局长提出要提我两级，并说只是有人不同意。对这个问题王科长即与局长争，争得很厉害，我认为王有个人主义，态度不冷静，同时还说局长“打一个拉一个”。王科长应该检查，况且局长在会上当然有发言权。会议散会后王科长又说：“嗳！我如果选举的话一定不选李骏升而选生杰仟。”我认为王科长有一股情绪，王对评级有意见，几夜没睡觉，听说后来王科长向孙主任说“我看错人了，我看错了生杰仟”，另外还说我不冷静、不虚心等等。

2. 对我担任职务多的问题我自己也有意见，去年叫我兼储运科的负责，我是不同意的。这次兼办公室主任的问题，我当初也提意见，我意见最好由王承祐兼。现在兼职多了，工作搞不好，这是个矛盾。

3. 昨天有人讲“局长已不能胜任这个职务了”，我认为这些说法都是错误的。

四、关于王祥与张玉坦的关系问题。王祥初到本局时，是分配到金属科去的。对金属科的分工，局长的意见是：以张为负责，三人合搞。后来王搞出一个计划，张认为不符合实际，再后来我们就叫王祥到湖南去搞焦炭了，致[至]于在湖南写信给我们提谁的名字等等。这不是什么问题，但后来王科长反映说王祥为老婆分配工作问题，向孙主任闹，以及与张玉坦不协调，摔电话机问题等等。我说他们刚来局，慢慢帮助一下。这里面王科长的看法是不全面的，当时还主张要“整”王祥，表现在：

1. 把王祥的个人主义方面拉到与张的关系方面来，混淆不清，如房子问题，以及老婆找工作的问题等。我认为这些问题与张是没有直接关系的。

2. 偏[片]面地讲王祥的缺点多，没有指出张应负的那[哪]些责任，并且在办公室里也讲王祥的什么什么毛病，甚至偏信张反映的情况。关于王在湖南打电话的问题，现在谁是谁非还不清楚。这也不是什么大问题，就是当时讲着话而中断了其中也必有原因，如果王祥讲话的态度不好，那王是应该负责的。再关于写信的问题，有时是写给我的，我认为就是不写给张也没有什么了不起。总的我觉得王祥去湖南是没有什么毛病的，有毛病的话也是我们家里意见不一致，使他电话打了多一些，王科长在这个问题上说王不好是不全面的。

3. 王祥回来就向我们汇报,没出什么原则问题,同时我也向他指出电话打多一些,以及遗失介绍信的责任问题。后来毕兆岗到湖南后,家里打电话给他,第一次没谈清,第二次解决问题了,这是经过批准的。

4. 偏重提王祥的毛病和偏[片]面强调领导与被领导的关系,这是不对的。

另外关于张玉坦,张的工作方法是不大好的,存在英雄主义。首先在科里认为王祥是老干部,有不好领导的思想,缺乏原则性,迁就王;再则对王提出来的工作上的意见没有很好研究,只认为没有参考的必要;加班加点没有很好动员,使王祥不高兴;在科里不能很好开展批评,帮助王祥也不够。有一次王祥向张玉坦请示工作,张很不耐烦地指责他。王从湖南回来后,张对他的态度是不问不闻,也不分配他的工作,采取消极态度。

5. 在党小组会上王提了一些意见,如工作没分工、在上海打电话浪费40元、工作方法等等问题,而张对王并没有提什么意见,只说了一句"你要很好学习"。我认为这样很不对,这是一种消极情绪,暗英雄。王科长在会上发言首先提出领导与被领导的问题,我认为也不妥当。在会上我也谈了一些,主要是对张玉坦的态度问题,大家也向张提了一些意见,从此以后就把问题放下了,认为是完了。

王祥是有存在骄傲自满、地位观念的毛病,看不起张玉坦,这是意识上有毛病。我首先谈谈他来局的表现。

1. 王祥老婆的工作问题。他的老婆并不是干部,是个随军家属,也没有介绍信。王祥到本局趁自己还没有分配工作的时候要求替他老婆分配工作,抓住孙主任。主任那时的确为他老婆不知跑了多少路,最后替他找到了工作,但王祥相反地对孙主任还有意见。

2. 房子问题。开始是分配到吉祥巷,但王祥没有通过办公室就擅自搬到原来王科长住的那间房子里去了,以后大家意见很多,又叫他搬出来,这说明王祥是无组织无纪律。

3. 王祥和老婆的组织关系在部队里是一起转出来的,但转到组织部时王来了,他老婆的没有来。因此我们考虑如果关系已来组织部的话,可考虑工作,但王祥说他老婆两个月没过组织生活了,对局里有意见。

4. 来局后开始是分配他到金属科,但王祥认为组织上分配不妥当,在小组会上说自己从部队转下来懊悔了,说如果在部队的话,可以做科长。我说你来这里不一定会做科长,他思想就苦闷,我认为这是王祥与张玉坦、符长松闹不团结的主要根源。

另外王祥还有如下毛病:

1. 看不起张玉坦,认为张的历史以及能力方面不如自己,甚至说王科长、赵洪新也没有什么了不起。

2. 在科务会议上不辞而别。这问题王祥应很[狠]检查。

3. 在工作上,不能与张玉坦很好商讨,既然对情况还不了解,但又硬想出一套办法来。这说明是主观,只能当先生不能当学生。

4. 对待组织以及对领导的关系上,认识有模糊。

对他们两人的关系王祥要负主要责任,张玉坦也要负一定责任,王科长也有责任,支部也有责任。支部的责任如下:

1. 思想工作抓得不紧,认为只是个小问题。

2. 支委没有认真地研究他俩的问题,很长时期认识不一致。

3. 我有责任,偏听偏信,好象[像]感到他们都有道理,另外认为这都是些无原则纠纷,而且都是老党员,问题容易解决。

另外我认为在前次贯彻党代会以及这次放鸣当中有些同志的讲话是有毛病的。如王祥讲王科长有挑拨离间,用组织委员的身份来压他。说张玉坦有报复情绪;张玉坦说部队里来的同志搞宗派活动。有人说王祥的后台老板是陈平,张玉坦的后台是王科长。这些讲法都是没有根据的。

在一段时期内王祥和张玉坦表现的态度比较好,向组织表示互相没有什么意见。但后来当人家把问题提出来时,他们都不虚心检查自己,而且又把问题扩大,把责任往人家身上推。这次整风中应该很好检查一下。

王承祐同志在11月1日至11月12日本局中层干部争鸣座谈会上的发言(记录综合)

（一）关于评级问题。评级参加的人是各科科长。一次正在讨论张桂荣的提级问题时，局长中途到会，便插上去说："要大胆地提，张桂荣可以两级三级地提。"我说无特殊表现，这是提得太猛，不妥当。局长说："我们过去不就是这样嘛，我去年要给生科长提两级，但是有人不同意。"我说谁不同意，局长说："就是你。"我说关于生科长提一级的问题是局长在上海写信来的，那封信还在，给生提一级两级都是根据局长指示做的。局长又说是我不同意，我很生气，会后说："他真是个品质问题。自己说话不认话，以后又推到别人身上，这是什么思想品质？如果组织叫选举的话，我宁愿不选他为局长。"至于刚才生科长说，他们听陈平反映，我在孙主任家吃酒时说生科长品质问题的话，我并没说过。一起吃酒的人孙主任与颜承俊具[俱]在，可叫他们对证。我在孙主任家吃酒时，我曾这样说："以后我再也不管闲事了。现在盖房超支预算责任成了我的，领导上责任推得光光的。这几天吃不下饭，领导把我搞得很难受。"其他话我没说过。至于生科长说我个人主义，那次评级时我没提级，三天不睡觉，这话是那[哪]里来的？这是无中生有，关于对我没提级，我对任何人也没有发过什么怨言。

（二）关于张玉坦和王祥的问题，生科长说不是原则问题，我谈谈我的看法。

王和张在一志[起]的时间不是那样短，王祥来局是三月底，到五月份与张闹得不好工作了，才研究派他去湖南的。那时局长没在家，业务上是生科长负责的。我那时在上海〈时〉，王祥到回收局送信，事情我已办妥了，送这信批评人家不好。我曾对王说，事已理妥，信是马后炮，带回去吧。就这句话，王祥说我是挑拨离间。关于王祥打电话不与张接话搁断不讲；金属科会议几次与张闹别扭，使会开不成；王擅自批公文不交张看；两人一度不讲话等等，都是张玉坦向我说的，而后我向生科长汇报。至于说我要斗王祥的问题，斗的问题是李局长的话，那时我与张玉坦一桌办公，我是个支委，眼看着不管吗？我向支部书记汇报过多次，我认为这样发展下去是个原则问题。我曾说："王祥这种思想意识应该整一下。”我主张要在党的小组会上专门解决这个问题。王祥找我谈话时，我明确与他说过：“你与张是领导与被领导的关系，必须要尊重领导。”后来支部研究决定的在小组会上来解决他俩问题，这到符科长来通知我开会时我才知道。小组会开始后王祥首先发言，他谈了一些他与张的关系问题，接着张发言叫王很好学习一下。我发言时我说王祥与张玉坦应该是领导与被领导的关系，我对王祥的这几次批评使王祥对我心怀成见。另外王祥说我给他一封信，说这封信又没有了，好象[像]是给他什么密信一样，王为什么假意弄上这一句，王应该谈清楚。王去湖南时和张的关系已经发展紧张了，支部书记叫我和他谈一下去湖南的任务，以后王来信我都及时作复，几次告诉他少打电话，他仍不听。他去湖南丢失四张空白签章的介绍信，领导上马马虎虎不问就算了。他回局后关于运输问题，事先会上叫他不要打长途电话，而他接连打出两次。

张玉坦和王祥的问题已经两年多了，到现在还未解决，领导认为不是原则问题，我看不能不看成原则问题。这个问题李局长曾多次在会上批评说：“什么了不起的问题呀？还拿到党的会议上来解决？个别谈谈完全（能）解决的问题，小题大做，现在我与张、王谈了谈完全解决了，动不动主张斗人不行。”领导上既然叫张领导，为什么又叫夏锦华和王祥去分工、担里担外呢？这是不恰当的，因此这也是构成张、王不团结的原因之一。生科长说我有责任，当然我不推脱，我说要对王“整”一下，但这仅是主张，具体做还是得支部决定。局长在贯彻党代会上向我提意见说：“你要斗王祥。”若[这]促使王祥对我成见很深，向我提意见时，对我大骂，问题我不怪王祥，我原谅他思想水平低。但是局长明知道为什么这样做。我一提起这些问题就是伤心，我对这些问题也有偏听偏信的责任。

另外王祥老婆是自动离职当家属已两三年。来局就是当家属来的，孙主任是化[花]了很大力气要人事局才安插了工作，但王祥却说是他老婆自己找到的工作，说老孙不关心他，倒对孙主任有意见。

局长在贯彻党代会时说：“有人主张斗，我就是讲讲话就解决问题。”这样支持王祥的思想究竟有什么好处？党员有了问题为什么不可以用党的组织形式来解决呢？为什么这样满足于个别谈话呢？

（三）关于贯彻党代会中有否报复情绪，我过去说有，现在大家发言说没有,我还想不大通,那么到底有没有呢?局长当时向我提意见时,把我向他提的意见都一一反过来向我提,同时把别人讲的话都拿到我头上来。如生科长讲的李老虎等,也说是我提的,董科长说局长在农村工作会被农民扼死的话,他也加在我头上,并说:"你凭党工作。"(我从未这样说过),使我当时不冷静。同时李局长还点了一圈说:"你向我反映蒋萍如何,向我反映颜承俊如何","你说要斗王祥,你说周为俊老婆落后,不能迁就等等"。十余人在会,只有三个人没点。我认为局长是有意这样做的,确实都烧起来了。有些问题的确是我向局长反映过的,我向领导反映情况没错误。如果反映的情况是假的,那是个品质问题,既不是假的为什么要掀出来?那时局长给我提的意见我没接受,就是因为这样,对的我也没考虑。第二天关于罗以东提的我批评郑云清三角恋爱的问题,我确实不知道她。王祥为此又找杨淑君谈话,郑知道了找局长说明情况。这个问题局长批评了罗以东,我见局长主持正义,把前天那种抵触情绪转变了,由此对局长有无报复情绪,我又不能肯定。

(四)关于团结问题,其中我个人是要负相当责任的,如对领导尊重不够,缺乏自我批评。这些问题以后可给我帮助。

生科长说我与局长吵嘴不知[计]其数,我算了一下,党代会以前八次,以后三次。具体为:

一次在支部会上,关于领导化工科学习问题。我要到北京开会,叫蒋科长领导,蒋科长叫我领导,两人在研究。李局长插嘴指着我说:"你这个同志是一贯不问政治。"我说:"李同志这是不对的,你出发交我的工作我都照办了。你回来这两天成天抓住训来训去,我有什么错误你可明确指出来。"他说:"我知道你就是凭这张王牌。"

一次是张玉坦向公家借钱叫他父母来,我对张玉坦也批评过。在局务会议之前,几个人在谈起张玉坦家属来的情况。我说:"老张这是找麻烦,现在家里怪忙的,把他叫来光路费化[花]上几十元,经济上造成困难。"李局长说:"听说张玉坦家里要断炊,孙主任可给他想办法,老人家来看看怪好嘛。说人家找麻烦,这是不近乎人情的。"我说:"我这个说法没有错,怎么提到不近乎人情上去呢?"

一次是靴儿河下盖起新房子后,找我一起去研究分配。我的意见把佑圣观路租的房子让掉,周为俊的一月九元租费可以省下来。李局长说:"我们就是要宽敝[敞]宽敝[敞]，不能让他们太挤了。”我说“虽上级叫照顾福利问题，我们也不能来个左的。”詹秘书长来了解房子问题，局长对詹说：“我在北京那[哪]里知道，人家自由盖房子搞着我。人家想搞掉我，党委劲头很大，以后看苗头不对走了。我是不怕大风大浪，你不放心你可检查。”詹秘书长走后，我和孙主任找局长谈，我说：“对詹秘书长这样谈不对，问题都是请示你的，你现在把责任都推光，说不知道。你说人家在搞你，是谁搞你?”局长气得发抖说：“就是你，你是处处瞅着我脚后跟。”一次顾局长不在，向李局长汇报学习，最后李局长说我没贯彻领导意图。会后我去找局长谈谈，局长站起来说：“你来和我吵。”理采[睬]也不理采[睬]走出了办公室。过了几天去找局长交换意见，他说我不主持正义，鬼祟。我也说他鬼祟。

一次〈关于〉我和工业厅、农机局在开会，局长到了。关于抽水机数字，董科长从北京回来是心里记的数字，我的数字是科里具体统计的，两数不符。(局长)当场说：“干什么的，还赶不上人家心里数”等等。我这次又被批哭的，事情我不再一个个具体说，有些问题也记不清楚了。我对这些问题首先检查我的组织纪律性，从党的团结问题检查自己错误，李局长的问题请你参考。

（五）对李局长的意见：

对干部的态度是“打一个，拉一个”，今天对这好，明天对那好。对张玉坦的家属到杭州来的问题，我说不应该来，局长又说我不近人情，有意对着张玉坦骂我。对张玉坦的工作问题，局长指示我帮助他，帮助处理问题。我向局长回[汇]报工作时，局长反而说：“你不要管人家的事，你搞好你的就很好，你两个是一个老瓜顶一个枝，一个罗[萝]卜顶一个窝。”我真是吃力不讨好。局长甚至对我老婆也说我怎么不好。王祥对我有意见，我认为局长是支持王祥的情绪，弄得相互猜疑不团结，究竟有什么好处?

另外放鸣中局长亲自抓得很紧，单干，不以组织力量推动运动，自行召开座谈会七八次，不让支书支委参加，后来大家提意见后，具体工作名义上说是分配给孙主任，实际还是自己不放，到处解释。对杨淑君说：“你提十个，我给你解释十个，写吧。”我想局长是否认为党代会时不是自己亲自抓的，这次可自己来搞？跑到小组里听到放出点浓[脓]水就很不沉着，驳一下，浓[脓]水马上堵回去。实际上这个做法不合上级指示要求的，我认为这是一种右倾情绪的表现。

这些问题别人指出,但局长仍坚持这样做,为此曾和生科长吵过好几次。听了江政委报告后,又很不沉着,从表面上看是左,实际上也是右的表现。布置单驳《试帮局长克服主观主义》,对高华要参加匈牙利事件不驳,别人说:《无题》诗最反动露骨,他说不要再驳文艺手法,这不是稳踏[扎]稳打。在驳斥《无题》诗的当中,局长还要驳《洋相》这篇文章,我说单独驳《洋相》不重要。局长说:"问题搞到人家头上来时,有人就幸灾乐祸。"我说没有这样情绪的人,局长说要考虑。对《试帮局长克服主观主义》一文局长亲自抓,有人在大会上竟说我们局长根本没有主观主义,这样否认一切,对争取中间来说并无好处。总的说,在领导运动中表现了不发挥组织力量,曾很长一段时间自己单干,并表现了很不沉着,不能不使运动受到一定影响。

局长在几次运动中表现了右倾情绪,在处理一些问题上缺乏原则性,忽左忽右。如肃反运动表现得有右,开始叫生科长负责,自己退在一边。在计委领导上决定生科长参加五人小组后,局长就怀疑组织上不重用、不信任自己。在办公室小组里局长、孙主任、颜承俊三人不团结,因此在工作中随便表扬,随便批评,一夜批哭三个。同时又表现得缩手缩脚,局长在肃反后说怪话,说:"我说没问题就是没问题。"说:"我物资局是老虎山,怎么样来?"在贯彻农业合作化运动时,那时正在搞反保守,但局长却搞起反自由主义。在贯彻党代会中局长发现大家向自己提了意见,即怒气冲冲,抵触情绪很重。找这个训一顿,找那个训一顿,追查向党委反映意见的是谁,追查意见是谁提的,训党代表的发言是出风头。

在检查自己的思想作风时光扣帽子,不联系实际。大家提的意见即使些小问题也不接受,而对别人提意见时就很凶,而且常说:"你瞅我的后脚跟。"局长在这次运动的表现从前天的检查来看,把问题推向客观,这种表现就与肃反以及贯彻党代会时的表现一样。在放鸣中自己召开座谈会,到处找人个别谈话,批评解释,这是没原则的做法。局长说:"我可以不可以召开?""我是局长有没有权利自己召开会?"是可以,但为什么不以组织力量来推动呢?我看自己包办是办不好的。这些问题当时中央电报里已经很明确地指示,要他放,不作过早的驳斥,这局长不是不知道。

以上这些问题,局长是有一定思想支配的,我认为局长有高人一等,过于迷信自己,象[像]自己有先见之明,样样比人家强。

局长对待干部是守着这个说那个，守着那个说这个，弄得大家有些情况不敢汇报。因为一汇报很快就对被反映的人说："某某告诉我说你如何不好。"造成干部之间不团结。局长对一些问题该严肃的不严肃，不该严肃的却大训一顿，如蒋科长在肃反中的表现。局长说他亲自请了三次请不来，以后对蒋开玩笑地说："这个药真灵。"这种对待是无原则的。但在一些具体问题上就训得别人下不了台，听了片面之词，就扣大帽子，下结论。批评果[虽]然是必要，我认为问题在于妥当与否，只要事实对头，批评再严厉对人也是教育。但局长批评人多凭印象，很多批评与事实不对头，如对湖州制钉厂孙厂长的批评。人家是个老同志，任过公安局局长，那次被局长批得痛哭流涕。对问题作[做]一些解释也是必要，但局长的解释是一推而光，想尽办法把自己讲得没有问题。另外局长对个人和组织的界线不清，自己在党的小组会上、支部大会上不是以一个党员的身份，而是往往在组织之上。传达上级指示引证首长的话，不说首长说的，把话当作自己说的，听不出是传达。

局长这种作风，历史根源很深，在历次运动中这些思想作风都受过批判，现在仍然发展。对三反很不满，在三反中自己虽没有贪污，但工作上是否犯有原则性错误问题呢？局长在上海学习时教育也很深，为什么到本局以后还是这样呢？局长自己说过在财经干校对教务主任陈瑞林发脾气说："你今天死了，我明天给你关[出]殡。我没有你，我的工作一样搞。"对自己同志说这种话多么不应该。

另外很喜欢奉承，听喜不听忧。如有人说局长好或不好，局长对那人都有原则看法。我向局长提的这些意见不是为难你，而是你的这些毛病发展下去不仅对自己有害，对工作也有极大危害。局长向计委汇报情况从不主动，除非是卜主任打电话来才去。对组织不满，平时流露这些对卜主任不满的言论，这是严重个人主义的反映。

与人比资格的思想很重，对商业厅付[副]厅长佑佩芝、张彦秋不服气。唯我独尊的思想很重，对人盛气凌人，不让人家回话，有时故意表现自己。张玉坦说局长是一局之主，这话我看不对。一次召集各主管单位开会，叫我传达订货办法。我在传达时，局长背着手走来走去，连续追问一遍（又）一遍，我都回答了，后又说："你讲得慢一点，讲的声响大一点。"在这一次会叙来述去，以后不喜欢听了，就跑到屋外去，把门用力一摔。就是[算]我讲得不好，只要没讲错,可会后教育。在一个大会上这样做究竟有什么好处,好象[像]有意表现自己一样。局长平时不动脑筋,对全省的计划情况自己很少研究,有些必须采取措施。如建局三年多长期存在的人事问题不及时处理;这样大的仓库到如今连个仓库制度也没有;经常发生很大损失,连个损益制度也没有;仓库交给临时工看管,发生大的事故损失多少次自己不知道,知道也不处理;沈荣祥连续五次损失千元,会上批了批了事;颜承俊经常这样闹,竟不敢与其谈话了。这些事不采取措施,大家提意见了就说你们研究研究订出办法向我汇报。我看局长不是象[像]其他厅局长那样会议多,主要是不动脑筋,思想得过且过。

对民主集中制的原则掌握很差。党组开会时一定要把自己的意见通过,在局务会议上先是听大家发言,而后把自己意见提出来。如果是领导结论的话是可以的,但叫大家讨论,别人讨论时如发表与局长意见不同时,就把别人硬训一顿。我觉得这种做法是与民主集中制不相融[容]的。如叫讨论颜承俊、符长松那[哪]个调办公室好,我说符到办公室好,颜承俊调金属科,他曾搞过一个时期。局长说:"你对颜承俊是种什么看法。"局长既要我讨论发言,又何必训人一顿呢?

对党的干部政策执行上,态度不正常,今天对那个说好,明天就不好了,是单凭自己印象出发,好了一切都好。如听着点片面反映,或自己看不顺眼,碰见得训一顿,抓住不放松,反正没一点好,对着这个说那个。如对我受处分的问题,拿着说来说去;转业军人刚来即在会上介绍符长松如何不好。另外关于单线领导问题,这是个原则问题,这里我没具体例子,但局长在方法上是有毛病的,如对高华就是亲自来抓。另外对解主任和甘朝田,局长要他们一个搞政治,一个搞业务;对符科长和王祥的关系上,局长也是这样说;对张桂荣的提级,局长说要两级三级地提。这些做法都是与党的干部政策不相融[容]的。

在个人与组织的关系上,局长常不参加小组会,不检查自己思想。如果那个同志反映局长有毛病时,局长不是替自己辩护,就是说提意见的人不好,思想意识有毛病。

在批评与自我批评的运用上局长对自己是不严格的。如在党代会时检查了三次,并说如再叫我检查我还检查。

局长对每项运动的贯彻上忽左忽右,表现不好。对三反、肃反、党代会的贯彻,都有程度不同的不满。

以上这些问题实质上就是个人利益放在党的利益之上。有人说局长自尊心强，我认为不是，而是统治思想和个人主义的表现。统治思想不仅是统治阶级有，无产阶级出身的人不等于没有。局长这种思想是长期不改和不自觉而形成的。

其根源：旧社会的薰[熏]染重，在革命队伍里又没有很好改造，本身大部份[分]又是做领导工作，以致养成这种思想。局长多年来没有认真地接受党的忠告，而是当个人主义与党的利益矛盾时，自己就用一些小办法，耍些小心眼，特别是在对待干部问题上及几个运动中的表现，都表现了严重的个人主义与虚伪性。

其危害：形成干部不敢向局长汇报情况，或者是报喜不报忧，干部犯了错误也不敢汇报。下面曾经有过这样说法："无事不进三宝殿。"因此邪气上升，上下不团结，不敢接近领导，背后自由主义，有的干脆就不敢说话了。另外我们干部也有看风驶[使]舵的，如蒋科长、王祥等，而且局长还送《参考消息》给王祥看。再则就是有些人不安心工作，如孙主任、刘恩正、陈平等。刘恩正还写信问组织是否还有自己党员的名字。

（六）对今后做法的意见：

局长对提的意见可以分清是非，不要一览[揽]子包下来，以利改正；解释是可以，这我是指与事实有出入或认识不到的问题。

董服海同志在11月1日至11月12日本局中层干部争鸣座谈会上的发言(纪[记]录综合)

(一)贯彻党代会的问题:

开始一段过程我不了解,因出发[差]了。回来时,正在贯彻,当时看苗头是针对李局长的,但没有什么“小圈圈”、想把局长搞掉的情绪。一天晚上漫谈时,生科长曾说:“我有些怕,局长的交代群众通不过,将来如何下台?”“这样一来,人家说我生杰仟领着大家搞局长,把我的名气也搞坏了。”这次整理的材料上说我认为“局长不走,本局工作搞不好”,我没有这说法。

当时生科长是支部书记,正在发动大家积极提意见,现在说来就是“放火”。当时大家提意见的主要是针对二[两]个人,一个局长,一个是孙主任。我有些为孙主任抱不平的情绪。材料上写我说:“干吧!”而实际我不是这样说的。这是一次小组会后,回家的路上,生科长对我说:“你要大胆提意见。”我说:“怕什么,我们是省委组织部管理的干部,没有尾巴给人家抓,不怕报复。”这种说法是不对的。

在提意见期间,生科长的情绪有些变化。我认为这是意识问题。自己点了火,又去扑火,我认为这是两面手法,现在还是这样看法。孙主任曾与我讲过,大家提意见之后,党组开会时局长和生科长的意见一致了,有排挤自己,并说:“我现在事情很难搞,什么事都弄到我头上来,领导上认为我很阴险,是我孙秉夫兴风作浪,我真是(受)两面夹攻。”并叫我不要同旁人讲。这些话更证实我的思想。

局长对王科长、蒋科长和我三人提意见我认为带有报复情绪。开始对党组三位同志提意见确有些过火,言词刻薄,特别是我。但后一阶段党组向我们提意见时或多或少带有报复情绪,这个报复不是组织搞的,而是提意见的人思想情绪的流露,把以前的意见推翻了。

自党代会后局长是否有从思想上改进呢?没有,反而风凉话多,说自己大不了只是作风问题。大家也都不是象[像]从善意出发,好象[像]互相都是报复,僵局就是这样。通过会议的贯彻,我的思想上有了很大的提高,但某些消极情绪也增长了,认为对一些同志的思想有更多的了解,那些平常马列主义讲得很好的人,而实际上是这样的不虚心。我认为局长的思想是不健康的,言不符实;生科长亦如此。王科长曾向我说,说我是"初生牝[犊]子不怕虎"。我想这是自己在党代会提意见多的结果。我想终究是有怕虎的人,算了吧,于此接受教训,今后少提意见,少管闲事。而后有人说我情绪增长了,是的,提意见没有好结果。这是我对党代会的看法。

(二)关于党组的团结问题。我总的看法是不够团结的,说不严重吧,则严重,说很严重吧,不至于。因为还未到宗派活动的地步,至于下面的不团结我认为不是党组不团结而引起的。党组不团结的原因:局长看不起孙主任,生科长也看不起孙主任,生科长和局长有些什么意见我不清楚。我是同情孙主任的,为孙主任抱不平。关于我和局长是有些意见的,但争管[归]争,执行还是执行。与生科长主要是不服气,认为是个支委就训你训他,我对他冷言冷语也是有。另外人家说生科长是"二局长",我也很每[敏]感,认为生科长对我看不起。

党组的团结问题,在行动中以及在贯彻方针政策方面还是没有分歧的,但在思想上是有着严重不团结现象,互相猜疑,明显地表现在党代会的贯彻上,心怀鬼胎,我以为你想搞我,你以为我想搞你。刚才局长和生科长说在一些重大方针政策问题上是一致的,那么从我们建局以来的几个大问题上来看:肃反问题,三个人的意见并不一致。局长认为计委不重用自己,而且还曾为高华的问题争功;党代会的问题是不一致的,如一致的话就会贯彻得更好一些;整风中三个人的意见也不一致,局长的做法与其他领导有分歧。这些大问题中表明的不一致,说明不团结是比较严重,但领导却说基本是团结的,应该好好认识。

(三)本局在使用干部上有存在本位主义,能力差一些的同志就往外踢。如第一批下去的六个同志,除领导干部是指名调的以外,调出去的人一般比较差,我也是有同样看法。调到我科时,我也想留下几个工作能力强的,如毕兆岗的调动,我不同意。我科人少向局长要人时,局长说:"吴爱琴给你怎么样?"我说:"我们科内已有两个人生肺病,再给我一个生肺病的那怎么办?"我提出能从综合科调一个,局长说:"分配干部还由你挑呀?"当时我想局长本身对局的下放工作也有本位主义,那么为什么科里不能挑几个好的呢?尽弄些破破烂烂的。我这也是为了工作,当时思想很不通,我认为本位主义在影响整体不大的情况下还是可以的。后来我就有消极情绪,给什么要什么。

提拨[拔]干部的上报不慎重。局长又作不恰当的解释,说我们是上报了,只是上级没批下。这样讲往往会促使人家对上级组织不满。局长刚才说责任在于没有向大家解释清楚,我认为这样说就是错误的,问题不在于有否向群众解释清楚,而是干部没有最后批准就是不应给其本人知道的。局长这样说恐怕有一定思想支持。

(四) 对局长的意见:

1. 在反右派斗争中,有人说局长的主观主义和作风好象[像]有点翘尾巴,我亦是同意的。如对《试帮局长克服主观主义》一文的认识,局长开始时一直认为高华的所有文章中就只是这一篇是好的,直来直去,但反右派中对此看法就完全不同,同时还怀疑大家对这篇文章批判不力是对他的成见。至于我在辨[辩]论会上说对《试帮局长克服主观主义》这篇文章我没有看到过,我不作分析,这样说并没有错。我是确实没有看到过,因为我出发[差]了,回来后这篇文章未重新公布。另外在局务会议上传达下面干部放鸣情况时,转达一些同志对科长们的意见和批评,但局长对自己的问题并未提到。

2. 局长的批评表现出对人严、对已[己]宽。去年在贯彻党代会时我曾向局长提过,我说,局长有一个"辨[辩]证法",即"我的批评动机是好的","精神是好的"等等。人家被批哭了,局长还说这是人家自己的问题,是"脆弱"的表现,而对自己则从来不检查。局长的批评有些基本精神也是错的,如:

(1) 在北京批评夏锦华的问题。说人家提着皮包游荡游荡,不干工作,而实际夏是很辛苦的。在批夏时有的同志就拼命赶数字,汇报后局长反而说这些人工作深入,而其中真正表现不好的如王桂轩却没有批评到。局长就是这样看表面,不去考虑分析客观真实情况。

(2) 在北京对张奇镇的批评也是不对的。果[虽]然张的钦差大臣的作风是错误的,但局长却不是采取正确的态度,站在领导的角度上来教育他,指出他的缺点,而是从意气出发与他争,说:"好! 你计委张科长来了,我把工作移交给你了,我回去。"〈而〉自己并非真想交,而是认为计委看不起自己,抱着对计委领导上不满的情绪。

(3) 为煤炭的问题对李宏威的批评也是不对的,使李的情绪到现在还未转过来。局长说李宏威就是办不来好事。而这事情的责任是谁的呢? 对这一问题的处理我还有不同看法。如果有责任的话,也是我负责,因为是我叫李宏威这样办的。后来我出发[差]了,使李宏威受批评。

3. 局长的批评和作风粗暴为什么不改呢?我认为局长没有把由此而来的严重后果联系起来看,只认为这是作风问题,没啥了不起,所以没有改。党代会后稍好些,但有时则换了另一种形式,如一次学习小组长会上批评王科长时,首先再三声明不是批评,而接着实际就批评起来了。

4. 局长是个党员,但有特殊思想,党小组会经常不参加,有时不参加是有事情,但也有没有事而无故不参加的,如今年夏天一次为乘凉的便碰到组里参加小组会。在小组会上检查自己的精神亦很差,而是以领导的身份出面,指手划[画]脚。

5. 局长对人的批评没头没脑的很多,如一次管理费问题不了解情况就狠狠批评我一顿,说我好标新立异。

6. 局长对运动的态度,如一次在北京谈起三反的问题,讲谁把自己当老虎打,话中有些事后诸葛亮的味道。讲我们的一些干部一来了风浪往往就头脑发烧,没了主张,说自己是清爽的,方向明确的。在肃反中计委说我们的局是"老虎山",局长说自己那时就认为没有那么多,结果果然;[。]对党代会的看法亦是如此,说你们提管[归]提,我大不了是个作风问题,还有什么了不起的问题,我有决心检讨十次。局长在传达江政委报告中特别强调说:"虚心不虚心有什么界线,合乎你的提法就虚心,否则你看就是不虚心,问题自己最清楚。"以此来批驳一些认为他不虚心的人。局长在对自己的检查时是不切实际的,空洞地戴帽子,如在鉴定时说自己是唯心主义思想,帽子与实际思想缺乏联系。在贯彻党代会中我的发言言语是刻薄一些,如说局长的这种作风在农村里工作有吃粪的危险。我提这个意见的目的是为了使李局长警惕自己的主观主义、命令作风,事后局长却说:"你这个小青年倒也来教训起我来了。"说自己在农村干了多少年也没有吃过粪。这说明局长对接受人家批评是不虚心的。

7. 局长不很好检查自己,而是光批评人家。一次"八大"学习,局长发言是比较多,占时间很长,但多系抄来的,大家听得有些不耐烦。局出[长]看出来了,说:"你们不好好听,自己又讲不出一套来。"局长却不去检查自己的发言所以人家不耐烦的原因,从而改进提高自己。局长常说本局干部思想很难统一,因为自我检查精神差。我认为局长自己首先就是不够。

8. 这次整风局长可能还认为这是作风态度问题,我认为这是局长整个领导方法的一个方面。局长批评往往是对人不对事,一提起一个问题,就眉头一皱说:"你这个人就是如此。"算起老帐[账]来,而且不止一次的算。这是使人构成反感的一个原因。另外局长的批评不是站在客观第三者,而是站在事情的对方压人。批评如果有充分理由的话,同志们自然可以接受,但局长的批评往往是没有道理的。

至于局长对人要求高,这是必要的,问题在于对自己宽,这就形成了鲜明的对照。局长认为自己是大公无私的,但在批评与自我批评问题上看来都不是这样。

另外局长对自己的这一套还感到心满意足,如56年在北京时说:"我不在局里高华在那边科长们治不了",好象[像]只有自己才治得了。实际局长的"治"则是压,这是没有办法的表现,并不能解决思想问题。

(五) 我对王祥与张玉坦关系问题的看法:

1. 我认为当时王科长和张玉坦对王祥的看法有些偏[片]面,对王祥的缺点有些扩大。我一到金属科,王科长、张玉坦就向我介绍情况,听了使我增加顾虑,怎么办?后来与王祥本人接触后知道那个介绍有些夸大,王祥的缺点是有的,亦是十分严重的,不但与张玉坦关系不好,和工业厅打电话时还摔电话机。

2. 在张玉坦和王祥的关系上,局长对王祥到金属科可能发生的问题缺乏估计,没有事先予以指出。这也是缺点。

3. 王祥和符长松的关系与张玉坦的关系是一个类型,有严重的地位观念。王到储运科后,符不在家的一段工作还很积极,老符一回来后态度就变了,什么事情不是协作,而是推脱,有些问题往往站到圈子以外说话。王祥的工作情绪很不正常。思想意识是不健康的。

符长松同志在11月1日至11月12日本局中层干部争鸣座谈会上的发言(记录综合)

（一）对局长的意见：

本局干部不正常的原因我认为与局长的粗暴作风、工作不深入有关。局长来本局之前就听说很凶，批评人是训人，有“李老虎”之称。建局不久，第一次的订货工作是生科长负责的，当时正在研究一些准备事宜。局长对情况还不了解，也不提出来研究一下，就批生科长：“你们在搞些什么名堂？”弄得生科长下不了台，其原因是文件发重复了。局长当时就把文件一摔，摔到地上，盛气凌人，而当时到底批的是什么东西呢？我们不了解。我认为对情况不了解前要提出来研究分析，不能采取训人的态度。这事情发生后起了什么作用呢？弄得生科长不愿到北京，叫李局长去，两人别扭了一下。生科长从北京回来后就向局长提意见，局长不接受，当时已经有许多风声，说局长批评不恰当，态度粗暴等等，生科长为此要到组织部去提意见。我认为这样做法是不违反原则的，是合法的，但局长就找提意见的人了。生科长是这样说的：“局长再不接受的话我要去组织部反映了。”此后类似的事情亦有发生。党组成立后情况稍有好转，但后来我了解开党组会时还有争吵，如党组委员向局长提意见，叫局长不要乱批评，指出批评唐熊祥的问题是不恰当的。局长就以自己批评的“精神”来强调。局长还从印象看人，阻止人家提意见，使之很多问题不能解决，造成当面不敢提，背后乱讲。

局长有家长式的领导作风，不分党内党外都是这样。我认为作为一个党员来讲，在党内是同志，行政上虽是局长，但只是领导与被领导的分工不同而已。局长就不是这样来看，局长把自己看作是以首长自居，表现在用自我批评的武器来检查自己方面就很不够。这种作风与党员义务是不符合的。

局长常常拿出自己的意见交大家来讨论，如果不一致的话，态度就很不冷静，并批评人，要大家接受自己的意见，说自己的意见是正确的，人家的意见不对。

局长的批评中有许多问题是不正确的，而且常常对人不对事，使一些思想不健康的人顺水推舟，不主持正义。如对蒋科长就批评得很少，而蒋的思想是不很健康的,某些地方是顺水推舟,如城站移仓库的事情,因故推迟了下,局长和孙主任都知道的。搬仓以后局长看到报表即批评我们浪费,实际其中如矽铁等物资是需分割的,当时蒋科长在旁边也说:“储运科就是这样,我也说过的呀!”而事实上蒋并不知道此事。另外蒋科长家里有四张床,其中有两张是预备床。我向王林说是否可以调整一张,后来我找蒋本人商量调换,但蒋说:“老符你没事做了,行政上工作你也要管了。”蒋在肃反中的表现开始时是很不好的,蒋在平时的自由主义作风也很严重,听说她还把机关内部情况告诉房东。局长对这些问题就是迁就、不严肃,虽然是小事情,反映的问题倒很突出。

局长的粗暴的批评造成了假汇报现象,如去年在北京的时候,一次汇报工作中一定要夏科长口头汇报,夏讲不出,局长就批评得很凶,使得另外一些同志不得不报假数字。局长对不应该批评的也批,有的是研究交代下面去做的问题也批,因此下面造成对领导不满、害怕。例如有的同志甚至还把公函改发便函,因为发公函要经过局长签批的;有时局长把下面同志拟的公文原文退回,或者找拟稿人来批评。

局长的敏感性强,往往把好的意见也看成坏的,如我们向领导提个意见,认为领导主观性强,看问题片面,局长就会讲自己提意见的精神是好的等等。

局长对高华的重用是很突出的,但也有局长所不重用的人,如王桂轩。局长对待同志不是采取帮助提高,而是重用与否。再如开会,局长单是叫蒋科长去参加支委会,但开的并不是支委扩大会,为什么要叫她参加?这是出于组织原则的。这些从印象出发的问题,是与一个领导人所不相称的,领导对下面的看法应该是一视同仁,对某些缺点应该是注意教育而不应抱印象观念或粗暴态度对待。

局长是个老干部,应该说是在党的多年教育帮助下,在政治涵养方面必定有所提高,对工作上亦会采取调查、研究和从分析着手,但局长却不是这样。这些问题确与领导位置及党员身份不能相称。有人说局长直爽,我认为不是直爽,而是肚量小,问题摆不住,急于讲,不考虑后果,所以对待同志的缺点是采取批、压等态度。

局长的预见性差,在思想领导上,对下面思想变化不研究,待问题发生后又大惊小怪。如杨淑君的作风早就萌芽,支部也了解的,但教育不够,而且还作为发展对象,这就使杨更自以为自己没问题了。领导在发现这问题后,又没有提高到作为重要问题来处理。

此外局长还有存在官僚主义，局长常常从主观出发，不接受群众意见。脱离了群众。批改文件推给孙主任，但当我有文件送给孙主任时又批评我“离开了组织”，说自己是支委，我不敢接近等等，这事情确叫人为难。

前几天局长的检查认识还是不足的，与我们的看法不一致，甚至有些事情把自己说得没有问题。

局长是党员，又是领导，但在组织的会上也以领导出面，有时会议也不参加，没有以党员的身份参加会议。对一些问题的看法常以自己的见解为见解，忽视听取群众意见；在行政方面研究问题时较固执，与事物的发展跟不上，以老眼光看问题。

局长有强调个人作用，好象[像]局长肯定比科长强，科长肯定比群众强。我认为这只是在领导的一般方面和政治水平方面，在业务方面领导并不比群众强，而局长常说：“干部决定一切。”

关于群众与领导不真心真意的问题。如果群众有这样思想，当然不应该，但群众为什么会产生这种思想呢？局长也值得考虑考虑。

局长对同志们提的意见经常找借口掩饰自己，如说自己是“忠心耿耿为人民服务的”等等。

局长表扬同志往往不能令人信服，如有人不同意，局长就会强调在这点上怎么怎么的。如表现[扬]颜承俊就是不实事求是，局长说他创造一个表格，但这个表格也是科里同志们搞出来的。

局长批评人家戴大帽子现象很多，如说：“争权夺利”、“思想落后”，最近又讲是“小圈圈”“一把子”等等。

局长对老婆常吵骂，说她是“糊塌塌”，骂她“妈里的皮[×]”。此虽是个人生活，但作为领导人要注意政治风度。局长常说老婆落后，好象[像]自己是很进步的，但老婆真的落后的话，自己也应该负责的，此事据说还闹到法院里去。

局长对待上级不是怕，而是消极对抗，当面不敢提，背后有意见。计委来电话叫局长去研究问题，如是卜主任来的，就去，张奇镇来的，就不去。

局长看人从印象出发，感情从[用]事已发展到很严重程度，如局长叫我“出去，出去”的那次批评，如果没有法律真的会用棍子来打。

局长的敏感性很强，贯彻党代会的问题是个例子，另外如有同志到组织部反映意见,就到处追问,如对生科长说:“你与我有什么过不去。”我们科长正在谈话时,局长常说:“你们在谈些什么,你们谈不出什么名堂,胡扯扯。”

局长有骄傲自满情绪,如一次听了何部长的报告后说:“讲些什么名堂?”这给下面听了影响很坏。

局长粗暴作风的根源:行政上叫作[做]家长式的领导作风,在军队里就是军阀。生科长说当教员是局长作风的根源。不一定,我认为局长是把自己以领导者自居,如不是领导的话,也不一定会这样。另外就是资产阶级思想作怪,忽左忽右,看风驶[使]舵。

(二)关于评级问题,我同意王科长刚才的意见。不过在那次评级会上争吵起来王科长也应负责的,表现得很不冷静,说:“好事都是你的,坏事都推到人家头上。”当然局长在当场借人家口气说王科长不同意生科长提级的说法是不恰当的。原来的情况是这样:评级时局长在上海,研究了一些人的评级问题,写给王科长的信中是同意生科长只提一级,而后把自己意见推翻了,反说自己是同意生科长提两级,这样是不妥当的。至于杨淑君爱人来为他请[敬]酒时,大家讲些什么我不了解,但我认为陈平的思想是不健康的,常用自己思想吊人家的话,把责任推给人家。一次陈在王祥家里吃酒,酒后谈起王祥问题,陈平说自己是主持正义,领导没给他参加会议等等。同时也提到我的提级问题,我说不要提起这事了,免得使我苦闷。

(三)党组团结问题:

党组不能称为完全团结,而不团结的现象又往往是些小问题,如孙主任积压了文件(关于选代表的问题),生科长向孙提了意见,孙不满意。又如电灯泡问题、保姆问题等等,孙又都说生科长提得不符事实。另外生科长提意见时的讲话也很随便,结果两人就互相找缺点,此后孙主任背后常找我谈,说自己是受两面夹攻,不能当主任了。从这些现象上来看,我认为党组是不能算是团结得很好,不能说是没有影响工作的,但是在研究重大问题上,我仍认为还是一致的,有成绩。

本局干部的不团结与党组的不团结是有密切关系的,表现在党组委员之间以及接受下面意见方面都不够虚心。如:

1. 局长不接受意见反而还把提意见的人批了一通,如一次我向生科长反映下面对局长的意见。并说我自己也感到局长对人有从印象出发,后来局长听到这是我反映的，就说："他自己有缺点还能向人家提意见？"

2. 党组之间的争吵，互不服气，如孙主任认为生科长的意见不符事实，夸大；生科长对孙主任向自己提的骄傲自满的意见表示不接受，到处乱讲。这种互不服气的现象对群众是有一定影响的，如我们科里同志就有这样感觉。其原因总的就是群众观念差，不虚心。至于中层干部对领导的威信还是照顾的，没有破坏领导威信而是向群众作[做]一些解释。另外关于局长对王科长的批评是否有存在报复情绪问题，我认为不存在，不过批评的词句上是不恰当的，运用的例子也不当，情绪上是有过火，使别人看起来好似报复。中层干部受局长的批评后，在外面加油加醋或加以夸大，我认为这情况还没有。

（四）对生科长的意见：

1. 关于生科长多做工作的问题我看法尚有距离，生科长工作做得多些，这是表明积极(性)高，是好的。但对分房子、买车子，以及造房子等等工作，生科长是不该管的，行政工作与党的工作应分开。

2. 下面同志有反映生科长有"老好好"的现象，生科长要考虑这些反映。

（五）关于党代会报复的问题，我不大了解，当时我只是听说局长对自己问题认识不足，不够虚心，解释得多，接受少；孙主任亦如此，一解释就把事情推得光光的。其他报复情绪我没听到，平时工作上也没有这种现象，至于吵嘴的问题那是家常便饭了。

党代会贯彻中，局长作了两次检查，大家没有什么意见，只是有一点：怕局长不改。

（六）王祥说他不同意自己有存在骄傲自满，我认为有。有一次王对我说："赵洪新同志能力很弱，孙家瑜怎么讲他就怎么做。"又一次还讲起王科长的问题。

王祥去福建回来后，我们正在开会，王祥就把李主任和程浩然叫去自己开会。会后我与王讲，今后如仓库的工作开会要和李主任研究一下，王祥听了很不满意。局长对这些问题认为"很对，王祥积极性很高"，这样客观上就支持了王的做法。

关于木材问题，我向王祥说，你仅是个人同意就把木材换给上海是不好的。王对此话也是不满，到局长那里去发牢骚。

一次科里正在研究总结问题，总结中关于外勤方面是王祥搞的，当时王未搞好。我说等几天再来开会研究一下,他只哼了一声就跑了。对此张协祥说:"你们怎么这样不团结。"总结搞好以后给王祥和李主任看的时候他们都没有意见,但定稿以后又有意见了。

关于王祥的工作情绪一直是忽高忽低的,以前分割单的工作是分工给王祥搞的,但王搞了一个时候又不高兴搞了。一次我们开科务会议研究两个问题,其意见事先是由我、王祥、李主任三人研究好的,在会上讨论时王也没有意见。但后来张仕民回来不同意会上研究的做法,并向我们提出意见,王祥对这个问题后来向局领导汇报时说"符科长的主观主义已遭到群众的一致反对"。

我对王祥是不是有什么不尊重呢?我认为没有,我对王祥是很尊重的。什么事情都找王祥、李主任来研究。王祥搬仓库的问题,我去上海未在家,后来局长批评说是浪费了,王祥说:"我不知道。"这个责任我也负责,主要是去上海时对工作交代不清楚。我什么事都找王祥研究的,没有什么命令主义,我不知道老王为什么对我看不惯,为什么不愿到我办公室去。王祥把问题推到人家头上的确是有的,如李主任和他在艮山门吵架的问题,王祥就把事情完全推到李的身上。王祥有时讲话显得很骄傲,如一次学习中。王说:"顾局长说我们这个组的学习方法好。"我插了一句"应在大事[是]大非问题上多加研究",王立即不同意我这个意见,说这是违反领导精神的,而我当时并没有讲光提大是大非问题,而是与工作上的问题一起提。我讲这段话的时间是在辩论大是大非的那个时候。

一次局务会议上局长谈到王祥对我的意见。局长问我有事为什么不和王祥联系?我说我找他他不参加,局长说:"你找他一次不行,再两次三次。"

过去王对我的领导与被领导关系一直不清楚,为此我向生科长、局长汇报过的,局长说:"你也不是好惹的。"

为我和王祥的关系我们曾开过会,但第二天王祥说:"我以为你是意识问题呢。"这些问题不再多谈了,群众看得很清楚,曹鼎诚、张协祥等常来向[对]我说:"你们又吵架了?"局长对我们的问题一谈就是"你们一个管里,一个管外",批评我"你就是大权不放"。

(七)张玉坦和王祥的关系没有及时解决,张有没有责任?我认为有责任的。当时开小组会前我曾和张谈了一下,结果王祥在会上谈了自己并向张提了意见后,张并没有提出什么意见,因此大家也无法发言。既然党召开了会议来解决他们问题，而张在这样的会议却不把自己意见提出来，因此其责任不能推给组织负的。

（八）我谈谈局长在整风初期的认识问题：

局长对整风的看法是很简单的，只认为提提意见就完了，因此在思想上就表现出有右的倾向。如在召集的几次座谈会上的表现，并且在〈到〉各小组插话很多，批评群众，因此有的小组在局长来之后就不敢发言。总的对这样一个大运动在一些大问题上没有通过集体研究是违反组织原则的。

到反右派的时候局长又是一种情绪，即忽左忽右，情绪上不定，表现在对小组里有不同看法就不冷静。

局长的以上表现再加上对自己本身认识不足，因此就陷入很大的主观片面性。

夏锦华同志在11月1日至11月12日本局中层干部争鸣座谈会上的发言(记录综合)

一、局长批评人时常要人家自觉而自己的作风则一贯粗暴,被局长批评哭了的人很多。局长是不考虑后果的,造成下面不服气,上下级之间逐渐远离。这就是硬批评硬压的结果。一次唐熊祥在科务会议上提出局长的批评不符合事实,要科的领导支持,这说明局长的主观主义严重。批评的动机要以效果来检验,以批评来代替教育的方式不好,党代会时同志们曾给许多帮助,局长仍对人严,对已[己]宽。

局长常以领导身份出席小组会,联系自己思想检查很差;有时小组会不来,有时要请才来,但这并非是工作忙。

局长对人常讲策略,而自己常常不策略,局长的态度是个老毛病。

局长的这种思想是主观唯心主义的表现,参加革命多年了,改造仍不多。在工作上不能预见,肃反运动后有事后诸葛亮味道。为什么有意见不事先拿出来?另外我们在汇报工作中,局长常说:"我知道了,你不要汇报好了。"

以上情况给党的事业带来危害,造成轻政治重业务的偏向,使批评与自我批评不能很好开展,我们科里三年来没有开过一次生活会议。另外局长有怕担担子的现象,给同志们的工作支持也差,使[给]我们工作带来一定困难。

二、党组根据一般现象(来看)是不团结的,这问题全局都知道,如局长和王科长的吵架,生科长和孙主任为欢迎伏老的事情也吵。党组在讨论一些问题时局长常以自己的意见为意见。因此党组不能说基本上是团结的。

三、业务会议是每周一的例会,开始执行较好,后来就不经常了。在讨论中多系事务性问题,有时候大家凑凑,有的问题就推给各科自己解决。我认为这样的会议质量不高。

赵洪新同志在11月1日至11月12日本局中层干部争鸣座谈会上的发言(记录综合)

一、这次会议的进行,同志们都要接受贯彻党代会的教训。那时就没有掌握"团结—批评—团结"的方针,实事求是地提意见。今天的会议也存在这样类似情况,如发言中未掌握实事求是的精神,有些人语句上也有过激,被提意见的人忙于解释等等。我认为不甚妥当。另一个教训就是前次贯彻时没有抓住原则问题分清是非,建议这次会议每个同志都应从团结愿望出发,掌握自我批评的武器和"有则改之,无则加勉"的精神。这几天所提的意见,一般平时大家都是了解的,通过这次会再进一步分析批判那就更清楚了。大家不应推向客观。另外会议应该抓住重点,以向党组提意见为主。

二、关于贯彻党代会中的报复和一棍子打死的问题,我认为不存在。当时向党组三个委员提意见时态度上言语上事实都存在偏激现象。党组委员向大家提意见时,由于自我批评差,也有些问题是偏激的。但这并不是报复。关于"小圈圈"想搞掉局长的问题,我认为也没有。由于当时贯彻党代会时局长并不在家,从北京回来后就存在怀疑,加上平时态度粗暴,给同志带来一种怕的印象,所以无形中形成在背后乱谈。我想这不是有意识想搞"小圈圈"。

三、在这次整风中,局长对本身所暴露的问题,应该很好地提高认识,决心改造自己。首先应该认识自己的缺点错误给党的事业造成危害的严重性。这个危害〈从〉暴露的问题〈中〉,例如:

1. 阻碍了积极因素的发挥。由于民主作风差,形成了个人包办,虽然有集体研究,实际上没有启发和虚心听取群众的意见,过早地作出结论。结果还是以局长意见为主,或者大家还有意见而在不满的情况下急于通过的,平时也不能善于掌握发挥中层干部的作用。由此看来工作是受到一定损害的。

2. 给党的团结带来损害。中层干部始终认为党组是不团结的,这与局长的态度粗暴、不听取群众意见、自以为是有直接关系的。局长不能卸责。党中央一直强调党的团结就是党的生命,但从本局党组委员及中层干部与党组之间的关系来看,相互争吵,相互有意见,这些问题如不解决,是与中央精神有违背的。

3. 在行政或党的工作上,局长已经走上脱离群众的道路。表现在下面怕局长,不乐意见局长;中级干部除了重要问题请示局长外,也很少接近局长研究工作,甚至有的还存在报喜不报忧的现象。作为一个领导干部,此乃是一个严重问题。

以上问题的存在,不仅使局长不能很快进步,而且腐蚀着党的建设和革命事业的发展。

四、局长过去对自己的官僚主义、主观主义及态度问题没有很好认识。主要是:

1. 对个人的看法往往估价过高,认为是一切比人家强,对别人只看到缺点,没有看到优点,因而不能虚心学习别人家的长处。

2. 自我批评不够,尤其是对自己缺点的危害性认识不足,因而即不能有力地改正自己。

3. 马列主义水平不高,如群众路线、两点论等。在理论上可以谈一套,但对其实质的认识以及与个人实践的结合上就很差。

4. 没有真正领会和认识到主观和客观的一致性,局长常以主观认识代替客观现实性。这表现在对人的批评有些问题不是在了解全面情况的基础上,而是偏重于一知半解,即盲目地不分场合不分对象地批评,以达到个人的主观愿望。

局长存在的问题是很严重的,应该很好认识,避免怕痛,应以愉快的心情欢迎同志们的意见,不要计较同志们的态度或小问题有出入的地方。前几天局长的发言还有解释,我认为李局长应从几个大问题上来提高认识,不要束缚在小的问题上面。

李鹤舫同志在11月1日至11月12日本局中层干部争鸣座谈会上的发言(记录综合)

一、关于党组团结问题。是不够团结,但还不很严重。如果是严重的话,我们的工作就搞不好了。

党组三个委员我的看法:局长是党组书记,但原则性争论差,没有根据实际情况决定问题,使有些问题贯彻中不统一;同时没有运用批评武器达到团结,在群众路线的贯彻上亦很差,只听一方面汇报,没有下去了解些实际情况,而且仅仅根据汇报就批评人。局长的思想是一种旧社会遗留下来的统治(思想)。另外,对生科长。生科长是党组委员、支部书记,但与孙主任不团结,对孙的一些工作看不惯,认为拖拖拉拉。果[虽]然孙主任是有毛病的,但生科长与他就没有很好商量,存在骄傲自满情绪。有些工作该是孙主任管的,生科长也管了,造成互相间的意见和隔阂,因此外表看来不团结是很严重的。另外在建局时生科长问我,王科长对他有什么意见,我说不了解,说明生科长很敏感。生科长长期以来很少找我谈话,抱着不闻不问的态度,是否生科长认为我难领导?我自[在]南京为工作写信给他也没有回信。

以上党组不团结存在很长时间,希望通过这次整风,抱着诚心诚意、实事求是的态度,虚心接受群众意见,分清事[是]非,该由谁负责的就谁负责。这次要把会议精神贯彻下去。

二、关于党代会的问题,当时参加的有孙主任、王科长、吴爱琴和我,讨论时是与计委一起的,主要是讨论局长的态度和主观主义。当时有没有把局长搞掉的思想呢?都没有。那时在会上还提出房子问题,生科长在会上的发言也没有把局长搞掉的情绪。会议以后我因出发[差]没有参加讨论,回来后张玉坦告诉我说有搞掉局长的情况。我认为这是王科长提意见急躁激动给人造成的错觉。

三、领导处理一些问题不够及时,如对上海的领导与群众的关系问题,很久时间没有解决。我考虑这是会影响工作的,不管是解主任或是下面的责任,领导都应抓紧处理。前次孙主任和符科长曾去解决一次,但没彻底解决问题。我感到既要相信领导,也要相信群众,要分清事[是]非。

四、符与王的不团结不是一下发生的,而是符从党校回来后两人就开始不团结了。谁是谁非,现在应该弄清楚,把问题及时解决。有些问题与思想问题也有关系,领导应该全面了解情况,问题应从小就去解决,发展大了就难了。

解学仁同志在11月1日至11月12日本局中层干部争鸣座谈会上的发言(记录综合)

局长对下面反映的问题研究差,如对上海的工作就是这样。去年上海事故出了四五次,局长听了不耐烦,没有采取措施。平常工作支持也不够,使中层领导的工作推不开。

上海人员的配备亦有问题,因上海离局远,必须要加强力量。

上海与省局的口头及书面汇报制度没有建立。

省局对上海干部的全面考察亦不够。如居鹤鸣,对提级有意见,提了一级还不满,说是根据什么把他提一级的,为此在会上一连发了两个钟头言,挑拨关系。关于房子的分配问题也如此,弄得王桂轩到上海不得已只得与男同志住在一间,而居鹤鸣却独自用一间办公,我们叫他搬出来他反而大闹。

省局对上海是没有下决心抓一下的。前次孙主任去上海抓了一次,作用很大,首先吵架问题解决了。但今后派出机构增加了,省局必须研究、重视这个问题。

关于张桂荣转党不批准的问题,不是我对支部的操纵,而是那边支部根据张入党前后来考察的,即张在参加党后比参加党前的毛病增加了。

王祥同志在11月1日至11月12日本局中层干部争鸣座谈会上的发言(记录综合)

一、最近整理的前放鸣座谈会的材料中,我的团结已成为重点,如说在金属科搞不下去了所以调到储运科。这事当时生科长说我的调动并不是为张的关系而调的。另外说关于我与局长的关系是我骄傲自满的根源,并发展到已是思想意识问题了,我觉得并没有这样。

二、关于团结问题:

1. 我与张玉坦的关系是与王科长有关系的。我去湖南搞焦炭的时候,王科长交代我如果那边有工作的话可与生科长联系。去了后电报、电话等是比较多的,但这是为了工作上的需要。另外关于我女人的工作问题,前(面)说也是我支持的,其实这与本局是没有关系的。我从湖南回来后,王科长即在小组里准备以上内容以及与张的关系、住房子问题等等,准备斗我,以致我在感情上与王有隔阂。

我与张玉坦的关系王科长是有钻孔[空]子的。我与张的具体情况是这样:我在本局工作原来是不安心的(到党代会时才没有这思想),同时由于对领导不满,因此在一些讲话方式上也就不注意。如对张玉坦提拨[拔]为科长的问题,讨论时张说本局科长不注重政治,我就说:"提拨[拔]不是为了提拨[拔]而提拨[拔]的。"另外那时天天加班,我很不安心在这里工作,认为组织上为什么要分配我到这里。在这种思想指导下我当时对张也就更加有意见,表现得大闹,斤斤计较。但当时张也有报复情绪(关于合同问题的争论),可能张现在不会认为那是报复,实际上这也是我们不团结的根源。自我湖南回来后,张有[又]表现不大胆,而我也比较注意了。因为自己的工作稍已安定;工作也搞出些成绩;领导也较重视我;我女人的工作也已确定。

2. 有些个人生活〈上〉也影响团结。如搬房子的问题,没有按照会议的决议搬,结果局长看房子小又搬回去了。

3. 我到储运科是有不团结现象,但听说我背后有人支持,那么我与领导接近些是否是坏现象?与符科长的关系问题,我几次说要搞具体工作,我很不愿自己挂个负责的牌头,所以我与符并没有为这个问题而闹,或者有不服从的现象。至于我工作完成得不好，这是另一个事情。那么我们关系到底怎样？符科长也可具体谈一下。现在我为我过去向符提的意见是否是影响团结，以及有人说我是局长支持的，这弄得我（连）局长的房间都不敢去了。现有一种空气，即那些人好些就是互相支持。现在又说我写符的大字报也是不团结。此后一次李主任叫我提意见，我说算了，什么意见我都不管了，我管我的具体工作。现在还有说我与符科长是“争权夺利”“分家”等，这叫我检查也检查不出什么名堂。说我是骄傲自满，我辛辛苦苦的工作并没有骄傲自满，所以我认为应从工作上去看团结，不应以自己的感觉看问题。同时我与符科长的一些争论也是为了工作而不是为自己，所以同志们看问题也要全面些，不要抓住一点下结论。

4. 关于上下干部的团结问题，对我的使用上我是愿意做具体工作的，但下面同志不明确这点。另外大家自我检查都不够，没有虚心听取意见。这个问题不解决，今后团结还是有问题的。

张玉坦同志在11月1日至11月12日本局中层干部争鸣座谈会上的发言(记录综合)

(一) 对贯彻党代会中有否一棍子打死的问题。生科长说只是方式上的缺点,那么我认为这种方式实际上就是形成一棍子打死的后果。这点领导当时是没有考虑到的。

(二) 党组的团结问题。生科长说没有大的原则问题的分歧,这说法我不同意。虽然几年来工作上是完成了任务,但相互之间不团结、互相看不起、有意见、党组两个人对一个人有意见等等都存在的,同时从生科长的自由主义问题中也反映了这个问题。拿贯彻党代会的后果也说明了不团结。这是影响积极因素发挥的。另外中层干部之间的不团结,我认为与党组委员之间的不团结是有关系的,以致长期没有得到解决。

党组不团结的原因:

1. 领导上即李局长要负主要责任。许多不团结现象都是局长作风粗暴,看问题片面所造成的。具体为:

(1) 联系群众方面。建局时局长较好,上下干部都能找他谈谈,现在的情况很不正常,不听取群众的意见,或者没有听完就下结论,引起群众不满。因此下面的情况就不能了解得真实,虽然联系群众的工作是做了,但方式方法不对。

(2) 喜欢报喜不报忧,这使下面对领导种下一个印象。如造房子的问题,领导不敢担担子,王科长说这是局长的意识问题。

(3) 对干部的使用上,用着就拉,用不到就摆着不管。如对我的使用,调了四五次。在金属科董科长来了后我不知算个什么名堂,上不上,下不下,形成我好象[像]闹地位似的。如果这样来批评我的话,我不承认。又如对部队里下来的同志,也是没有很好使用和教育他们,使得他们闹得很凶。

(4) 工作方法缺乏原则性和真实性,形成下面对领导的印象不好。一次张夕旻为了木材问题向局长汇报,局长插上去就说:“你们科长是搞什么吃的?”这个问题局长根本没有考虑成熟就批,更没有照顾到中层干部的威信。对工作亦缺乏深入的了解,如前年下厂回来汇报工作,董科长汇报时组织得比较好些，局长愿意听，但颜同志组织得差些，局长就不愿听下去。又如在北京批评夏科长的问题，使旁边的人甚至吓得汇报假数字。至于局长有否报复情绪的问题，我认为没有，就是方法不对，没有分寸，但对应该批评的还是要批评。

(5) 贯彻党代会的问题，同志们与局长的意见有分歧，但当时局长表现得很不冷静。我认为局长应该是沉着地对待这些意见。

(6) 主观主义严重，表现在工作中就是这样，如开会时虽然经过了大家讨论，但最后仍主张自己的意见，下面讨论等于形式。局长对从群众中来到群众中去的工作路线贯彻得不够。

(7) 对人不公平，如对待生科长与对待其他同志的态度就不一样，从肃反以后就更明显，过去生科长常受批评，肃反后就很少批了；但对其他科长还是一样。生科长不是工作上有进步，而是主观性更强。我想可能是肃反后生科长得到上级的重视吧，否则为什么对生科长批评少了呢？对处理焦炭的问题，局长也只是听生科长的话。总的局长是对人不对事的。

(8) 局长的作风和脾气由来已久，初到本局大家就反映不好，对此我们干部在干部鉴定以及党代会时都提了意见，但局长仍未改。为什么会这样的呢？局长认为这是个性问题，所以加以忽视；在党代会时还认为自己的作风与团结、与工作没影响。局长曾说自己是改不过来了。党员有一个党性，这个党性表现在对自己缺点的改正就应该有决心。习惯不能战胜决心和党性。

2. 我们也应负责：

(1) 敏感怀疑心大，不分批评的问题是否正确，一律归根于领导的态度，自己不虚心，反而对领导有意见。

(2) 无组织无纪律严重，不照顾领导威信，建局时有人说局长是"李老虎"。

(3) 思想上对领导的服从不够，对领导决定的问题要符合自己口味才行，否则就不愉快。

(4) 中级干部起到领导的助手作用不够，受批评后不管事实是怎样，一律作[给]以夸大，没有帮助领导挽回影响。

(5) 接受领导的批评没有抱着"有则改之，无则加勉"的态度，而是要求领导百分之百的正确，否则就进行不必要的争论和反驳。

(6) 中层干部也存在报喜不报忧的缺点,表现在领导提到自己缺点时就不高兴。

(三) 相互之间的不团结:

1. 关于孙主任的问题,董科长为他抱不平,这说明干部之间互不服气的严重。孙是有问题的,如造房子的工作,孙不服气给王科长管理,但孙自己工作又拖拉,本身业务也没有搞好,而且还强调自己业务不熟悉。生科长近来有骄傲自满情绪,过去联系群众是比较好的,现在不这样了,因此有些人对生科长不服气。

2. 干部存在互相吵嘴问题与局长的粗暴作风分不开,当然下面干部也有责任。如王科长常与局长顶嘴,因此吵嘴就构成了无组织、无纪律的习气。前次有人讲王科长有“比历史和比资格”的看法。这是否有? 请王科长自己考虑。

3. 关于我和王祥的关系,生科长说这不是个大问题,我认为正由于领导不重视,没有及时处理,所以问题搞大了。其具体情况是这样的: 总的我当时认为王祥资格老,领导对他有迁就。自从王祥到了金属科后,我开始时对他印象很好。一次王找我谈话,讲了一些自己的经历。后来局长把我们分工了一下,但王对此认为领导早已分工了,而是我隐瞒不讲,而且在分工的时候说我包办,没贯彻领导意图。从此我们就别扭起来了。赵洪新亦反映王祥对我有意见,而后我们科里有许多工作常统一不起来。我对这些情况都向生科长汇报过,我当时对王的意见是: 挑挑拨拨,这里讲那里也讲,有一次开会开一半就走了。王去湖南打局里电话的事情,当时王科长叫我去接,但王祥在那边不同意,后来电话因此也就没有接。第二次电话未打完也挂断了。王祥从湖南回来后,支部准备开小组会来解决我们的问题。会上王向我提出了几个意见,如平时我对王祥的督促以及批公文的问题等等。会上大家叫我谈具体问题,我只把有些问题解释了一下,没有向王提意见,因为我想有些问题都已向领导上讲过了。我与王祥的问题虽然不是关键性的问题,但是未分事[是]非,以致问题没有很好解决。领导这样做是不应该的。

4. 对上面的这个问题,刚才听了生科长的发言,我有这样的感觉,即我自己本身是有问题。如果其中一个人好一些,当然也不会闹意见,但生科长那时已估计到这个问题为什么一直拖延没有处理呢? 不团结而且已经影响到工作这是不是个大问题？不团结，争权夺利，这要不要教育？贯彻党代会时领导对这个问题也没有提。另外我觉得这个问题王科长是没有责任的，我当时向王科长汇报的问题与今天生科长说的没有出入。当时王科长提出来要进行教育并没有不对，所以这个问题究竟是王科长偏重偏听呢，还是生科长偏重偏听？生科长要检查一下。另外当时局长和我们谈分工问题，这局长也没有错。而王祥回来后要我公布，我认为根本问题在于王祥思想问题一直未解决，所以会抓住这一点，要我公布。这情况后来我向领导汇报了，生科长也说不能公布，你们三个人自己心中有数就是。从这以后问题就越闹越大了。

（四）对局长的意见：

1. 局长在整风初期召开座谈会的问题，其问题的本身我认为没有缺点，而缺点在于不恰当的解释，阻碍了放鸣。例如以上同志所举的例子。这些问题应该叫他们放，为什么要把他们打回去？这说明局长对放鸣的意义认识不足。另外是否还有个指导思想，即同志们当时提的都是反面意见，如政治思想领导问题、肃反问题等等。而局长是喜欢听正面意见不愿听反面意见的，那么是不是反面意见放出来对自己不体面？如果是这样的话，那就与运动的宗旨相违背了，这也说明局长存有个人主义。

2. 局长的担担子的勇气不够，如造房子的问题。下面出了什么事故领导一般都有责任，但局长在这个问题上表现出胆子小，而且引起了下面的不满。

3. 局长的粗暴作风我们已作了许多次的帮助，过去与现在都提过，那么为什么还不改？其中必有原因。局长说自己是个性之故，好象[像]先给人打一个预防针。我认为其原因是局长有存在唯心主义，表现在工作、思想以及群众关系上存在着脱离实际的现象。我们都说，资本主义国家的官僚，他们对下面不是说理而是压，而局长也是如此，不讲道理。当然这并不是说叫局长当“菩萨”，我们意见是希望局长能以理服人，而不是压。

4. 局长与计委的关系问题，我认为不很正常，局长曾经说在党代会上不敢向卜主任提意见，怕报复。这说明局长有个人患得患失的思想，从自己的想象出发。

5. 局长的批评有几种形式：（1）对缺点、事实存在的问题，这是该批评的；（2）过去有缺点，现在已经改正，局长也批评；（3）有报复性的；（4）毫无根据的。

6. 这次座谈会上局长能否领会同志们的这些意见？其态度可能有二：一是感激、接受；再还是老一套。局长在认识自己的缺点中不能强调自己精神是好的，应该领会同志们意见的实质，如果还认为这些都是老问题的话，那就大错特错了。局长的粗暴态度已使本局造成很大影响和危害，历史上的好多人物凡是个人专断的都有教训，局长可以借鉴。

局长以往为什么不改，其根源我认为不是出身小教之故，而是参加革命后接受党的教育和改造自己不够，对此局长要很好认识。

7. 局长有对上怕对下压的现象。如建局时的房子问题，计委伏主任是支持的，但局长怕将此情况向上级汇报后领导会说自己向困难低头，结果还是没有汇报。对下则压，这是个什么问题呢？旧社会的思想就是这样的。局长想把工作搞好，这是事实，由于方法不妥当，使其后果适得其反。

(五) 领导对上海办事处的情况心中无数，只知道大体情况，如解主任有缺点，下面干部调皮，解主任与沈荣祥为恋爱问题上闹的一些问题，领导上都知道的，但未很好解决和批判。

上海的任务不明确，人浮于事。本局派一些同志去要解决问题是好的，但插手多，各自搞一套，如符科长就象[像]钦差大臣一样。

上海办事处专门设一人搞临时订货不必要。

张桂荣的转党未批准的问题，认为是解学仁同志个人的报复，因为张桂荣对解提了很多意见。

周为俊同志在11月1日至11月12日
本局中层干部争鸣座谈会上的发言(记录综合)

一、关于党代会问题,现在有几种不同看法。过去局长也流露过,为什么局长有这样的反映呢?我认为有些同志对待局长的缺点也有错觉,如董科长对局长的看法好象[像]有些狠;有些人存在偏激或者思想上不大健康,认为过去受领导气,现在可以向局长提了。这一方面反映出领导之间思想没有通,阻碍了团结;另[一]方面会议的后一阶段没有组织辩一辩,谁是谁非没有弄清,没有解决思想问题。此后(评级时)王科长说过:"局长是党委派来的,如果选举的话,我是不选局长而选生杰仟。"这也是一个严重问题。对此,当时陈平认为生科长身为支部书记为什么不给王批评,这是不应当的。

以上情绪是不是也有反映在党代会上?局长有以上的感觉是不是也是因为这些同志有这样的现象?至于会上有否报复情绪,这事我是知道的。在支委会上研究过,大致是这样:一些老的科长接触比较多,所以确定要互相(之)间进行些沟通,并曾提出要防止偏激,以免被提意见的人发生错觉。当时局长向王科长提意见后,董科长就起来说会上有报复情绪,当即我和生科长就进行解释。由于董科长说生科长有两面手法,而生科长向董科长提意见时说:"你在会上不发言,在背后窥测方向。"这种说法是不恰当的。对此,后来在支委会上提出了批评,这一段给董更加深了反击的现[印]象。这些问题要弄清,消除隔阂,至于究竟有无报复、有无把局长搞掉的情绪?从总的方面来说,都不存在。如说是存在,则是个别同志的看法问题。

二、关于党组团结问题,最近整理出的材料上说党组之间存在严重的不团结。这问题要从几方面来看,我认为在重大问题上是能取得一致的,有些则是闹些无原则纠纷,所以说基本上是团结的。至于局长态度问题以及吵嘴问题,这不是什么严重不团结。当然对团结问题要提高到原则上面来看,小问题也应引起重视,不然就会影响到工作,影响到上下关系。总而言之,党组是不团结的,但不严重。

三、对局长的若干意见:

我觉得局长召开座谈会是对放鸣有影响的。局长对这个缺点认识不足,因为局长在群众中的威信并不高,因此开会不一定会收到很好效果。另外有些座谈会没有纪[记]录,矛盾小组研究时王科长很为难。局长刚才说作记录会影响发言,那么解释不会影响发言吗?我认为座谈会应由党组或支部研究后再召开,但局长并没有这样做,以致形成了“护疮口”的现象。

关于局长在各组跑的问题,这也是影响放鸣的。如对肃反问题,果[虽]然有些人有顾虑,这是一方面,但领导也是有责任的。当时沈祖怡放的问题就是一个例子,另外毕兆岗、杨宛华现在发现的问题不多,我认为这与领导的插话有关系的。再拿办公室讨论的问题,邵汝瑾正在放,陈灏柱、邵汝瑾正在争论文艺手法的问题,局长插进去就批他们,并批评邵汝瑾记笔记的问题,还批评我“汇报什么东西”等等。这些所造成的后果与领导讲话是有关系的,邵被局长批后还哭了。

另外关于辩论会阶段组织《试帮局长克服主观主义》的辩论问题。当时好多人都为局长说好,张夕旻说局长是深入实际,孙家瑜说局长没有主观主义,说有主观主义则是你(指高华)。这样使中间分子不信服。后来我们开支委会时局长还说我们是“一把子”。

集体领导的不够也反映在整风初期,开会研究问题局长总是先自己发言。当时党组对有些问题的看法也不一致,如孙主任对《人民日报》社论发表早迟的问题与局长不一致;对右派是内部或外部的问题党组亦未统一;开座谈会的问题事先亦没有集体研究。这说明局长对运动的看法是老一套,有怕烧身[着]自己,将来不可收拾,或者怕放手给大家将来会搞得与党代会时一样的思想。

另外关于解释的问题,杨淑君反映说局长叫她把意见一条一条拿出来然后一条一条解释。这样影响很不好,因为当时主要是(帮)助党整风,而局长这样做则与整风有矛盾。对此局长也认识不足。

以上表明了局长的骄傲自满,自以为比别人高明,强调个人作用。但我们所谓智慧也是群众经验的积累,而局长对新事物接受慢。这一点也是认识不足的。

局长群众观点不够的问题,由于不谦虚也反映出来了,如高人一等的思想。领导虽然是水平高一点,但不一律都是这样,局长往往看人看成是小孩子一样。局长看人还有绝对化的思想,好象[像]一个人有缺点就不能改了似的。

作为一个领导，它的意义在于能够积累群众的经验，然后再贯彻到群众中去。党把局长派来作为领导，这是体现出党的信任。但局长做得不够，没有更多地考虑领导应该发挥的作用。

局长的批评大部份[分]不妥当，不能给人温暖，使群众不敢接近。下面情况反映不上来。这是采取压的办法所造成的结果，这样反过来局长受群众的监督也就不够。批评个问题要考虑动机和效果，批评与效果应该是统一的。

从大字报中揭发局长的问题中看来，态度具[居]多。其中：(1) 不了解情况，或了解片面情况就批，同时不允许对方说清楚，否则就说人不虚心；(2) 态度生硬，对有缺点的同志作脱离实际的批评，不看对象，不适当的要求过高，使人接受不了。而局长则认为这是对方水平低，没有领会他的精神，(3) 不注意场合的争吵，修养性差，在群众中造成不良影响；(4) 凭印象批评人，一个人有了缺点，不管你改不改，就处处不顺眼；(5) 采取算老帐[账]的办法，有时把人家历史上犯过错误的问题都翻出来，使人有所反感，达不到好效果；(6) 对批评的善后工作没有做，即使发现批评错了，也不服输，不能采取措施，挽回影响，消除隔阂。

局长是什么思想支持这样做的呢？我认为没有考虑由此而造成对党的损失并(对此)加以认识。局长也想建立自己的威信，而实际上这些做法还削弱了自己的威信。

局长的自尊心强，不肯听取反面意见。如集体领导的问题，也是出于自尊心强，好象[像]维护自己的威信似的，但个人的威信不能超过党的威信。

局长能否改？局长的作风不是偶然的，确实难改，有些同志还认为对局长的改没有信心。旧社会说，“山好改，性难改”。但作为一个革命者，一定可以改。问题在于与实际联系，严格要求自己，另外从革命利益来考虑，正视集体领导的原则，亦[则]可改。同时也考虑到如不改的话，就会影响积极因素的发挥。尤其是被批哭了的，造成思想波动，要求调动；就会脱离群众，失去群众监督，就会破坏党的团结，给敌人钻孔[空]子，被[给]右派分子当“炮弹”。如《试帮局长克服主观主义》的问题，当时支委好长时间没有统一，因为单独批判就会脱离实际。以往局长碰到实际问题时就会“走火”，局长应该先提高认识，下定决心改。局长曾经说：“什么事情都弄到我头上来了。”由于你是局的领导人，所以道理很简单。局长应以革命的精神来改，我相信局长能改。

局长错误和缺点的根源：劳动锻练[炼]差，旧社会的影响深刻，参加革命来一直站在领导位置上，加上没有严格(要求)自己，因此就养成了个人英雄主义，骄傲自满。尤其在本局党和行政都是负责人，这就滋长了局长的骄傲。外因的帮助对自己的改正还是次要，内因才是主要，两者还要结合。

颜承俊同志在11月1日至11月12日本局中层干部争鸣座谈会上的发言(记录综合)

（一）关于前次放鸣座谈会上整理的材料有这样两个问题：

1. 关于生科长叫董科长提意见的问题。当时刚建局，干部思想比较混乱，认为物资局和物资处的机构重叠，可以合并。局长说这种说法不对，生科长同意局长的说法，但散会后我们三人走到路上生却叫董科长和我到计委提，是这样一回事。

2. 贯彻党代会时党委的掌握问题，上次我是这样提的：詹秘书长到这里来了解建造房子的问题，局长说："他们在搞我，要把我抬出去"，"我不怕大风大浪"，"大不了是个作风问题，就是叫我检查九十九次也是个作风问题"。而且说："党委开始劲头很大，看苗头不对就不来了。"

关于请徐同志吃酒的问题，那次是我发起的，当时王科长是这样说的："嗳！我管闲事，为了房子问题现在什么事都弄到我身上，人家很清爽，弄得我一身不好。"

（二）关于贯彻党代会有否报复的问题。我认为局长在会上提意见的态度声色具[俱]厉，对王科长的意见一条一条的批驳，对董科长的意见也是这样。这样虽不能说明是报复，但局长这样提意见的方法是不对头的，认为人家都是不对的。有否报复不能从一次会议上来看，应从平常实际表现上来看。

（三）对局长的意见：

1. 局长态度粗暴是长期的。我向局长提过几次意见，局长反说我是挑拨，我不通。我对局长改进这个缺点没信心。财委马科长说这还是抗日的时候遗留下来的呢！对此我曾向刘部长反映过。

向局长提意见有两个结果，一是马上批，说："你是怎么看法"；再就是叫你过不去，马上将反映者向别人暴露了。

有些问题局长经常另[零]打碎敲，冷言冷语。如机构的整编问题，局长常说我们人员少，并拿各科提出要增加人一点来作[做]根据，那么局长对下面的实际情况是否了解呢？再如买三轮车、收音机的问题，当时我是不通的。我同意王科长、吴爱琴他们的意见，买些小东西。局长说："你们都不照顾我，大家都各管各。"我对收音机放在局长办公室不满意,后来局长经常提起这件事。

2. 放鸣中局长到处解释问题。批判《这是帮腔吗》一文时,群众意见不一致。张夕旻本来说斯德元那篇文章有毛病,我当时说你也可以写,张说局长已布置给他写反驳的文章了。一次我提出局长直接布置大家写稿不妥当,局长批了我一顿,说我蒙[懵]里蒙董[懵懂],说当时反驳的文章没有领导的话怎么能够搞得出来。另外局长对毕兆岗的争论亦不妥当,毕说民主党派没有党的领导有所根据,如纳赛尔就是这样。局长对综合科有一种看法,几次和生科长争吵,感到综合科掌握得不好,并对生说:"你不要把综合科看得[成]是你自己的。"生不服气。对杨淑君的问题,杨开过支委小组长会以后说自己有顾虑,说局长讲话不认话。局长叫杨把意见一条一条写出来,自己一条一条解释,以后看到杨就向她要意见,对放鸣有影响,以致杨在斗争高华的前一天态度改变了,不写了。这次杨写大字报也有顾虑。孔庆和未来学习时,杨淑君向孔犯了自由主义,说:"怎么这样巧,你在肃反时生病,这次整风又不参加。"孔听到后发牢骚说:"我不知道领导对我怎么看法,我不知道还有什么问题。"还说:"好的事没我的,不好的都是我。"并且当时对《无题》诗抱同情看法。这个会上沈祖怡发表了对肃反问题的看法,局长当中插上讲话了以后,沈就不敢放。

局长为什么要解释?我认为局长是怕群众向自己提意见。当时歪风大,出现反动言论,生科长说:"高华还要写两万字,先写出五千,明天就要贴出来了。"局长是不是怕放?

3. 我同意符科长说局长在使用干部上有"打一个,拉一个"的说法,如对符长松的问题,就有此现象。我来局时,局长向我介绍了符的情况,从介绍当中反映符的缺点多,但我在实际接触中情况并不对头。局长批评干部不管水平高低,都是一样的批。局长对我也是一时好,一时坏。

4. 这次整风对我教育很大。我自从建局时出发[差]到温州回来以后,犯了自由主义。从这以后,我情绪有些不正常,领导经常批我。批的主要是两个问题:住房问题;改薪金制问题。我来局专门搞业务工作的时间很短,一段(时间)把我分配到办公室帮助孙主任工作。孙交代工作不明确,领导又批评我没起到助手作用。总之那段(时间)在思想上很感到委曲[屈],总感到局里对我处处过不去。关于我出发[差]到北京贪污的问题,我有几个意见。当然我本身有毛病,但当时在那边没有粮票,局里寄出只(有)28斤。由于招待所不是定粮收粮票，而是吃多少给多少，由于没粮票在外面吃一天要一元多，回来后局长说我贪污粮票。我自己化[花]了六七斤，回来后交给华岐嵩 16 斤，就是这样。局长总感到老颜的问题很难弄，说我反复无常，说在批评我的时候很好，以后翻案。那我要问局长，我那[哪]些有翻案？关于我说“乌烟瘴气、乌云满天”的问题，这是我四中全会鉴定时同志们给我提意见时说的，这次要求去那边搞搞清楚。

5. 局长对民主集中制的原则掌握执行不够，这与局长的态度作风有关。局长说:“局务会议老董总是保留自己意见的。”我认为这说法局长应检查一下自己的民主作风。局长在研究问题中常要大家同意自己的意见，否则就不高兴，那么“集中”这个问题究竟应该怎样来理解呢？如果是局长的意见对了，也要能够以理服人。因此开会有时就很沉默，因为反面意见多数遇到反驳，这样就阻碍了民主精神的发扬。

对局务会议我认为有存在事务性现象，大大小小事情都来研究。自“十大关系”提出后有了些提高，过去就是光汇报事务性的问题，而误了关键性问题的讨论，造成检查又非检查，汇报么又是局务会议。

6. 局长喜欢听好话。如生科长讲的蒋萍，她就是喜欢奉承，而局长对她就是迁就。

7. 局长的领导风度和政治风度缺乏，讲话随便，并失了原则性，如对毕兆岗在学习会上的争论，当时就没有考虑其所造成的后果。但至于局长有意识阻碍放鸣，那则是冤枉的。另如讲杨宛华象[像]个“大花鼓”的样子，这就失去了政治风度。

8. 局长对人严，对已[己]宽，对人专断、批、压，如果对方要解释就不乐意。若向局长提意见，局长就是敲，如上面我讲的买收音机问题就是这样。必要的解释当然可以，但局长的解释一说就把事情推得清清楚楚[干干净净]。局长的批评常以“看得起”，强调自己“精神好”等等来辨[辩]护。

9. 局长有存在事务主义。大问题方面如局务会议的贯彻、各科业务计划的抓紧等等就抓得不够，而小问题则斤斤计较，如毛纸、开收音机等事情也讲一通。局长不善于推动组织力量。领导应该是本着大事聪明、小事糊涂的精神来办事。

10. 这次整风学习局长常到各小组去看看，但实际是形式，如只看些发言是否踊跃,没有考虑会议的质量究竟如何,中心问题有否抓牢。

11. 局长没有设身处方想一想,党派你来行政上是局长,党内是书记,一举一动都是代表党的。这些局长就很少考虑。我们的党是光荣伟大的,但需要干部做的工作去体现,党的领导应该是母对子一般,使人感到温暖。但同志们却被局长批哭了,使人感到的是冷酷、无情,感不到一点温暖,以致远离组织。本局对干部的照顾一般是好的,但为什么真正体会到党的温暖还不够?如陈品华增加薪金后对他的救济少些,他就认为救济是他应该的。这些问题与局长以往的工作和自己的态度是有一定关系的。

党组不团结问题,局长说责任在于自己。我认为这话应该从思想上来检查。

局里在一些大问题上领导常表现不一致,如肃反问题。开始时高华正在兴风作浪,而局长在小组会上把许多人都批评哭了,如李黎、杨宛华,这些人正是我们培养的对象。另外局长当时对高华认识不足,那时高华到处在酝酿搞杨宛华。我们准备将高华散布搞杨的那种情绪扭转以后再搞高华。研究时我提出要孙主任找她谈一下,而局长说是自己批哭的,自己去找他谈。后来局长在开会时常说:“你看我什么地方有搞错了?”

12. 局长的原则性很差,有的话乱讲,如高华考大学的问题。局长开始批他组织性差,高华不接受;后来批了是任性,高接受了。此话在局务会议上讲讲没有什么,但对杨淑君也讲了,局长还说自己为这句话几天才想出来的。

13. 对于救济问题。局长说如果是错了的话,那就是补助得太少了,在大会上说人事局来本局检查这个工作被自己说回去了,并以此例交代下厂同志要做好走领导路线这一关。这话也是失掉原则性的。

对下面的批评,我认为局长应该是对一些原则性问题多进行批评,对具体同志的批评可以通过中层干部。过去下面批评哭了后,我们不好解释,如下面是我们批评哭了的话,局长可以解释。

14. 局长是个老同志,现在负责的担子又是这样重,但自己的修养性很差,没有意识到自己已经是脱离群众。如中层干部接触多些的只是蒋科长,一般干部除工作上的请示外,已不愿接近领导。

15. 局长长期不改的根源:其社会根源我觉得是受剥削阶级统治思想的影响;认识根源上我认为不能仅仅看成是作风问题,而且应该从对党的事业的危害性上去挖挖。

（四）党组的团结问题。局长和生科长昨天谈的认为基本上是团结的，我认为是严重不团结，两者应该搞清。不团结在一些具体问题上也反映出来，如：搬房子的问题，孙主任要搬了，局长就不搬了；孙主任和生科长为电灯泡的问题也吵了一下；孙主任在背后讲生科长、李局长怎么不好，而生科长在背后也说孙主任怎么不好；党组研究问题时局长和生科长统一了，孙主任不通而通；以及党代会以后的种种表现。这些问题领导应该很好认识，否则今后还会犯。

罗以东同志在11月1日至11月12日本局中层干部放争鸣座谈会上的发言(记录综合)

一、党组织的团结问题：

有人认为是存在严重不团结现象，我觉得不能这样认为，如党组决定一些重大问题上还是一致。但是不是党组团结上就没问题呢？是有的。孙主任是不大坚持自己意见的，李局长比较主观，只生科长能提些意见。要说党组完全一致，也很难说。我认为基本上是团结的。中层干部不团结与党组有关，但并不是党组起到主要影响。

二、关于贯彻党代会的问题。科长向局长提的意见是比较多的，并且几个科长也常在一起谈谈，但没有把局长搞掉的空气。这主要是因为过去局长不冷静，怕局长的缘故，但是科长们在贯彻党代会中提意见的情绪确实是较偏激的。如王科长在会上的表现，似乎自己的意见领导一定要接受，否则就是不虚心。之后局长向科长提意见，也很偏激，抱着你刺我一下，我也刺你一下。如向王科长提时说："好吧，现在向你们提意见了，有来有去。"但这并不等于报复。另外有人说生科长有两面手法，认为开始时动员大家提意见，而后来自己提的意见却不多，我认为生科长是具体领导贯彻党代会的，应当鼓励大家不要顾虑，勇敢向领导提意见。以后生科长也向局长提了不少意见，其中就是语气不象[像]其他人那样偏激，从外表看来，好象[像]是提得不力，认为很滑头，但实际并不是"两面手法"。贯彻党代会没有解决思想问题，相反提了意见还增加隔阂。

三、关于生科长兼职的问题。我认为有些问题管得不全面，工作不深入是存在的，但这没有超过职权。这责任主要应由领导上负，因为分配给他的工作他还是应负责的。不过生科长离开建材科后还抓这科里的工作这是不好的。

四、组织上对使用干部的问题上是有些问题的。如我调综合科时组织上说，大问题找生科长，一般问题找高华和我，而后却把我放在一边。又如我刚到局时，符科长和局长说建材科以我为主，并叫我坐科长办公室。后来陈平来了，孙主任又叫我回到科里来，好象[像]犯了什么错误似的。当时我思想上确有刺激的，后来局长说这是符科长自作主作[张]，对此我本想对证，到底是谁这样搞的。另外，我到综合科后，具体事情叫我与高华多负责，后来科里工作实际上以高华为主。领导这样做说是为了调动他积极性的，但高华一贯来却闹思想情绪。这样我认为不大妥当，以后〈我〉在工作上确实不很大胆，生科长又批评我为什么不大胆。

五、局长在放鸣中的一些问题：

局长的表现是不够正常的，这到底是为了怕对自己提意见呢，还是怕出乱子？局长前天的认识是不足的，我指的所谓不正常现象在行动中也可表现出来。如《这是帮腔吗》出来后，局长说："这就行了，行了，你们就可以反驳了。"再如全国正在放鸣时，有人提出不要党委制，局长说："这个言论我们苗头就要转了，马上要驳了。"在小组会里急于解释，毕兆岗说民主党派不要党领导，局长就进行辩驳，而后又找我们布置。

局长对待以上情况不是把反右派看作是整个的事情，而是看到一个搞一个。这样搞有些人如孙家瑜、杨钟英等自己有意见没有放出来。同时局长把反右派看作是本身的问题，"出出气"。总之情绪是不正常的，这并不单纯是方法问题，而是有一定思想作基础的。

六、对局长的作风问题大家已提了很多，我感到从改进的程度上说明局长认识是很不够的。这个问题局长很久就存在，已有历史性。到本局后每个同志都有同感，党代会也提了很多意见。我认为局长不能以一般性问题来看这个缺点，局长常说这"动机是好的"，"大不了是个作风问题"等等。现在局长从大家向自己提意见后，又以另一种形式出现，如昨天董科长所谈的，现在是再三声明叫大家不要误会，而没有把意见严格对照自己。

局长为什么对自己的缺点会存在这样久呢？为什么把这问题看作是个个性问题呢？这说明局长认识是很不足的。我们从局长批评的问题中看来，大部份[分]基本精神是不符的。

另外局长还有自尊心，这表现在高人一等的思想上，不许人家提意见。这种威信是空的，是缺乏基础的。局长的政治气魄也不够大，在一些小问题上抓得较紧，但在大问题中有怕负责任的现象，如造房子问题。我认为非原则问题可以宽一些。

在群众大会上的初步检查

李骏升　57.12.6

在这次大放大鸣中，通过了一系列的党内外座谈会、批判会，以及大字报等形式，同志们抱着关怀党的事业和爱护领导的心情，本着"征前毖后，治病救人"的精神，忠恳地给我提出了很多的宝贵意见。我是非常感动的。我从"兴无灭资"、从党和人民的事业、从加强党内外团结、从调动一切积极因素、加速社会主义建设事业来看，我认为这些意见是无价之宝，是万金难买的，既对当前整风运动有其深刻的现实意义，又有其以警今后的巨大成效。因此，我感到既高兴又愉快，丝毫没有患得患失的思想。当然想到由于自己存在这些缺点和错误，给于[予]党的事业的损失和影响之大，我又感到既惭愧又沉痛。这也是一个开始认识了错误的人必然的一个过程。我也认为同志们的批评和监督总归是个外因，主要还是靠我主观的努力，剖开思想，认识问题，改正错误。我也相信通过这次整风能改正我的缺点和错误，我和同志们之间的关系是会搞好的。综合大家给我提供的意见：是领导作风上的官僚主义，思想作风上的主观主义和宗派主义。由于三大主义倾向的存在，它表露在我的工作中的各个方面，最突出的表现在群众路线的贯彻上，以及民主作风不够和批评与自我批评这个武器的运用上。现在就这三个问题分别检查、认识、批判如下：

（一）群众路线问题：群众路线是我们党的组织工作中的根本路线，党的领导工作能否正确决定于它能否采取从群众中来到群众中去的领导方法。依据这个标准来检查我在群众路线的贯彻，还存在不少的缺陷和错误。

1. 缺乏谦虚谨慎和深入下层的工作态度，天天坐机关，忙文电，平时与群众接近少，谈的内容范围也不广，只是谈谈工作，别的问题谈得很少。这样就不能了解同志们的心情，给同志们的帮助自然也就很少了。另外加之个人思想修养差，就是接近同志们谈话也不虚心听取别人的意见，以其合理部份[分]弥补自己的不足，改进工作；其不合理部份[分]予以耐心解释。就是解释，由于缺乏思想修养，往往好话无好声，在说话的语气上轻重不当，态度严肃，方式生硬，表现得粗暴鲁莽，很难令人接受。我记得有一次向邵汝瑾同志争[征]取[求]对我的意见时，她却谈到孙秉夫同志身上去了。我当时认为她不直爽，何必借孙秉夫同志给我提意见呢？这时我有点听不下去了，我说："邵汝瑾同志你真聪明，你和孙主任是直接领导关系，有意见你可直接向他提，你还叫我替你传达吗？我征求你的意见，你就直接给我提，何必转一个圈子呢？"这种说法是很难令人满意的。今天想来她这样说，也是帮助我了解情况，听下去只有好处没有坏处。又一次在学习后谈起话来，我说她："你应该自己怎样看怎样说，不要去摸摸领导的气候。"这说法也是很不恰当的，这说明自己说话太不注意方式。再如去年也是这个时候，夏纬和同志为了烤火问题，以《群众呼声》写了一篇黑板报。当时的确我在思想上还没有想到烤火这个问题，基于一个节约的观念出发，看到这篇稿子就感到很突然，马上就问了几个同志是不是天冷了，夏纬和的稿子是不是代表多数群众，就是需烤火的话，可以和总务组研究一下烤就是了，何必以群众呼声的名义写在黑板报上呢？这件事我不是当面和夏纬和同志谈的，可是这样别人一传说，就使得夏纬和同志感到很尴尬，事后我向夏同志说明了，才解除了这个隔阂。这本来是些小事，由于自己说话不加考虑后果，就引起同志间一些不必要的隔阂，而且同志们心里的话守着我也不愿说了，因为说了往往碰钉子。

另外参加科里的会议、学习业务、熟悉情况很少，对工作布置多，检查少，因此，几年来对工作不熟悉，也没有很好地全面地掌握起来。三年来在党和计委的正确领导和同志们的努力下，我们的成绩是基本的、肯定的。但由于我群众路线的领导方法运用不善，从这次大字报所揭露的材料来看，缺点和错误也是严重的。如对财务制度检查不严格，以致有些不应长期垫款的问题，既与财政制度不合，又积压了我局的资金，也妨碍了对方的及时转帐[账]。运输方面经常发生事故，错运、错发的赔款责任不清。这不仅造成国家极大的经济损失，同时既不能改进工作，又提不高同志们的工作责任心，因此人为的事故不断发生。在订货工作中，事先统[通]盘研究安排不够，以致牵扯到财务制度和运输问题上就造成人力、物力、财力的浪费。在机构的调整和编制上，没有很好地发动大家来讨论以及与科长们研究就确定。由于对工作摸不到底，主观上认为从发展看问题，认为人不是多而是不够，几次整编没有搞好。现人员未做到很好地调整使用，结果个别科人浮于事，有的科事浮于人，造成了忙闲不均，给工作带来了很大影响。正如同志们所谈，下放 38 个干部局里工作未见受到损失，我认为这个批评很好，各科可以发动大家研究，来解决这个问题。

这个事例也说明了由于我群众路线的工作方法用得不善,因此,在这个问题上也犯了一定的主观主义。这个教育是现实的、深刻的。

在生活、福利问题的掌握上,由于对主办部门具体帮助不够,平时检查又少,也出现了一些不当的问题,如房子的分配问题上,干部的救济上(蒋萍的救济不当问题),以及用具的分配上均存在一些或大或小的问题。其中特别是缺乏思想教育,有些人虽然得到了政府的救济和照顾,非但不感激政府,反而有不满情绪(就是救济已经不当了也有意见)。过去我对这些问题的主观看法,总认为一般都是合理的,如在救济问题上,我感到面宽了一些。这里主要的问题,在于我没有及时深入群众了解那些不合理之处,督促经办部门,积极加以纠正。

2. 在充分发挥和运用组织力量来推动全面工作方面做得也是不够的,上面虽然检查到这个问题。我认为这是在贯彻群众路线的工作方法中一个很重大的问题,所以专来检查这个问题。如同志们所批评我的在某些较大问题上,如整编问题、工作中的相互扯皮问题,领导作风和领导方法问题,以及对某些犯有较严重缺点或错误的同志,如果充分发动群众进行讨论的话,肯定可以搞得好一些。因为运用大家的力量,收效也就更大,改进也就快一些,这样既改进了工作,同时又能起到相互教育的作用。过去采用这样的方法去解决问题是做得不够的,以致有些可以早解决的问题,而没有获得解决。再如在开局务会议以及同志们向我回[汇]报工作情况时,这就是发挥群众智慧、群众路线工作方法的具体贯彻。可是我在这样的场合下,虚心冷静听取别人的意见就差。往往听到别人说的话和我个人想法不一致的时候或听到同志们回[汇]报的情况以及工作中发生了缺点的时候,就不是耐心的听下去,而是马上打断别人的发言,陈述自己的见解,或者对缺点就批评起来。这样自己既吸收不到每个同志的全面意见,又不能了解某项问题的始末情况。这就不自觉地妨碍了群众路线的具体贯彻,形成了简单粗暴,以行政命令代替了群众路线的工作方法,就增加了官僚主义和主观主义倾向的增长。如过去同志们都知道,局务会议是开得不少,差不多每周开一次,研究局内和各科的一些较重大的问题。时间占得不少,往往开起来就是一天,问题研究得好坏都有个结论。但是会后为什么有时贯彻不下去,甚至参加会的同志也有意见?为什么一些经办同志也感到方向不明确?关键问题在于我不谦虚,缺乏当学生的思想,问题未弄清就去当先生。在会议上或个人汇报情况时没有做到尽量诱导启发别人发言的工作，以及对不同意见不从理论上事实上动员说服打通思想、统一认识，而是以简单命令的办法来代替说服教育的办法，因此形成了上述错误。

再如在日常工作方法上，往往不推动和运用组织力量，单枪匹马地干起来，这对很好发挥科或组的领导作用就有所冲淡。例如有时了解一个情况或布置某一项工作，往往从减少层次的思想出发，不经过科长去了解或布置就亲自去布置了解，如对全面性的总结工作问题，对木材的一次了解，其中对生科长和颜承俊同志的工作积极性的发挥就做得不够。

这不是说不能找个别同志了解工作情况，或对某项具体工作加以具体布置。主要这样做法对工作帮助不一定大，效果不一定就好，不如与某个组织领导很好研究明确内容和目的，有组织有领导地去布置或了解，这样既帮助了领导同志，收效一定更好更圆满。另外在学习问题上，也往往如此。例如各组在学习时，以往我常到各组去听听学习情况，可是如听到与自己看法不一致的问题，或是大家在争论一个问题的时候，不是耐心地听或者启发大家讨论，而是好先陈述自己的见解，有时就争论起来。这也不是说陈述自己的见解和争论不对，主要问题在于还未听清别人的前言后语，自己马上发言不一定对，这样会影响同志们的独立思考和相互的争论。现在想来如把听到或看出来的问题作一番考虑后，然后找组长谈一下，由组长启发引导大家开展自由讨论收效为大。因为只有通过独立思考，大家相互启发，从认识上解决问题，才能真正学到知识。检查起来，以往这样运用组织力量来推动工作和学习，我是做得不够的。

3. 由于自己事务主义和官僚主义的领导，深入下层检查很少，总觉得被事务纠缠，脱不开机关，只是听回[汇]报情况来解决问题和指导工作。三年来由于省内下边没有机构，就是温州、宁波去年下半年设立了机构，总的说由于任务未下放，所以没有发挥他们的应有作用；上海办事处就是去北京订货和到上海参观苏联展览馆时顺便去过几次，就是听听回[汇]报，顺便解决些问题。因当时没有发现大问题，所以没有深入地对某项工作进行一次检查。今年去宁波到过镇海也是走马看花去了一次，因此对下情不明，对业务不熟，所以同志们批评我不懂装懂，这给我的帮助很大。如以“0.7 和 0.700”这个例子来说，果真是那样的话，那不是不懂装懂是什么？类似的事情可能还有，这里我记不起来。在群众路线工作方法的贯彻中,缺陷还很多。遗漏之处,请同志们再补充批评。

以上错误和缺点是阻碍了党的群众路线的工作方法的贯彻,妨碍了群众积极意见的发挥和及时对我的监督,影响了党群关系之间的团结。斯大林说:“只靠我们的经验,领导者的经验还不足以实行正确的领导,因此必须以群众的经验、党员的经验、工人阶级的经验来补充自己的经验,领导者的经验。”这些真理铭言,由于我过去体会认识不足,就影响了我在群众路线工作方法中的具体贯彻和运用。

为什么在党的群众路线的工作方法上会产生这些错误呢?他的指导思想又是什么呢?经过同志们(的)批评和我学习的认识,主要是自己群众观念不强;组织观念薄弱;对人民力量的伟大,过去是抽象的了解,缺乏本质的认识,因此就不自觉地在革命工作中把个人的作用作了不适当的估价。常[长]期背着个人正确的包袱,认为自己是埋头苦干,天天在为人民服务,从思想上检查认为缺点也不多,就自以为是地认为自己出发点是好的,就是有缺点也是一个方法问题。这是对自己以往的估价。

基于这个个人主义的骄傲自满的思想出发,当然就认为别人不如自己,因此就没有从阶级观点上去真正认识“群众是真正的英雄,而自己则往往是幼稚可笑”,“脱离了群众就不能得到起码的知识”的道理。马克思主义向来认为归根结底的来说历史是人民创造的。我的群众观念薄弱是由于我在阶级观点上对这个问题的模糊,对人民群众的伟大认识不足,这就是我在贯彻党的群众路线的工作方法中所以会犯错误的主要原因。这个思想根源,是受了旧社会统治阶级思想的熏染。这种思想残余,参加革命后,虽经过多年党的教育,但仍没有真正认识到它。这是我的初步认识。邓小平同志在党章报告中有一段话,他说:“实践证明,许多人并非在主观上没有为人民服务的愿望,但是他们仍然把工作做坏了,使群众受到重大的损失。这是因为他们自以为是先进分子,是领导者,比群众懂得多,因而遇事不向群众学习,不同群众商量……他们又不从错误和失败中取得教训,以为错误和失败只是由于群众落后和其他临时因素的影响,这就使他们的错误和失败愈来愈严重。”我虽然主观上不愿意把事情做坏,但从客观的作用来看,这和我在群众路线中犯的错误有些相同。这段话对我的教育也是深刻的。

（二）民主作风不够，批评和自我批评方式生硬，态度粗暴，阻碍了民主生活的发扬，给了同志们一些不应有的批评。

在民主作风不够方面：

1. 个人政治修养差，个性（不是党性）急躁，待人接物的态度生硬、粗暴，思想方法上主观片面，往往不分问题大小、同志们水平高低一律对待，这就是首先给别人一个深刻的不良印象，这是造成某些同志对我畏而远之的主要原因。这样同志们应该向我谈的问题而不谈了，更造成了我的主观主义和官僚主义倾向的滋长。如同志们反映不到不得已的时候不愿与我接谈问题。又如同志们听到我要找同志接谈一个工作或了解一项工作的时候，都抱着一种畏惧的心情，恐怕回[汇]报不好碰钉子吃批评，如颜承俊同志给我提意见时谈到今年有一次我到计委和森工局共同汇报木材情况时，张夕旻向我汇报的数字错了，不敢向我作更正。再如大字报揭出的工作中的许多严重错误，很多是我所知道的。我认为这些情况是和我的民主作风不够、同志们对我的畏惧分不开的，这就说明了我的民主作风不好，给予客观的影响和反映是何等深刻。我们局里由于我的民主作风不够，这对[从]毛主席告诉我们的"既有集中又有民主，既有纪律又有自由，既有统一的思想意志又有个人的心情舒畅"生动活泼的政治空气的标准看来还是非常不够的。

2. 在运用组织推动一切工作上也有缺陷。作为一个领导干部来说，应当首先掌握全面情况在大问题上出主意想办法，推动组织力量，完成一切党所交给的任务，在这方面我却犯了严重的事务主义。如过去的收音机问题，纸张使用的浪费问题，干部一张床的问题，烤火问题，甚至小到毛纸的使用问题，自己也去管管，也去问一问，这就影响了办公室同志们积极性的发挥。同志们批评我干涉过多，我认为这种反映是合理的、正确的，过去确实对小事有干涉过多。如对大点的工作，确定之后不作积极检查和严格督促，往往"流产"。如今年先进工作者方案的拟订和仓库进行一次检查的决议，由于我没有严格督促，结果都"流产"了。

3. 在领导会议方法上。过去局务会议同志们都知道开得是不少，同时时间每次也很长，往往开起来就是一天，甚至有的还加上晚上。既然较大问题都开了会，为什么同志们还批评我民主作风不够，家长式领导呢？这主要是由于对些较大问题的讨论没有多采取预先把问题提出来，多给同志们以充分酝酿和独立思考的时间,因此开起会来往往出现冷场的现象;加之自己个性急躁,又急于求成,在这种情况下不是耐心地启发引导同志们发言,而是过多地发表自己的意见,这样别人既无准备,当时又提不出新的意见,就不得不同意我的意见和结论。其中虽然还没有发现多少错误,同时也不是主观上愿意这样做,但由于自己方法不善,耐心说明道理不够,这对充分发扬民主,启发大家独立思考有所影响。如经过大家争论,统一干部思想,而后再作结论的方法,其效果一定是好的。所以同志们说我开会是形式,家长式的领导这是有其原因的。

4. 闹些无原则的争吵。同志们都知道,我经常在会议上和平时与科长同志争吵起来。所争吵的又不是原则问题,往往为了一句话就争吵起来,这主要是说话放肆,不能经常地严格约束自己,只管说,不注意分寸与后果所引起的。例如三年来据说仅和王承祐同志就争吵即达 11 次之多(当然别的还有),这不仅说明我政治修养差,心胸狭隘,同时也证明了我的原则性不高,因此大大影响了同志间的相互信任和团结。所以同志们经常说领导起不到领导的作用,这个批评是正确的。首先在这个问题上我没有起到一个领导的作用。就是进行原则的斗争,也要从团结的目的出发,也不能破坏组织原则,妨碍团结,削弱党的威信。我以往和同志们的争吵是个极大的原则性的错误。

在批评和自我批评的运用上,方式是生硬的,态度是粗暴的。

过去我对批评和自我批评的认识存有许多错误观点:

第一,把敢于提意见和正确的进行批评两者混淆起来(批评与效果相脱离)。认为敢于提意见就是好的,不敢提意见就是不好,而不去区别提的意见是否正确,提了是起积极作用还是起消极作用,是有利于团结还是不利于团结。因此看到或听到自己认为不正确的问题,就不分场合、不分对象、不管三七二十一也说了就算了。

第二,把原则性的问题要进行不调和的斗争和从团结教育目的出发的批评两者混淆起来(批评是为了团结),加之个人原则性不高,往往把大问题看小了,小问题看大了。非原则性的问题应该妥协,善于人同。在这一点上我和科长同志们的争论恰恰是都为了这类的问题。

第三,把思想斗争和维护团结、统一错误地对立起来,不注意态度,只管批评。主观地认为我的批评一般说是对的,如果说态度不好,仅仅是语气重了一些,方式差了一些,最多是批评得不合情况而已,还有什么大问题呢?

基于以上这许多错误观点，当然在运用批评和自我批评的时候出现很多错误。下边检查我对人批评的几类错误情况：

第一，批评的问题基本上是正确的。在这种情况下，为什么批评时往往令人不愉快，甚至有意见呢？这主要是没有正确掌握批评的方法，批评时不分对象、不分场合、语气过重、态度粗暴。这样就是问题批评对了，也有伤同志们的自尊心，因此就不能起到一个好的效果。如56年我对湖州制钉厂厂长的批评，对计委张奇镇的批评，对符长松、唐熊祥、徐道存(为保密工作)、蔡汉文(为了信件橱的使用问题)的批评出发点是好的，批判的问题也是对的，但就是由于以上错误而造成了不良后果。这种粗暴态度是不能令人容忍的，特向受到我这类批评的同志们道歉。

第二，只听了一面反映，也没有调查，或凭主观感觉就轻率地给对方提出意见。这时对方不接受也是应当的。在这种情况下，为了进一步了解情况，避免和少犯主观主义，应当让他们说明情况，正确认识这个问题，可是往往很不耐心听下去。这正表明了自己的不虚心。但过去反认为别人不虚心，所以就板起面孔批评别人。如对钱学良同志为床的问题的批评，只听了一面的反映，没有了解钱学良的心情；再如对徐道存同志为房子不合理的问题，我对他说："给你一个小包车怎样?"(当然我是批评他不要平均主义)可是我那种说法很不妥当的。现在回想起来自己感到很抱歉，特向受过我这类批评的同志道歉。但是人家对我的批评如稍为重一点或稍有出入就斤斤计较，去解释，这说明了自己对人严对己宽，这也不是一个党员应有的态度。

第三，基本上批评错了，但发现后既没有主动向被批评者道歉，而往往说"闻者足戒"，强调出发点是好的，今天看来这种说法是完全错误的。对问题既犯了主观主义，批评错了，还有什么足戒之意呢？还有什么出发点是好的呢？这只能说主观、粗暴、任性，伤害同志们的革命感情和积极性，而没有别的话可说。例如55年李黎同志打印一个党组文件，底稿上就没有"党组"两个字。这本来是审稿同志的错误，而我却去批评她为什么漏掉"党组"两个字。她回说底稿上没有写明，孙主任没有交代。我说："类似文件过去也打印过，发现这样问题不会问问吗？你自己就没有一点责任吗？怎么光推给别人，自己不虚心呢?"实际上这完全是领导的责任，对李黎的批评完全是错误的。再如56年在北京时对夏锦华的批评。由于自己不了解在北京争取订货中很多复杂性的具体问题,不了解有些事不如我们所想象的,当夏锦华同志向我回[汇]报情况时,有些数字未综合起来。我就发了脾气,态度很粗暴、很恶劣,说夏是来逛北京,不是来做工作的,天天提着皮包逛大街。那次批评完全是主观主义的。莫说夏锦华同志感到冤枉,今天我回忆起来的确也替他感到冤枉,感到惭愧。特向受了我冤枉批评的同志们,表示十分的歉意。

第四,原则性问题和非原则性问题同样的对待,该严的不严,不该严的而过分了。根据同志们大字报反映出来的问题来看,首先是我对自己不严,放纵了自己对缺点和错误的检点,这是极端错误的。其次对蒋萍同志在肃反前的工作态度和劳动纪律问题,颜承俊对待保姆的态度和严重的个人主义的问题,符长松的生活作风问题,董服海的父子关系问题及局里形形色色的自由主义问题等,这都是些带有原则性的问题,在群众中的影响很不好。我都没有作认真严肃地及时地处理,反而在某些场合之下如对杨淑君和薛在善的问题,为别人作了一些解释,虽批评了,但嫌晚了。结果不仅没有帮助这些同志解决问题,相反引起了这些同志不少的反感。这说明我个别教育和谈话的方法也是有错误的。从大字报来看,同志们要求解决这些问题是何等迫切,我认为这种要求既正确又合理。经过这次整风,不仅我要严格和批判改正自己的错误,同时这些问题经过学习提高和大家的帮助,我相信这些同志也会自觉地纠正自己的错误。

对一些日常工作中一般的缺点问题,往往在批评上过了火。如上述一、二、三类的情况。这种轻重不分、是非不明的批评,怎能令人信服呢?

第五,批评时不是就事论事,而且往往扯到往事甚至是已解决的问题上去,这是最易惹起对方反感的,所以同志们批评我好翻老帐[账]。我认为这也是对的,这种批评人的方法是没有什么好处的,只有说我找岔子,伤感情,影响团结,没有别的说法。

以上是我对人进行批评中,初步发觉的一些事例,类似情况是不少的,这里就不多谈了。

在自我批评方面,同志们批评我做得太少了。的确因为过去自我认识不足,背着个人正确的包袱,感到别人就不如我正确,看到别人缺点,看不到自己的缺点,所以就是知道自己作风上、思想方法上存在缺点和错误也都把它当成一般的缺点和错误,没有从我是一个领导人的角度来看这些错误给予党和工作造成的影响，因而自我检查也就不多了。今天事实证明我的错误既不少，也不小，给予工作的影响是非常之大的。

我受党的教育十九年了，为什么还在群众路线方面、民主作风方面、批评和自我批评方面存在许多缺点和错误呢？正如刘少奇同志在党的第八次全国代表大会上的政治报告中所说的："一个人如果不懂得正确的意见只能是对于实际事务的客观的全面反映，而坚持要按自己的主观片面的想法办事，那么，即使他有一切善良的动机，也还是会犯或多或少的错误。因此为了避免犯错误，必须正确地认识客观实际，正确地辩[辨]明是非。"这段话对我的错误找出了原因：就是严重的主观主义，凭着善良的动机来办事，而脱离了客观实际所造成的。我认为李黎同志对我的批评"不要强调出发点好，应该从思想上来检查"是正确的。这种待人接物的方式生硬，态度粗暴的表现，是有其一定思想指导的。

过去我认为是政治修养不好，盲目骄傲自满，又是官僚主义、主观主义、家长式的领导等，因为没有从思想深处挖到它的根源，所以就不能从思想上认识它，纠正它。我也相信在党的教育和领导下，自己忠心耿耿地为人民服务的人生观是没有怀疑的。究竟为什么就是不能善与人同呢？过去我也经常为此而苦闷。这次经过同志们的帮助和自我学习，开始找到了它的思想根源，就是资产阶级的统治思想残余没有根绝，而在革命阵营中反映在待人接物等问题方面。因为有这种资产阶级统治思想残余在作怪，就表现在群众观念淡薄，不能很好的贯彻群众路线的工作方法。这种思想表现在民主作风上，那就是主观片面，相信自己不相信别人，形成家长式的领导；表现在待人接物方面，就缺乏平等的观念和同志式的态度，不如已[己]愿，那就是发脾气耍态度，不顾别人的心情而加以训斥。过去由于存在这种资产阶级的统治思想残余，缺乏正确的认识，同志们批评我待人态度粗暴，我总认为同志们就是计较态度，今天态度明天态度，不看批判的问题是否正确，对此我的思想上是有抵触的，只认为是一般的态度问题。因此没有找出其思想根源，也就没有很快地纠正。

作为一个共产党员，特别是一个领导干部，一切应该从有利于人民的利益来考虑问题。可是我由于对人的态度好发脾气、粗暴鲁莽，使同志们受了些冤枉批评，以致影响到党内党外的团结，影响同志们社会主义积极性的调动。我感到很惭愧，对不起党对我的教育，对不起同志们，更对不起人民对我的重托。

我已开始认识到这不是一个一般的态度,以马列主义的立场观点方法来认识已经是一个政治性的问题了。这次给我解决了一个多年未能解决的糊涂思想。从我本身的体会证明,更说明了思想改造的重要性,更证明了党中央提出的在政治战线和思想战线上进行一次社会主义革命的重要意义。以上检查是我的初步认识。我的缺点和错误很多,希望同志们继续对我帮助,在整风过程中深刻检查纠正,同大家一道过社会主义这一关。

我的错误根源的认识:

我的错误有它的社会根源,也有它的认识根源。

在社会根源方面:我虽然出生在一个半农半工作的下中农家庭,不剥削人不压迫人,而是受人剥削受人压迫的。但是生于旧社会,从小所见所闻及读书所受的教育,却受着资产阶级的影响和为资产阶级服务的教育。在旧社会万恶的环境中渡[度]过 27 年之久,其中十岁以前在家,十一岁以后十年读书,六年任初小教员,特别在最后六年教学中和资产阶级的关系确实是貌合神离、明争暗斗的六年。为了生存而斗争,对资产阶级是既恨它,又要近它。为了迎合资产阶级,又要从资产阶级那边学些办法,反过来应付资产阶级,这样就很自然地沾染了一些资产阶级的恶劣思想和习惯。参加革命以后,长期处在独立分散的游击环境中,缺乏严格的组织生活锻炼,同时也缺乏严格的政治锻炼和改造,因此资产阶级的根子仍然存在,没有根绝,就不自觉地在革命阵营中在我的领导作风和思想作风方面反映出来,造成以上所检查的那些表现。

认识根源:由于自己主观努力学习不够,马列主义水平很低,过去对这个问题的认识没有找到它是资产阶级个人主义统治思想的根源。过去我对个人主义的领会也是非常狭隘的,认为个人主义就是计较个人生活地位、待遇,对于造成政治衰退,工作消沉,这方面认为我是警惕的。没有想到我这些错误根源是资产阶级个人主义思想的反映,因此就长期未获得改造。

过去我对态度的认识,错误地认为态度是由每个人个性慢急来决定的。性子急的人说话就是声大、简单、直爽、干脆。表现在态度上粗暴,方式上生硬,我就是如此认为主观上并不[无]坏意。可是根据现在认识水平来看,那就大大错误了。由于资产阶级统治思想残余的支持,因为资产阶级个人主义的思想和集体主义的思想是对立的,所以表现出来的言语行动必然是与众不同。个性就不是党性,〈作为〉一个共产党员要的是党性,要的是集体性,必须明确无产阶级的共产主义的世界观。

基于这些错误观点出发，对自己存在的错误和看法，也就自然会大大的错误了。由于我从旧社会沾染了资产阶级根深蒂固的统治思想残余，参加革命后没有很好地认识它、纠正它，所以表现在领导作风上有严重官僚主义，民主作风不够。在思想作风上、待人接物方面主观片面，不谦虚不谨慎，政治修养很差，批评人态度粗暴鲁莽，方式生硬。在群众路线上群众观念很差，盲目骄傲自满，迷信自己，忽视群众力量的伟大，其结果影响了党内团结和党群关系，影响到群众积极性的发挥，影响了工作大踏步的前进，以致一些应该避免的事故没有避免，甚至造成了某些干部看我的气候办事，养成了报喜不报忧的恶劣习气。在政治思想领导上不强，造成政治空气不浓厚，重业务轻政治，思想斗争不开展，自由主义、极端民主、形形色色的个人主义的不良倾向也很严重，因此不仅妨碍了自己进步，而且也影响到同志们的进步，同时给予工作的损失也是很大的。在同志们帮助和启发下，我开始从思想根源上找到和认识到问题的关键及(认识到)其给予革命事业的危害。我衷心感谢同志们对我的赤诚帮助。当我认识到自己的错误和连[联]想到它给予人民事业的危害性的时候，我又感到非常沉痛。既对不起党又对不起同志们，对不起人民。我有信心有决心在现有认识的基础上和同志继续监督之下，坚决彻底纠正这些错误，继续和大家团结一起积极工作，来弥补过去给予工作的损失。

以上检查还是挂一漏万。限于认识水平和组织水平的关系，我衷心要求同志们继续帮助我在整风中进一步深刻检查，提高认识，尽快的消灭我的缺点和错误，并和大家共渡社会主义一关，为社会主义建设和共产主义而奋斗到底。

对局长检查的看法，根据同志们的发言摘要综合如下几点

此次检查大家一致认为较贯彻二次党代会之检查是有了进步，特别表现在第三部分。批评与自我批评方面能拿党的标准来衡量自己，在理论上亦能分析批判个人，有些系接触实际并联系了些思想问题。现初步认识到对个人不谦虚、不虚心接受批评以及对人无原则的批评，不单纯是态度和作风问题，已发展到成为一个政治问题，由于态度的生硬粗暴一直影响到党的团结和群众关系。虽有以上进步，但在整个检查中还有些不够的地方。

一、认为理论多实际少，听起来象[像]作报告。只硬搬硬套首长的一些话及名词，但与个人的实际情况衔接不起来。对群众路线与民主集中制的检查上，事实少帽子多，如“个人不谦虚”、“粗暴鲁莽”、“骄傲自满”、“自以为是”、“命令代替教育”、“统治阶级的思想残余”等等，而这些问题并没有真正的结合个人的思想大胆的、露骨的进一步的检查自己，为什么存在这些问题分析批判不够。

二、在检查中存在着避重就轻，尚有些原则性的问题没有很好的检查，偏重于解释甚至不敢承认错误，似有拒绝检查的现象。如对肃反运动、贯彻党代会、整风开始放鸣，否认自己是右倾情绪，不承认“堵疮口”；对党组的不团结，只认为自己是领导才负责，但负什么责任？尚未检查。而对计委领导和党委会存有不满，亦未作交代。这些重大问题，除有的没检查外，有的偏重于解释和归结于骄傲自满、不谦虚所致是不合逻辑的。

三、此次检查认为是不深不透。除一些原则问题没有彻底检查外，还充分表现在对某些实例的检查上不是真正揭露个人的指导思想和观点，往往把些实例推向客观，甚至解释得自相矛盾，使同志们难以置信。如：

曾经批哭的同志有20个，对李黎、唐熊祥哭的问题解释得自己没有责任似的，听起来好象[像]很谦虚、和霭[蔼]。局长的批评人不是态度生硬问题，而是熊训、讽刺、挖苦、打击的味道。如“你是吃干饭的!”、“你给我出去”、“不要你这样科长我能兼”、“你是一贯不问政治”、“你是阴险毒辣”，这些问题没有以阶级兄弟的感情揭发自己的思想观点。

整风初期放鸣时，不利用组织力量推动运动只是单干，自行召集非党团人员、团员座谈会七八次，很少记录，并找意见最多的人谈话解释。而在检查中谈“为了照顾中级干部工作忙”、“放鸣又是个新东西”所以才这样作[做]的，生科长、孙主任是党组委员又是支部正付[副]书记，为什么不与其研究呢？甚至生、孙提出意见后，而自己仍坚持是对的。

反右派在大辩论期间，局长有意识的布置以《试帮局长克服主观主义》这篇文章在大会上辩论曾有同志发言，“我们局长没有主观主义”“是最大公无私的”。而局长在检查中说：“我听到这些话我头皮沙沙的。”大家认为这与主张辩论这篇文章的指导思想有些不符，自相矛盾。

四、在追查思想根源上，没有挖到主要根源。只谈到任小学教员时，即沾染了旧社会的统治，并强调说“那时我与资产阶级明合暗斗”，“学了资产阶级那一套再来对付资产阶级”。这是表明那时阶级觉悟很高，这种说法是不符合实际的。我们认为局长在革命前，所处的政治地位是中上层人物，任教员、参加国民党，加入过李延寿游击队，所受的影响是个主要因素。局长目前的思想意识和作风，是与这些历史环节是有直接的关系，受到了一定的熏染，但个人并没有很好的认识检查。

小组对李局长检查报告第二部分讨论情况

领导作风是否就是这个问题？所表现的思想实质是属那[哪]个类型？小组讨论中认为局长检查时一问一答，未向思想深处去挖，认为李局长思想主流不是骄傲自满问题，而是唯我独尊，带有资产阶级统治思想残余，并存在着较严重的个人主义。他个人主义不仅表现在对历次运动不满，在平时工作处理上也有表现。如蒋萍肃反运动不来参加问题，局长说"她的态度在其他单位人家都没有给她解决，我怎么能解决，会使她对我不满"，"对蒋萍的家庭补助问题，别人都同意了，我怎好不同意，不然我赚个乌龟王八旦[蛋]"。对房子超支预算问题，他说"我在北京不了解情况"，推掉自己的责任。关于提拨[拔]干部问题小恩小惠，如说："老夏你很好的干，我准备提拨[拔]你付[副]科长。"对张玉坦、颜承俊说："我是同意你提拨[拔]科长，提上去了组织部没批准。"有意建立个人威信。局长工作上不求改进，安于现状，往往在问题发生后才研究。大家提出了许多工作改进问题，而不能及时研究采取措施，对领导上对党委会有些不满情绪。如说"在卜明手下没好事干"，"卜明喜欢小青年，咱老了，不行了"。叫孙主任告诉党委说"你告诉他们说我有意见要保留"。由于未被批准支部书记，曾不满说："他们对我是什么看法。"并生气要不当委员了。党委徐同志来局找孙主任了解情况，当面对徐批评说："你以后来时先找咱谈了，你要什么我会给你搞……"弄得徐同志当场很难看。

小组经讨论后认为局长的检查避重就轻，对一些重大原则问题避而不谈。认为通过这次整风，尚须对一些重大原则问题有进一步检查的必要。根据大家讨论中提出的问题，综合如下四点：

一、认为李局长在历次运动中表现了右倾情绪。由于存在着较严重的个人主义，在运动中与个人利益发生冲突时，即想法卫[维]护个人利益。如对三反不满说"宋德甫头脑发烧搞我"；对肃反运动起初右倾，事后有些事后诸葛亮的表现，并对领导上不满，认为对他不相信；在贯彻党代会时，对党委不满，认为党委搞他，认为领导运动的搞他；在整风运动中不与党组委员、支部书记集体领导运动，而自己单干，形成"堵疮口"。单独布置驳《试帮局长克服主观主义》，使有些人在会上不实际的对自己颂扬。

二、对党组不团结问题，未检查自己，意思好象[像]我是领导我就应该负责，自己有什么责任。对自己的错误缺点未能认真检查。

三、认为局长政治情绪不高，工作上安于现状（与骄傲自满不符）。由于个人主义作怪，对领导上、对党委会都存在着不满情绪。

四、认为局长在干部政策上小恩小惠，印象待人，一打一拉，对甲谈乙，好在群众中揭人根子，造成干部间相互隔阂、猜疑、不团结。如提拨[拔]干部未经上级批准之前即早许口愿，如批不准，即责任推给上级。如对符长松说："生杰仟是自由主义市场。"对颜承俊说"你领导学习，孙主任不行"（肃反时），"你领导学习，符长松不行"（整风运动时）。对董服海说："党代会总的说，打击报服[复]没有，但个别人有报复情绪，昨天我已给生科长批评了。"对颜承俊说："我想提拨[拔]你办公室付[副]主任，王承祐不同意。"背着孙主任说："孙秉天自行在预算上盖章，他想不要领导了。"对着赵洪新在小组会上说："陈平个人主义，想十六级，对老赵十六级有意见。我们有数，他不能与老赵比，老赵在军里是一等参谋，他在师里是个干事。"在评级会上，当着生科长面说："这次要大胆的提，张桂荣可二级、三级的提，象[像]生科长上次提级时，我主张给他提两级，但有人不同意。"并提是王承祐不同意的。在转业干部大会上介绍符长松作风如何不好，使之未与符科长见面即种上不好印象。

在讨论中，关于党组团结问题，部分同志认为不团结，部分同志认为基本上团结。关于政治情绪问题，大部分同志认为政治情绪不高。少数同志认为政治情绪不好是发霉，这样分析太重。

王承祐同志发言

我对李局长检查报告的看法与大家看法基本相同。这次检查比起过去有了提高，初步接触思想，特别对批评这部份[分]检查。对检查总的感觉：理论多、联系思想实际差，多摘录了首长的(一)些话叙述了一遍，最后代[戴]上个帽子，真正使理论与自己思想联系起来距离很远。整个检查避重就轻，这样检查，从理论上讲得通，但与联系思想来说，尚距离太远。

对群众路线部分的检查多是摘录了少奇同志和邓小平同志的话。而对自己思想作风没从思想深处挖一下。只检查到"态度粗暴鲁莽，缺乏谦虚谨慎，与同志们谈心少，听取群众意见不够"，"不自觉的高估了个人作用"。对民主集中制这部分检查上把问题归堆"对民主集中制原则认识不全面"和"经验主义"上。因此就"听取意见不耐心，不让别人发表意见"，归堆到骄傲自满上，因此对错误认识不足，最后扣上个资产阶级个人主义帽子。对党组不团结问题，说了一套理论后，认为自己是领导就得要负责。像这样检查法，不是直率的从思想上检查错误，今后改正，是以推诿态度，尽量强调客观，所引证的理论与自己思想联系不起来。大家提了四十多小时意见，只要札札[扎扎]实实从思想上检查，总会有相当启发。但不是这样，根据李局长水平，说对错误认识不到，使人不相信，自己谈已受过五次严厉批判，现在仍然说："认识不到。"自己应该提到党性上来认识这个问题。

虽说对批评部份[分]比较以往联系了思想，但所举的些事实例子除了对夏锦华批哭说要向夏道歉外，对李黎、唐熊祥、徐道存的哭，解释得把事实弄翻了，客观听起来好像哭的人有错误，自己态度歉[谦]虚亲热。对江澄如的 0.70 数大字报，自己写的字还存在，但却解释说："如果是真实的话，那我是幼稚可笑。"虽是小事也说明局长对检查错误的态度很差。

他在检查中说："南下之前没受过一次严格批判，说我在整风和三查三整中受过批判是不合事实的，我是在行军中查整的。"我给李局长提过这意见。42 年整风时李局长是受过批判，今年党委统计参加过整风人数时，李局长还说过那次整风受到批判奖励。47 年敌人重点进攻时，转移渤海区，在三查三整后，李局长与钱文林、寇丰田一起随军外线出击的。我觉得不在次数多少，即使没受到批判，历经这些运动也会受到深刻教育提高。

对肃反，贯彻党代会表现了抵触情绪，对领导上、对党委的不满情绪。大家提意见中谈了许多事实，但自己在检查中，有的简单作了解释，有的避而不谈。我认为对这些问题还须进一步提高认识，这对个人思想作风改进、对工作改进都有好处。对缺点错误改正全靠自己，别人仅起辅助作用，强调认识不到不能成为理由。如真的水平低是另一回事，局长大毛病是把意见推光，解释光。像自己布置单驳《试帮局长克服主观主义》，有些同志在大会上否定一切缺点说："我们局长没有主观主义，最大公无私。"小组讨论时，有些同志认为否定一切不好，我向局长回[汇]报时，局长曾批评我说："共产党员就是大公无私，有什么不对，你什么看法……"而在检查时曾说："我不愿他们这样讲，我听到他们这进[讲]头皮沙沙的……。"又说"我自我批评不够，主要是粗暴，不是照顾我面子，而是马列主义水平低，认识不到"。这样解释我认为是虚伪态度支配着自己。在整风放鸣期间不以组织力量推动运动，自己单干，自己召集座谈会这么多，不让党组委员、支部书记参加，另再向别人传达，到处解释批评。据说告诉杨淑君："你有多少意见，我给你解释多少。你写去罢。"阻碍了放鸣。而在检查中解释说："大家都很忙，又是个新工作……才没叫参加……我不承认堵疮口。"我认为领导一个运动，不以组织力量个人单干是搞不好的。

关于李局长检查的问题是否只有这些，其思想主流是否是骄傲自满的问题。我看小问题检查了一些，大问题没检查到，他思想主流不是骄傲自满。从暴露出许多问题，都说明了个人主义比较严重，工作有了成绩沾沾自喜，有了责任就推向别人。如盖房子问题，自始至终都向李局长请示研究过，以后超支预算，财政厅要检讨通报。对詹秘书长说："贯彻党代会时，人家想搞下我去。我大不了是个态度问题。我是稳坐钓鱼舟，不怕大风大浪起。党委会看苗头不对走了。""人家一面搞着我，一面自么(该字有模糊，疑似"私"——校者注)由由的盖房子，我出发[差]在北京那里知道。"对秘书长来也不满，说："你不放心可检查检查。"在讲话中常把首长的话当作自己的话，听起来不像是传达上级报告。偶而[尔]跑到评级会上说："要大胆的提。像张桂荣要二级三级的提，我上次就主张给生杰仟提两级，但有人不同意呀。"必须说明张桂荣原25级，李局长曾说："银行等级高，不提。"而这次又二级三级的提。单就掌握原则来说，也是不对的。对生科长上次提一级是他在上海来信确定的，而这次评级相隔一年,竟又将事实推翻。他在会上守着生科长说是我不同意,我认为李局长说这番话,是有着一定思想意识支配,决不是"讲话不注意"。对同志之间造成相互猜疑不团结的因素也应该从这方面检查一下。

对领导上不满也不是偶然的,如说:"在卜明手下无好事干。""卜明喜欢小青年,咱老了。"这也说明了抵触情绪很深。自己主动向领导汇报研究工作很少,大家曾提过几次意见,而解释说:"人家忙,打电话还得排队。"我认为这不是理由。

张玉坦同志去年向公家借了钱,叫家属来。我曾对张批评过,又有一次闲谈,李局长也在,我又批判过。时隔不久在会上李局长说:"听说玉坦同志要断炊,孙主任想法给他解决。老人家来看看很好么,有人说玉坦叫家属来是找麻烦,这种说法是不近乎人情的……"我现在仍认为我这样说没有错,张玉坦同志那时已卖(此处应是"买"——校者注)了脚踏车 140 元,提不到要断炊。李局长有意对着张玉坦说这番话,又说我是不近人情,这究竟是什么意思?对颜承俊同志说:"我想提拨[拔]你办公室付[副]主任,王承祐不同意"。在一次小组会上说:"陈平个人主义,对赵洪新评十六级不满,他想十六级,我们不同意,他消极了。他是什么,在师里是个干事,人家老赵是在军里一等参谋,我们心中有数。"陈平有毛病应对陈平批评教育,守着赵洪新背着陈平说这些话,我认为是有意建立个人威信。这些做法实在不是"性情直爽,讲话不注意"。这样的例子在李局长来说不是个别一时的问题,而有许多类似的问题,并直接影响团结。这个问题,阮美春回去告诉了颜承俊,颜又告诉了陈平,陈平听了很不满,这次回来把这些问题告诉了周为俊,才知道的。

对党委会不满,说党委要搞掉他,看苗头不对走了。党委未批准自己支部书记不满,嫌党委对他不相信,推诿不愿当委员了。对党委徐同志来向孙主任了解情况,嫌不通过自己,把老徐批的很难看。孙主任向党委开会,(李局长)便告诉孙说:"告诉他们,我对他们有意见要保留。"三反运动后听说对宋厅长也不满。

肃反运动中有右倾情绪,起初推托给生科长领导,自己要抓总的。后来生科长参加了五人小组,又怀疑领导上对他不相信,当提出反右倾思想时来了个"左"的。随便乱表扬、批评。表扬王宏章,一下午批哭了夏纬和、杨宛华、汪厚发。别人要找哭的人谈话,他不同意,"我批哭的我负责谈,不用你们"。局长、孙主任、颜承俊两个支书,一个委员领导一个小组不团结。运动后讲风凉话"说我物资局老虎山现在怎么样,我看就是面大了"。这次整风放鸣期间,不很好发挥组织力量,自己单干,到处解释、批评,单找些意见包子谈,提一个解释一个。那时中央已有指示,不要对放的问题作过早反驳,他这样做不是不知道,同时生杰仟、孙秉夫及其他同志已向局长数次提出这些做法不当,但仍是坚持。现在提出这些问题,局长还否认错误。像以上这些做法,我认为是与个人主义分不开的,并不是"认识不到"的问题,不从思想上检查也是个人主义患得患失在作怪。这些个人主义不仅表现在上面这些,就在平时处理问题上也表现出来。如前天在检查中说:"蒋萍肃反运动不来参加,人家是老作风,在其他机关都没给她改正,我怎么能,会对我有意见。"又说"蒋萍的家庭补助,别人都同意了,我怎不同意,不然我赚个乌龟王八蛋。"对待干部问题上,不是从团结、教育治病救人出发,而是印象、讽刺、打击态度。像对徐道存,"你是有意识的呢还是无意识的,你吃干饭的,一天到晚伏在桌上搞不出好事来"。对周为俊,"你认为我李骏升能解决问题的话,你就谈谈"。对符长松,"你给我出去,我不要你这科长,我能兼"。对孙主任,"你给我敲起了警钟,我才认识你阴险毒辣"。对我,"你就凭这张王牌","不近乎人情"等。这些话多么伤感情。李局长对这些问题,并没有足够认识它的危害性,局里 70 来人,批哭 20 多,局外也有,自己不能不看成是个严重问题。对有错误的人应该批,而且要严肃,但局长应该严肃的却不严肃。如对颜承俊的问题,光党组扩大会就研究了三次,作出了决定不处理,并以后不敢与颜谈话了。但有很多问题批评得与实际不符,不是人家的错也强加于人,又不让人家说明,许多同志不敢去请示回[汇]报工作,甚至有些人工作上出了事故损失也不回[汇]报局长知道。有关人这样做是错误的,但领导上必须正视所以造成这些不良现象的原因。由于李局长极喜奉承崇拜,正面提意见的人反受打击,因此有些人便看领导眼色讲话,表面上一套奉称[承],致使李局长越发不正视自己的毛病。

总的说把思想根源归堆于骄傲自满是不合逻辑的。我认为李局长存在着较严重的个人主义,唯我独尊,在问题处理上与个人利益有了矛盾就考虑个人得失。

李局长工作安于现状,缺乏钻研精神和热情,情绪忽高忽低,思想上名位观念并不轻。上级长时间未公布局长思想上是受一定影响(原文如此——校者注),从长期看来政治情绪是不高的,对领导对党委不满不再重复。自建局以来直到党代会,这期间他担任支部书记,从无一次到党委去参加过支书会议,通知开会即派别人去,回来向他回报。有时不耐烦听,"好了,别罗[啰]嗦了"。那时局长会议不多,不亲自去参加支书会议如无其他想法的话,是与政治情绪有关。几个运动表现患得患失,忽左忽右,结束后有些事后诸葛亮,说怪话。肃反运动开始,在一次动员会上,我曾说:"季米特洛夫同志说过,干部要经得起战场、刑场和运动的考验。"他抓住这句话,几次在会上批来批去,"我看要运动考验,也要平时考验,不能头脑发烧"。党代(会)时他从北京回来,对孙主任向党委回[汇]报情况不满,对党代表在党代会上发言不满,怒气冲冲说生科长:"你党代会上可出出风头,你能,你勇敢。"说孙主任:"你们扩大事实,你给我敲起警钟,我现在才明白你孙秉夫阴险毒辣。""符长松、王承祐哭,他是爱哭,他是个人主义,工作没做好哭。"找陈平、蒋萍谈话追问那[哪]个提意见最多。曾一段时间情绪失常,叫张玉坦去回[汇]报小组情况,每谈一个问题即追问提意见的名字,曾弄得大家很恐慌,后解释说:"我查问那[哪]个提意见最多,别无用意,只是为掌握将来与他交换意见。"

我觉得向党委的回[汇]报及党代会上的发言没有丝毫扩大,而且仅对局长的态度上也谈的不多,会上发言只谈批哭了七个,实际上批哭的很多。只谈对湖州铁钉厂孙厂长批评很凶,对孙厂长批的哭都没有谈,会上发言没有任何扩大。贯彻党代会李局长给别人提意见时强调"有来必有往,有来无往非理[礼]也",把别人提的意见都否认了。对我提意见时先点了一圈:"你是印象看人,你向我反映蒋萍如何,你向我反映颜承俊如何,你说对王祥要斗……"我认为李局长所以这样做,有一定思想支配。

关于党组团结问题,上次我已提过,党组是存在着不团结情绪。为什么不团结?内容同意罗以东的看法,应找出不团结的因素。从几次运动中看,肃反时由五人小组领导,与党组无关,两个办公室隔得很远。那边划一个小组由李局长、孙秉夫、颜承俊三人负责。李局长党组书记,又是支部书记,孙主任党组、支部委员,颜承俊支部付[副]书记,但三人不团结。据颜与符谈局长表扬王宏章,批评叶林福、杨宛华,这时高华乘机钻空子,因此三人意见分歧。局长在小组会上嫌孙主任领导方法不好,叫颜承俊掌握会(议),孙主任不高兴。像党代会时如不提意见,可能不会有这思想抵触,但这对党员改正缺点、改进工作上无好处。如不将群众意见向党委回[汇]报,那是违背组织原则,不这样做是错误的。但孙主任向党委回[汇]报了群众反映,李局长不满。党代会上生科长的发言,局长思想抵触,大家提了意见也有抵触,认为是“搞掉”局长。这类例子就不一个个举,我认为不团结因素,李局长有相当责任。

李局长业务上欠钻研,本来会议不多,比起忙的来还是不忙的,但日常多忙于琐碎事务,对此重大问题抓得差。工作总结报告上级了事,不是通过总结,取得经验,今后如何改进。说也常说,但缺乏实际,对省内增加了多少基建单位、多少资金、用多少料、物资缺乏程度,心中无数。李局长对劳动纪律遵守很好,工作态度也扑[朴]实,但多限于琐碎事务上,对些重大问题安于现状,有些得过且过。光就大家曾三番五次提过的问题,李局长一直未采取措施。如:

贯彻党代会开展优秀工作者问题,徐主任和小陈化[花]了很长时间拟了办法,虽在两次群众大会上宣布过,但局长却将这些草案搁起来了。

艮山门仓库放着数千吨钢铁,在郊外四不靠邻,只有一个篱笆墙。这大批物资叫一个临时工看管,不派干部去睡觉。我们个别提,在会上提了多次意见,但一直未理采[睬]。仓库被窃铜一块,由另单位向报社投了稿,才去找来了事。未能接受教训,采取防范措施。这么大的仓库到如今连个仓库制度也没有,经常发生物资盈亏,如今连个盈亏制度也有。

仓库物资与业务、会计科帐帐[账账]不符。长期帐[账]货不符现象未处理,推给储运、会计科“你们研究研究”。

上办(即上海办事处——校者注)干部不团结,闹的老解工作不下去,拖延了近一年。应该亲自去上海一趟,深入了解一下处理,但光听回[汇]报,今天说这个不好,明天说那个不好。温州、宁波物资供应组,急催专署成立,成立了半年多,干部无事做。几次请示则答复:“经常下厂检查。”干部忙闲不均,有的科室里干部闲着无事闹情绪,对有些干部错误严重迟迟不作处理,有的工作不负责任屡次造成事故,损失严重,但这些问题一直未采取措施处理。像以上问题不是业务不熟觉察不到,下级干部屡次催促而不采取措施,我认为是工作安于现状,与政治情绪有着直接关系。

董服海同志的发言

一、

对局长这次代表领导检查总的感觉与以上同志差不多：理论多实际少，一些涉及思想活动、思想意识方面的问题谈得很少，挖得不深。尤其是群众路线与集体领导的两个问题，提得很原则，给自己戴了一些帽子，如统治阶级思想残余等，但帽子与实际思想隔得很远，联系不起来。关于批评与自我批评问题，初步接触了一些思想，比起54年鉴定、贯彻党代会等几次检查，就深了一些，但仍然是肤浅的。有些地方是清[轻]描淡写，遮遮掩掩的，有些检查不切合实际思想。如：谈到唐熊祥同志、李黎同志批哭了时，介绍的经过情况看来好像李局长理由很充分，批评的态度很和霭[蔼]。他们哭只是他们自己太脆弱似的，这与当时的情况不符。

对有几个具体问题的谈法，有以下不同看法。

1. 李局长说自我批评很差，不是为了照顾面子，不是明知错了，为了威信，为了个人的尊严，而硬坚持，是自己马列主义水平低，看不到自己的毛病（原文如此，句意应为“是为了威信，为了个人的尊严，而硬坚持是自己马列主义水平低，看不到自己的毛病”。——校者注）。但对别人的一些小问题却看得很清楚，批评得刻薄，批评别人，叫别人接受他的批评精神。可是贯彻党代会时，同志们向他提意见却十分计较事实的出入，根据李局长的水平，这样说是不能令人信服的。

2. 在分析他的错的社会根源时，说自己在未参加革命前当教员时，为了与资本家“捣捣蛋”学了一些资本家的东西，而且对“捣捣蛋”这几个字非常强调，反复地说了好几次，好像是为了工作需要才沾染上这些坏作风。事实恐(怕)不是如此，这样分析错误的根源，对自己没有帮助。

3. 在谈到关于反右派的看法时说听到有些同志说：“我们局长是最大公无私的话，我的脑子傻傻的说不出个味道来。”但是反右派告一段落时，小组漫谈中有些同志提出这种说法不是实事求是，将来要被动的意见（原文如此——校者注）。王承祐同志在组长会议上汇报这一问题时，李局长却向王科长提出了严肃的批评，说“共产党员就是大公无私的”，“这种说法我看有错误”，“你们组长干什么的，对这些观点不加解释批判”。这两种说法显然矛盾的，局长在检查中说的这句话怕不是心里话。

在检查结束之后，为肃反问题特作以下申明：肃反所以没有叫我领导，是因为我历史上有一个小问题没有搞清楚，不是为旁的。现在这个问题已有结论，省委已批准。这几句中申明的用意，我猜不明白，我以为没有必要说这样的话。

二、

1．关于党组的团结问题，李局长未作很好检查。光提到党组不团结我应该负责任，但究竟要负那[哪]些责任，没有提到，很空洞。我认为党组委员在思想上存在严重不团结的。

在贯彻党代会问题上，党组三位委员之间，互相猜疑。局长认为贯彻党代会时，大家处处监视我（指李局长——校者注），要把他搞下去，说孙秉夫很阴险，说孙是兴风作浪。总之在这个问题上三个人的认识长期未求得统一，因而影响了对党代会议精神的贯彻决心。这也是党代会议未贯彻好的主要的原因。李局长对这次贯彻党代会问题思想上抵触情绪很大，所以在北京回来以后，找这个谈话，找那个了解情况，不是没有思想支配的，但这些局长都未谈到。

在肃反问题上，李局长对计委叫生科长领导心里有些不满，在运动之后的一次漫谈中曾经说：“人家说我们物资局是老虎山，我看也不过如此。现在事实证明，一个领导干部总不能在运动高潮时头脑发烧了。”（意思）对肃反有些地方表现了事后“诸葛亮”。反右派前的大放大鸣中的表现，有许多问题领导者的意见亦未求得统一。

2．局里的干部提拨[拔]与使用问题上，李局长没有谈到有些干部（如符长松、颜承俊、赵洪新、张玉坦等）局内上报后未经组织批准后，曾对这些干部谈“你的科长问题，我们局里已上报了，上级批不准”。这种说法给那些未批准的同志听了思想上起了什么影响？是不是向这些同志表示，你的提拨[拔]问题我是同意，问题只是组织部，你不要埋怨我。这是一种无原则的说法，企图以小恩小惠来建立个人的威信讨好人，从而使这些同志对上级组织不满。

3．这次整风主要是整“三害”。局长在检查中提到这三方面的字句很少，甚至没有提到过，只停留在“不谦虚”、“自满”、“态度粗暴”、“群众观念不强”等概念上，没有很好的深入的挖掘思想根子。实质上这些问题都是根深蒂固的主观主义思想在日常工作,生活中轻重程度不同的表现。

4. 局长的工作满足于现状,不求前进。在李局长刚来局时,对工作是抓得比较紧的,经常开会研究工作。为了掌握情况,摸出底子,曾几次亲自参加订货会议,每当订货未开始前均亲自布置,组织力量搞订货工作。可是57年以来这方面就很差了,常说:“你们搞吧,反正大家都有经验了,就是那么一套。”实际上订货工作虽有了一些经验,但是客观形势不断在变化,我们的工作还远远不能适应需要,出现许多新的问题需要研究,但这些问题却很少召集会议研究。在听取干部汇报上,往往亦不求尽解,不很好听情况,光要数目字,工作方法都是老一套,没有新东西,把物资供应工作看得太简单了。工作上动脑筋不够,计划性、预见性差,对工作指导性不强,往往是坐在办公室里听汇报批公文,等待问题发生之后,做做决定,下下结论,批评批评。到局三年来据我了解,除今年上半年到过宁波一次,到了宁波铁工厂、宁波农具厂一下,住了几天外,就没有下过工厂。〈由于〉局长这种作风,对中层干部亦有一定影响。

三、

1. 关于工作上安于现状是政治情绪不高的表现,我同意这种看法。同时对上级领导的态度亦不正常,还存有对抗情绪,认为领导对自己不信任,认为在卜明手下没有好事干,说卜明只喜欢小青年,因而工作积极性不高,不大上[向]计委汇报工作情况,争取领导支持。有时候在得到领导支持表扬时工作积极性就高一些,如去年冬受到江政委表扬、吴省长支持时工作劲头就大一些,不久又同以前一样了。

2. 对几次运动的领导是否有右倾情绪很难讲,我认为几次政治运动都牵涉到他本人问题。在运动中没有勇气把自己的错误和缺点拿出来,自己与自己错误思想作斗争。在运动高潮时由于个人主义的患得患失思想,领导运动就无力。作为一个运动的领导者,有这样一种态度,对运动自有一定影响,如肃反问题亦有一些“事后诸葛亮”的味道。在与孙秉夫,颜承俊三个人领导一个小组时搞不好,一天晚上批哭了三人,在贯彻党代会时他起了一定的阻碍作用。这次整风中大放大鸣阶段的表现,对放鸣有很大的影响。从这些情况来看领导运动有右倾情绪是可以这样讲的。

四、

贯彻党代会时李局长思想上抵触情绪很大。记得有一次党委会的通报有批评到李局长问题，孙主任怕李局长看了影响情绪未给看，后来为这一问题批了孙主任一顿，对贯彻党代会到现在恐怕思想还未统一。党代会之后产生了一些消极情绪，思想隔阂较大。李局长说孙主任就是兴风作浪，很阴险；对生科长说："与你相处三年，现在才了解了你生杰仟"等不善意的话。有三次与我谈话时，我说贯彻党代会后段有报复情绪，他解释说："总的报复情绪是没有的，但个别同志思想上可能有些。生说你'在窥察方向，待[伺]机反攻'之后，当天晚上我就向他提出批评(这是大意)。"

五、

关于党组团结问题，现在有几种不同的看法，究竟是严重还是一般，很难下全面断语，还是就事论事，这样提比较妥当。党组在一些重大问题上(如肃反、贯彻党代会、整风等)思想上不一致，意见分歧，长期以来认识不能求得一致，表现出严重的不团结现象，从而使党的事业受到一定程度的损失。

关于局长工作安于现状问题，从事实来看，这是肯定的。局长常说："你们搞吧，工作反正就是这样。"几年来局长坐在办公室多，出门下厂了解实际情况很少，对工作当中，究竟存在什么主要问题，心中无数，业务改正不多。有的同志说局长重业务，不重政治，我认为业务也没有真正重(视)起来。

关于局长的态度问题再补充一例。去年他去北京争取物资，在一次电话上把经委物资分配局黑色金属处的曲付[副]处长训了一顿，说："我来这里这样长时间，为什么有或无都不表示一下态度？光钻空子(李局长在谈情况时曲常插言查问算帐[账])这不是解决问题的态度。"弄得他很下不来台。那时虽然我们在时间上是等得较长了，有些不耐烦了，他们待人接物上也有一些缺点，但作为一个局长来说，这样做法总是不对的，影响很不好。

六、

1. 工作安于现状问题，虽然我们局里只有一个局长，但实际上工作并不很忙，(不是)没有时间考虑一些大问题，亦并不是没有时间深入下层了解情况。一些宝贵的时间都牺牲在一些不大重要的、琐碎事务的处理上，对一些重大问题没有动脑子研究、计划。这主要是工作责任心不够强，建设社会主义的热情不高，工作积极性不高，不求前[上]进。在与李局长接触中，使人体会不到李局长有一股鼓舞人心的建设社会主义热情与劲头，当然工作情绪亦不是一贯不高的，有时高时低的现象。去年下半年由于物资供应紧张，省委重视，江政委表扬,吴付[副]省长支持,那时工作劲头就大些,积极规划研究工作。今年上半年计划如何打开局面,给大家鼓舞很大,但今年二季度以后又与过去一样了,表现忽高忽低。从这些现象来看政治情绪确实不是很高,工作安于现状是他的表现。

2. 政治情绪不高,不仅表现在工作上,思想上也有这种表现,主要是政治进取心不强。如对自己的缺点的改进上,决心不大,对自己要求不严格。如对贯彻党代会问题上他曾说:“我准备检讨十次。”似乎有些“躺下来”的样子。认为“自己的问题大不了是个粗暴作风问题,你们怎么了我!”“大风大浪经过几次,我始终是稳坐钓鱼船。”不能以革命的精神来改进自己的缺点与工作。

3. 在组织观念问题上,局长对上与对下态度是不一样的。对下是压,是用差不多是强制的方式,对上是怕而又有些不服气,不主动向上级汇报工作。我记得在省党代会,李局长向卜主任提的意见,说我骏升是“无事不登三宝殿”。我在贯彻党代会时曾借用这句话向李局长提过意见。再李局长在参加党的小组生活会方面表现非常不自觉,有时无故不参加小组会。与我在一个小组里过了很长时间的小组生活,但从未见李局长检查过自己的思想,作过自我批评,把自己当做[作]一个特殊党员站在领导角度,以领导的身份而不是以普通党员的身份参加党的小组会。在对待党群党委会问题,态度也是不正确的。从建局开始到去年党代会前,当了一年半的支部书记,据说党群委员会召开的会议一次也没有去参加过。在贯彻党代会前支部改选后支委分工,原李局长任支部书记,但党委批回来是生杰仟同志作[做]支书,他为委员,思想上不满意,在一次会上提出要不当支委。在贯彻党代会问题上对党委亦不满,认为党委会亦想搞他,党委许干事来局了解情况,李局长对他态度也很不好。

另外在一些论点上亦有值得商榷的地方。最近在一次学习小组长会议上说:“我是党派到这里来的,因此我可以代表物资局的党。”“生杰仟同志是支部书记也可以代表物资局的党。”“孙秉夫同志亦可以代表物资局的党。”这种说法给下面干部带来一些糊涂观念,如宁波来本局实习工作的滕士剑同志在一次学习小组会上就这样说过:“过去在宁波时认为反对党的领导人员不一定是反党。到物资局来以后参加了几次学习,使我明确了这个问题,反对党的个别领导干部就是反党。”

符长松同志的发言

一、关于对检查报告总的看法与估[评]价问题：

这次局长的检查不深不透，特别挖到思想不够，理论多具体内容少，有的戴上了帽子但与实际事例联系不起来。象[像]群众路线部分的检查，仅说没有发挥群众力量，自以为是，但究竟何种思想支配呢？就没有谈。我看就是一种唯我独尊的思想支配，把自己看作高人一等，看不起群众。这些问题没有检查，也说明了认识上还存在问题。

另外检查也不全面，几个较大的问题都没有检查到。如贯彻党代会的认识、肃反问题、整风问题都未检查到，相反的作些解释，我认为都是不恰当的。

对批评的方式问题，局长分了六种类型作检查。我认为这不是主要的，他应该检查的他的批评实际上是一种训斥，以批评代替了教育。对批评不当主要是存有官僚主义、主观主义，说话不讲理，用家长式的领导，这就是一种旧意识的支配。

二、局长在检查中找到的一个根源是骄傲自满情绪，我认为不对。骄傲自满是一种思想反映，不作[是]根源。他的思想根源应从资产（阶级）的剥削思想去找（当然不是指剥削钱财）。他叫人家都听他的，只有他的对，站在人家之上，不是站在群众之中，发展到指责人、批评人、指手划足[画脚]。这也是一种党性不强的缘故。否则为什么保存到现在。

对工作上他是看不到群众成绩的，认为都是他的成绩，所以看不起群众，对下面很凶，用压的方式。可是对上面，局长又是消极情绪。有一次我记得计委打电话叫局长去开会，他都没有去。

三、关于对历次运动中几个重大问题的看法：

历次运动局长都存有右倾情绪，这帽子不大。开党代会时，孙主任主要是汇报了局长的主观，态度粗暴，这都是事实，但局长从北京回来后很不满，对抗。他的对抗不是一种消极办法，而是积极地到处打听消息，问蒋科长那[哪]一个对他提的意见最多。后来生科长、孙主任向局长汇报了党代会贯彻的情况，他就更不耐烦、不接受、吵架式的。这时同志们当然有些害怕，怕他报复，如蒋科长提出要求生科长给撑腰。

关于这件事,局长在北京时有几种估计:一是可能会接受,因为局长是党员,较老的干部;另是不接受要吵架;三是要报复。现在看在工作中报复还没有,主要是一种对抗情绪。当时给科长们提意见,象[像]是压人一样出出气,以牙还牙,结果大家思想都沟而未通。这对贯彻党代会有很大影响。对这次整风局长未承认右倾,强调当时科长们工作忙未邀参加,认为是方法问题。我看不是因局长在几次运动中碰了些钉子,接受了教训。这次好象[像]为了争取主动,自己召开座谈会,并且八次的座谈会上记笔记很少,看那[哪]一个放得多,向那[哪]一个"糊疮疤",有点放出来他就把它解释掉。座谈会上不是征求意见而是解释意见。这种做法看来好象[像]左似的,实际上右倾。局长为什么这样呢?主要是个人主义,爱面子,怕意见提多了局长面子不好看。肃反事实上他也存在右倾。开始学文件时他看得很简单,讨论中那[哪]一个说得好的,他就表扬。政治上有问题的王宏章他也表扬他。蒋科长当时政治上有些问题的,局长也允许她请假。总之对政策的掌握上很不牢固的。

四、关于几个重大问题的补充与看法:

关于党组的团结问题,昨天讨论有两种意见,一种是基本团结,一种是思想上严重不团结。我认为党组是不够团结的。表现在整风开始党组内部思想上不一致,党组书记也未与党组委员研究过,而党组委员也不敢对面提出意见,仅是背后讲讲。生科长叫孙主任你去抓起来,孙说我不好抓,局长已抓了,这就说明了思想上有分歧,否则为什么不研究。贯彻党代会,三人交换意见不一致。生对孙有意见,生与孙对局长也有意见,常在科长间说局长不虚心。研究问题有分歧争论,当然不能说不团结,但有些问题因为牵涉到个人问题上而分歧的。象[像]这种情况不能说是团结,如发展下去危害性是很大的,可是党组还未认识到,因此说党组是不够团结的。党组的不团结,我认为局长要负主要责任。局长背后对生科长还经常挖苦,说生是自由市场、猜疑,看为[见]生同人家讲话就没有好东西。

五、关于对几个重大问题的补充与看法:

局长对工作对业务钻研不够,有些问题的处理简单化。局务会议较简单,各科汇报一下,最后概括的作些指示,对具体问题的处理研究较差。如牵涉到各科关系问题很长时间未得到解决,向局长提过多次。局长反说:"你们自己去研究一下吧!"实际上各科之间已研究多次。这些对工作是有一定损失的。

局长光听人家叫欢[唤],会计科叫工作很忙,他也相信很忙。事实有的同志较忙些,有的同志仍闲着,对储运科也是这样。有同志说储运科工作的潜力很大,如做好可节约大批的资金。局长也光这样说,但如何亲自深入与储运科同志一起研究把这潜力挖出来是不够的。局长批发文件也有些停于形式,批的数量较多。约占80%以上都是他批的,但质量并不高。每次的工作总结也是这样,拖的时间都很长,有的批改的地方也不恰当。

这些问题局长可是看不出来,认为自己倒是不错的,自满起来。

局长任支书时,可是到分党委去开会就很少,都叫支委去。支部工作好象[像]与他无关系一样,象[像]一位名誉书记,参加组织生活不经常,到党小组里仅是去看看,听人家的,自己站在小组之外组织之上。

对计委局长是不满意的,开会他也不大愿意去。有一次我记得卜主任派人开小汽车来接他去,情绪又高些。有一次计委叫他去研究物资储备与机构编制问题,看他也不大满意。有一次汇报工作时,局长也讲过对计委不满意的话。汇报有时叫生科长去,自己强调不了解情况。

六、局长对蒋科长是有些迁就的,因为蒋在某些问题上看风驶[使]舵,所以局长表扬蒋有技术、有理论。对董科长也是这样:说董科长坏时,有一次讨论修理自行车的规定问题,局长说董是局里最坏的人;说董好时,有一次搬钢筋时,说你看董多么聪明,他一看就能看出问题来。《参考消息》原组织部规定16级以上干部看的,可是局长每次把《参考消息》看了后都送给王祥看,这是缺乏原则的。如在储运科的工作上他叫我与王分工,我说外勤较忙些叫他搞外勤,局长就说:“你老符就是大权不放。”局长在讲话中也是缺乏原则的。颜承俊从公安厅刚调来时,把局里干部情况,尤其科级干部情况向颜介绍。关于评级问题局长实际上对生科长不甚了解,在上海时仅征求了一下大家意见,后拟给生提一级他也说妥当的,后自己写信给家里也说给生提一级。但后又说我早说过了给生提两级,×××不同意。这样讲是不适当的,无形中打击别人。

赵洪新同志的发言

一、局长这次检查方法上与别人不同，一般都是先拿问题再提高到理(论)上去分析，而他先讲理论，后讲问题(这当然不是主要的)。主要的是检查问题不大胆、不露骨，对几件重大问题仅作解释，未作批判。如对整风开始放鸣时，不推动组织作用而个人单干，召开了七八次团委和非党团人员会议。同志们认为局长存有右倾情绪，但局长都未检查到，只作了些解释，并说："放鸣是个新的东西，科长们都很忙，因而我才这样做的。"关于党组的团结问题我始终认为是不团结的，大家也提了较多意见的。局长先说要负责，究竟要负那[哪]些责任，未进一步检查。局长批评人有些讽刺挖苦，批哭的据说有 20 人，可是检查里所举的几个例子都不是检查，而是作了解释。

追查他错误的根源，并未抓住主要环节，只是谈到当六年教员，熏染的统治阶级的残余思想以及骄傲自满所致，并说那时学资产阶级的一套再与资产阶级斗争，更不符实况。局长说他在历史上长期来未受到严格教育，这不现实。如果说过去差的话，南下后历次运动应受到教育。为什么不改反而发展?

二、由于局长存在着个人主义，在整风初期存有右倾情绪，没有掌握、运用组织推动运动，很少与党组及支委商讨，形成个人单干。放鸣期间他一个人来召开群众、团员座谈会，很少记录，并且对放鸣出来的东西个个作解释，影响了群众放鸣的积极因素。对此局长至今还未认识到，解释为那时科长们都很忙及鸣放又是个新问题，所以我(指李局长——校者注)才这样作[做]的。局长在看大字报时，当个别群众面前说，这些放出来的东西都是鸡毛蒜皮、狗皮[屁]倒糟[灶]的事。在大辩论中局长提出反驳《试帮局长克服主观主义》的那篇文章，我看是有一定思想指导的。局长在反右派中表现很积极，这当然是对的。但在整风初期放鸣中，群众向领导提出许多意见时，为什么局长偏重于解释，不敢放手发动群众?

三、如说局长政治情绪不高，有些过火，因为这是大问题是包括全面性的问题。我看应说由于局长个人主义作怪，工作安于现状，对组织对领导存有不满情绪。如肃反，由于局长本身那时历史有问题未弄清，组织上没有叫他参加领导，可能对组织有些怀疑起来。人事局和党委会来了解一下情况有时不通过局长,局长就感到为什么不通过我呢?亦存怀疑及反感。56 年在北京与张奇镇争吵事(当然张奇镇也有毛病),局长思想上也可能怀疑计委领导上派张奇镇去对他不相信。从平时看,局长主动向计委汇报工作极少,和领导关系是不够密切的,工作上似有些单干的现象。但局长说因为卜主任工作太忙缘故。我认为不能强调这个问题。

王祥同志的发言

一、对局长检查的看法：

检查中大部份[分]从文件中的摘录，所以理论多，但如何对自己问题结合起来很不够，也不自然，不是真正认识到自己缺点与错误而提高到理论上批判。这次检查比上次党代会检查稍进了一步，但有许多地方仍却大同小异。对问题的产生根源挖得不深不透。上阶段经同志们约 42 小时的帮助分析，按理应该有所认识，但局长还是认识很差，有的虽然也谈到一些，也只不过对同志们分析的重复。找社会根源方面问题为什么不把自己历史上的一些问题联系起来呢？否则这些作风也不会带到党内来。我认为局长过去不管当教员也好，干过其他事情也好，旧社会对他的熏染是很深的，影响也很大。但究竟如何受到熏染影响局长谈得就少。检查中的第一第二部份[分]检查得就更差一些，都是现象问题，同志们老早提过的，不谈大家也会晓得。

他的批评实际上是一种训斥。这种做法对工作的损失是有的，但局长却未检查到。如对储运科的人员上究竟多还是少，他却没有数，对科里的工作也是很不了解的；花[化]仙桥仓库的建立从现在看作用不大，这说明了领导上的主观主义。当时对这建仓事，孙主任作了一个经费开支预算方案报财政厅，后因孙主任在一张表格的首长盖章处盖上了自己的名字，结果局长很不满意，把孙批了顿。当时把仓库建筑化仙桥，一方面靠近铁路，一方面靠近小河是很好的。这说明了局长的自尊心很强的。小额合并订货的事，局长光看到工作量增加了，人员要增多，但管理费也同样会增加，对用料单位也是节约的，局长就没有看到。下半年没有这样做只少减少收入五六万元。对煤的运输问题由于张协祥同志深入钻研，原由浦口中转内河改由苏州中转节约了好几万元，这是大问题但局长从未表扬过。这些问题局长却未检查到，也可能从未看得到这些。

二、局长错误的根源，我认为骄傲自满不是主要的，是一种资产阶级的思想支配。他的作风就是旧社会统治思想的残余作风，认为自己就是指使人家，不能听从人家的意见，如说符科长我不要你这科长要把他推出门去。另外局长的政治学习不够，对新鲜事物接受不快不多，几个大的运动没有得到应有的提高。三反、贯彻党代会他思想都有抵触，这次整风表现得不正常，肃反时也有患得患失情绪。

三、党组团结上是存有问题的，但不能说严重不团结。在贯彻党代会时，三人发表的意见是不一致的，生科长在启发同志们对局长提意见时我看有些过火。整风学习中局长、孙主任都各人写了一篇黑板报，孙还代表党组写的，但未经党组研究。划分积极份[分]子时，研究也不一致，生对局长的看法上对面一套，背后一套。整风学习开始阶段，在布置上都不协调，一般都是当天学习当天布置。原是孙主任掌握学习的，后又局长拉去掌握，这些都说明了党组不一致。不团结应谁来负责呢？主要是局长掌握原则上不够。

四、我认为局长不是政治情绪不高问题，主要是工作方法与认识问题。如局长常说我们工作是有成绩的，认为是很不错了似的，特别是去年受到省委表扬后更加自满起来。实际上局里的工作进展上是不快的，在局长作风深入上是不够的，如评模工作一直没有搞起来。检查工作局长对千方百计的来改进本局的工作（做的）不够。

对组织不满事，我认为不能以与张奇镇的关系上当作例子。因为张一方面有缺点，另（一）方面他也不能代表组织。至于物资局归划于计委下面一个局，局长思想上是否有些抵触我不了解情况，不能下结论。

周为俊同志的发言

一、局长的这次检查,有些问题已初步接触到思想,认识到同志们所提意见是帮助领导,说感到很愉快。如对贯彻党代会的认识上有所转变,承认自己思想是抵触情绪,说这是一种政治上的损失。对待批评的问题上,过去只认为"不过是个作风问题",现在已认识到由于自己不谦虚、不谨慎、态度粗暴,给党的事业带来很大损失,检讨中说"这不仅仅是作风问题,而应看为是个政治问题"。这说明局长认识是有了提高的。但从他检查总的看来,我认为还是很不够的,总的说是理论多,实际少,连大字报揭发的问题都有些未包括在内,如放到群众中去检查,群众也不一定会满意的。在检查中有些强调客观,如他说:"从抗日战争时期以来从未受到过严格的批判。"客观听来,好象[像]他的缺点与错误组织上有责任,自己没有多少责任似的,或者说是说明一下情况。有些问题从理论上看像已认识到了,但实际例子谈得不多。我看局长还有些不大胆,思想根源挖的不深,如贯彻党代会问题。虽亦承认思想抵触,但为什么会有这种思想?从主观上检讨还不够。我认为说明客观情况并不是不可以,但并不等于主观上没有责任。又如整风开始阶段的问题,亦有强调客观情况,如说:"召开座谈会没有叫科长们参加,是因为同志们忙,不便参加会议。"我记得提意见时,是说党组对运动的集体领导问题,有的同志说:"局长是糊疮疤。"我说局长可能接受党代会问题的经验,有些怕。问题并不是要科长们都参加,或是局长不可以找人谈谈,问题是局长对这样的运动怎样看法?在这些问题上究竟要负些什么责任?是怎样的思想支配着自己这样做?局长没有很好检查。再如他亲自布置反驳《试帮局长克服主观主义》那篇稿的事,也解释为"当时仅是未向同志们解释清楚",但后来思想又反映出怀疑人家怎样对他了。如在支委会上说"你们那个小圈圈"等问题,看来象[像]与李局长的实际思想情况不大对得起来。

对待批评人的问题,局长往往把过去已久的事或人家已经改了的事拉出来,有时把个人历史上的问题也拉出来,这样很使人伤感情。如对符科长甚至说出"我不要你这样的科长"。对王科长多次争吵,甚至相互翻历史,说"三反运动怎样怎样"。局长说:"自己个性急,有些骄傲自满,不谦虚,不谨慎。"我觉得这样检查还不够，应该提搞到阶级感情上去认识，同是革命的阶级兄弟，批评为什么不能从团结同志出发，对同志这样不温暖呢？

关于群众路线问题，局长虽也检查了执行得不够，有些不相信群众，检查得也不很深刻。我认为也应从阶级观点上去检查，为什么不相信群众，尤其表现在党的集体领导方面，都是党多年培养的老同志间也有相互猜疑。我觉得应从思想深处检查。

二、对局长检查报告的看法再补充点意见

局长的检查据说是代表领导要向群众见面，不是代表他个人。这次检查中多系个人方面，对其他党组委员及其领导作风谈的[得]少。关于官僚主义部分亦未检查到，可是大字报是对这方面提的内容较多，应包括进去。

关于局长缺点与错误的指导思想。据其自己谈是一种骄傲自满情绪，有些问题也确是这种情绪支配，比如在某些问题上对自己估计过高，过于相信自己，不肯虚心听取反面（与他不同的）的意见等。但我认为光从这方面来认识还不够，有些比这种思想更严重些，如对待批评的问题（略）。局长说顾局长对他的认识启发很大，但自己真正从那些具体问题上体会到，未有谈。说“骄傲自满，不谦虚，不谨慎”。我认为这仅是一种思想的反映，不能作为是根源。根源还是应从历史根源与社会根源上去找。旧社会对李局长的影响是较深的。他在旧社会过了几十年，参加革命后一直是在机关里，大小都是处在领导地位，没有得到很好的改造，而且有些发展，甚至发展到唯我独尊，对同志采取一种压服的办法，以粗暴的批评来代替教育。这是受资产阶级的统治思想的影响，带到了党内来。局长虽已认识到：“这不仅是个作风问题，而是一个政治问题了。”我看这些说法也未免有些太原则了。

局长对错误的危害性，认识还不足。如批评是为什么，目的何在？可能局长还不很明确。如果是为了团结人、帮助人、提高同志改正缺点，那就会采取治病救人、与人为善的态度，那么为什么又要采取这种粗暴的态度对待同志呢？可是局长很少考虑到，光强调动机好、精神好，没考虑批评的目的效果怎样。动机好而效果不好，则失去了批评的意义。

三、我同意同志们的看法，局长工作有满足于现状的。其他业务方面我不甚了解，对检查工作开始时很重视，但到第二次检查就不够重视了。生科长也有些松劲，据说物资情况不很紧张了，最后连总结报告也拖了很久才写。刚建局时局长有时在会议上常说我们没有经验需要学习学习,现在就很少听到这样说了,大概认为这方面工作就是调调拨拨差不多了。1957 年物资供应办法就没有搞,局里的工作规章制度办事细则至今还没有。

政治情绪不高不很突出,但局长也是有些的。是不是认为自己地位爬得不高,看卜主任年纪轻,历史比他短却职位比他高,而有看不起的想法。如平常少与他接近,不够主动去回[汇]报工作。

对组织不满也是有些的,如说贯彻党代会时党委会来搞他。党委会许同志来,局长对他的这种态度也可以看出来。对计委领导上说是我在卜明手下无有好事干。

四、局长对某些干部的看法与使用上是不够正常的,如对符科长与王祥的态度。在某些问题做法上局长是支持了王的,对符却不是采取一种教育方式,而是训斥(这不是说符没有缺点)。关于研究生科长提级问题上,客观上听来局长似有"一打一拉"现象。在王祥、张玉坦、杨锦华在五金科工作分工问题上以及写信给上海甘朝田,叫他负责政治领导。我认为这种做法都不够恰当。提拨[拔]干部问题有的因为报上去后,组织没有批下来。局长也对其本人讲:"我们领导上已研究过,组织部没有批。"影响到有些同志错觉,好象[像]说"我们对你是关心的,上边没有批么。"造成某些人对上级组织不满(不满当然是他的意识问题)。对人的影响的看法上,好象[像]好了都好,坏了都坏。局长对孙主任就批得较多,孙感到下挤上压工作难做,说过去在战场上流血负伤以及父母亲死时都未哭过,调物资局感到工作很难做,工作表现小手小脚。对高华也是一样,要好来很好,要坏来很坏,坏来时要开大会斗他,好来时非常器重他,局务会议都叫他参加。此问题生科长亦有些意见。这次整风,储运、建材二科的学习小组长原是符的,未经研究在会议上提出要撤销符的小组长叫颜来领导(并且颜又有许多问题)。后来上级指出,才取消颜的小组长。对蒋科长的救济,局长说"我看同志们都同意了,我不同意人家要骂"。这种做法我认为都是很不恰当的。

李鹤舫同志的发言

一、局长这次检查已初步认识到自己毛病，但不深刻，对思想根源未检查到。对这次整风问题实际上怕人家对他提意见，所以召开座谈会时随时作解释。说党代会是人家把他搞下台，对自己的缺点与错误危害性认识不够，谈得肤浅，在检查中好象[像]自己冤狂[枉]了似的，说这次的教育第一次，过去没有这样批评过。

他错误的历史根源不是当教员时的影响，因为教员也不是这样的。他的作风好象[像]旧社会的绅士一样。

二、局长工作抓得不紧，对业务钻研不够，动脑筋差，表现在处理问题上不细致，同志们向他汇报工作他就不大耐烦，不愿意听同志们意见。开局务会议，他光提出研究研究，会议质量不高，平时情绪也不大经[正]常，有时高兴有时不高兴，与同志们谈心很少。坐办公室里批阅公文多，这些疲沓现象我认为可能局长认为领导上对他照顾差(如坐小汽车事)有些不满意。

三、党组我认为三分之二成分团结，三分之一成分不团结。研究问题不一致不光在生活上、工作上，在重大问题上也有分歧。生科长与局长统一的意见较多，孙主任就少。他们三人都有个人主义打算，如对仓库问题上，他们也各有一套。在工作中生对孙看不起，说孙拖拉。生对局长有意见，党代会时选党代表就看得更清楚。孙认为自己为什么不能当代表，生当代表他有不服气，反过来生对孙也是这样。贯彻党代会局长也是疑惑他们搞他，由于思想上隔阂，对一件事明明这样，就是统一不起来。

局长对干部的使用上，也存在很大问题的，如对刘恩正很长时间工作无着落。今天叫他干这，明天叫他干那，在仓库里搞了一段，后调到办公室里就有职无权，名义上叫他负责人事组、总务组，实际上会议都不叫他去开，工作也直接布置经办同志做。

四、局里去年时，从部队里调来七八个干部，开始时说是不错的，后又说如何不好，都把他们调到下面去了。这些同志对我局领导上的反映很大，据了解实际上他们现在下面工作是很好的。对刘恩正到局里很长时间，什么工作也没给他做，弄得他思想很苦闷。对孙主任也有很多意见，对王哲友也是这样，认为他工作就是不能做。

罗以东同志的发言

总的看法与同志们差不多。这次检查较好的方面：一个是思想作风方面几个主要问题都检查到了，因为他思想作风上的主要毛病也在于群众路线、集体领导、批评态度等（当然，具体内容、深度暂不谈它）；另一个是其中态度部分谈得较深刻些，看来初步接触到思想。比起上次党代会时的检查好得多，这应该说是进步的一面。在不够的方面，我认为：

一、局长的这次检查不深刻，不大胆，没有把问题赤裸裸地拿出来再加分析批判，而是一些吞吞吐吐，涉及〈到〉具体问题不敢认真检查。如他谈的对唐熊祥与李黎的批评态度，听起来很轻淡，好象[像]没有值得检查的地方。可是同志们都认为高人一等，以批评人来建立威信等思想支配的。

二、理论多，实际少。我认为局长的检查先谈理论后谈问题这不是一种组织方法问题，而是他对问题的认识程度问题，没有认识到自己的毛病已经发展到严重程度——违反了党的根本路线、基本原则。仅好象[像]以这些原则、路线来衡量而做得不够而已，这是认识上的肤浅。

三、对几个重大的问题没有检查。肃反运动、贯彻党代会、整风等问题仅作了些解释，这些解释与他当时的实际行动很不逻辑。我认为大问题应该通过争辩来搞清楚，否则大家认识上不一致，今后团结是有影响的。

四、党组的团结问题，上次我说基本上是团结的，现在我同样的这种看法。基本团结不等于团结上没有问题。几次运动中虽然党组三人中不很一致，但不一致的因素是什么。因为几次运动都是牵涉〈到〉局长本身问题。贯彻党代会局长有抵触情绪，怀疑同志们搞他，肃反据说存有患得患失、多疑、领导不信任他，这次整风也怕人家提意见，表现情绪不正常。这些都是李局长的个人主义所致，阻碍了运动的顺利贯彻，做党组委员的当然要对这种现象作斗争。并且从事实来看，两个党组委员基本上是站在党的立场对这种阻碍运动的思想与行为进行斗争，在斗争中当时表现出有不协调现象，但不能说党组不团结。如果党组委员间一种无原则纠纷才算党组不团结，因此，我还是说党组是基本团结的。

颜承俊同志的发言

一、局长的检查生搬硬套,理论与实际不结合。检查中群众路线与民主集中制部分只是将首长们讲的话引了下,听起来是上课,与他自己的问题格格不入,尤其找根源找得不对头。他在旧社会有28年,特别是最后几年参加旧社会的组织和团体接近些中上层人物。这与他的作风都有关系,如在山东参加国民党的一般都是中上层人物。如果说参加他们一伙是为了他们捣蛋的话,这样和当教员也是套不上去的。

检查的第一二部分谈了个资产阶级思想。理论谈得很多,好象[像]对人家是一种教育。如果叫他对人家提意见作解释,这要比局长自己的检查深刻得多。说明他的检查与实际思想有一定距离。

批评人有时是连人带事地来,有时用以讽刺挖苦,旁敲侧击,正批评着这个问题联系着那个问题,有时根本联系不上。如他批评孔广和到余姚解决木材纠纷,不但没有结果相反的增加了麻烦,本应批评,但局长马上转到盖房子超支和缴房税的问题上,使孔反感很大,说是好事没有我孔,坏事都是孔的。局长往往不承认自己说过的话,如在鸣放阶级叫杨淑君对他的意见一条条写出来,他条条作解释,但他现在不承认,说是忘了。这奇怪,为什么有些对别人的事记得很清楚。局长背后到处介绍别人的毛病,陈平对他也很不满。局长与人缺乏阶级感情,与人好象[像]只是工作关系,否则不易使人接近他。

二、肃反时,局长对整个局的情况是估计不足的,方法也是很简单。一个晚上批了好几个哭,批哭后有的同志说:“这样不好再找谈谈。”他说:“你们不要谈,我批哭由我负责。”并且在会议上讲话也很随便。有一次计委有两个同志来研究明天如何斗高华的事。那时高到处活动,造谣说明天要斗杨宛华,结果群众都指向杨宛华,总之弄得很乱。局长对这些情况前后顾侧是很差的,肃反时局长对自己的问题问生科长:“我的问题究竟怎么样,过去已交代过现在是否要再交代?”

局长批评人有时连事带人把老根都挖出,使人很反感。对我批评时常提到你在政法党委会时怎样怎样。我同意上次符科长会议上的讲法,局长有时采取“一打一拉”的方法。如有一次局长对我说为了照顾工作拟把你调办公室,准备提拨[拔]你担任付[副]主任。买三轮车、收音机的事说是我一个人思想不通,并说是董告诉他的。为钱学良借钱的事,说我拉拢钱打击组织。

三、贯彻党代会,局长是一种对抗情绪。上次詹秘书长来,他说党群党代会议搜集材料要搞掉他,说是他在北京时,我局里一面盖着房子,一面搞他。党委会当时劲头也很大,后来看看苗头不对,就不声不响地回去了。并说我心中是有数的,叫我检查多少次我也准备检查,反正大不了是个作风问题,不怕风浪起,稳坐钩[钓]鱼舟。

另外我认为党组是不团结的。产生的原因,主要是个人主义。如果为了问题看法上的争论不算不团结,但他们三人不是这样,而是互相猜疑。生对人对面一套,背后一套,对面说他好,背后说他不好。有人反(映)局长怕生科长的,所以对生不敢批评。这非但科长同志们有这种感觉,下面同志也看得出来。

四、关于党组团结问题,我认为是大问题。现有几种不同的看法需要加以争论,弄清界线,取得一致的认识。我看党组是不甚团结的,否则为什么互相猜疑、妒嫉,沟通思想沟而不通呢?

五、我同意同志们看法,局长工作是安于现状的,通盘的考虑工作就很少,往往待问题发生后他来指示如何处理,如上半年的水泥问题较大。水泥厂催我们提货,计委安排不下去。我们向局长回报后,局长就没有很好与计委具体商量,光打一下电话。今年调给上海的砖瓦因为超流向问题(原文如此——校者注)弄得很被动,局长对这方面工作的支持是不够的。

王承祐同志的意见

在中层干部放鸣期间，对李局长、生科长已提过意见，以后再有新的意见会议时再提。主要对几个科长对[提]些意见：

一、对蒋科长意见：

1. 阶级立场有些模糊，除包庇反革命的弟弟外，还表现在银行学校任教务主任期间，与那些留用的教员如杨少诚、于爱孙、唐炳林、朱可铭等关系密切。这些人中肃反时有些已逮捕，有些政治面目不清。蒋科长那时与总务主任严海同志不团结，据说教员闹年关双薪，严批判教员，蒋则支持教员。因蒋平时生活作风、工作态度很不好，常躺在宿舍里，很少到办公室办公。严领导新“三反”时，对蒋揭发了些问题，蒋借教员对严不满，支持教员反对严。我那时刚调到银校，情况不大了解。以后分行机关分党委书记俞清同志来处理时，蒋科长那时很不虚心。

2. 据说教员朱可铭（是私仇分子）参加民主党派以前还向蒋征求过意见。

3. 蒋科长弟弟在金华逮捕后，在地方管制时，于五三年曾叫来杭看病，蒋科长住在医院。她弟弟一个人住在她的宿舍里，对她的书籍文件随便看，白天不出门，晚上到街玩，临走时向公家要求补助路费。分行赵处长不同意，她曾很不满。

4. 她调加[嘉]兴工作时，将公家东西带走了一些。总务处曾数次写信去追还，她一直不睬，临走时把她住的房子自行许给了三户人家，造成总务处不好处理。到加[嘉]兴后，经常与那些教员通信，宣扬她升了法院院长、宣传部长，但对那些党员老同志则睬也不睬，几次来杭都到那些教员家去拜望，不与学校的老负责同志见面。

5. 学校改薪金制时，后来上级指示留校的人按改期补发了两个月应补的薪金。她便发动已调出学校的几个教员四五个人联名上报财委任一力主任给予补发。

6. 肃反时前阶段思想消极，借故请假去南京，时间很长才回来，回来后以身体不好经常不来参加运动。以后自己常说：“不知怎的，我现在身体反而好起来了。”

7. 平时对待问题看人眼色,甚至有些看风使舫[舵],不是就事论事,自由主义很严重,到处搬弄问题,拌口舌。党代会时表现较突出,甚至局里的问题,随便告诉房东。56年孙主任在她院里租了两间房子叫我搬进去,她便对孙主任说:"我们房东说过不让山东人去住。"要孙主任另考虑。这个问题房东怎晓得那[哪]个去住的?如果真的房东不让山东人去住的话,你是一个党员科长,遇到这样的事情,你应该用什么态度来对待?这虽是个小事,但分析起来,这种作为,就不能看成是小事。

8. 反右派时,把薛在善列为积极份[分]子。那次排队时,我说:"不能看薛在善一时表现,写了不少大字报,他刚刚处分完。这一时的表现,其思想实质也是投机的。"她说:"哎!薛在善怎么不行?"同意把薛(列)为积极份[分]子。

9. 工作态度很不艰苦,劳动观念很差。虽群众提了不少意见,领导上也指出过,但主观努力改正差。

10. 机关长期以来,帐[账]实不符,帐帐[账账]及帐[账]款不符现象是严重的,一直未能积极处理。如会计科与储运科,长期帐[账]实不符,会计科与业务、储运科三者帐[账]不符,总务组帐[账]款不符。虽目前已进行了集体检查,但对这些错误迄(今)未找出原因与采取什么办法来处理,却搁置起来了。

11. 长期以来没有损益处理制度。储运科发生了这样多的损失和涨溢,则自行予以报销,未向局长汇报。

二、对董科长意见:

1. 骄傲自满,自以为聪明。觉得一切比人强,对别人瞧不起,好凭自己记忆或主观想象;对问题不把证据摆出来,是很难说服他转变看法。这类问题很多,如柴油抽水机数字,他是凭记忆。我的数字是每天统计起来的,他硬坚持他的正确,使局长把我大训了一顿。如对沙杨的处理问题,曾说:"对沙杨右派分子听了局长传达后,才明确了自己看法,沙杨错误是不可容忍的。"对宣本荣是姑息的,直到最近两次反右派时,才算彻底转变了对宣的看法。

2. 关于反右派开始,局长布置小组会集体读社论。宣本荣强调都有阅读能力,反对集体读,我批评宣后,董便竭力支持宣。下次小组会我宣布,还是继续读社论,虽有的同志不同意,我说硬一点就硬一点吧!这时他(指董科长——校者注)便站起来说:"学习方法问题,应该大家研究,为什么硬就硬一点呢？我反对这种说法。”弄得学习会很僵。我会后找他交换意见，我说：“你是个党员科长，你这样做法，对你究竟有什么好处？你如果认为学习方法不好，你是领导一员，应该提出研究，为什么在会议上用这样态度？”这时他虽已承认自己的做法不对，但说：“我认为做法上好象[像]肃反时那一套。”

3. 自由主义比较严重，平时好评论人，而对些青年则很迁就。真正站在党的立场上，以领导者的身份，大胆批判一些错误的言行则很差。象[像]杨钟英、孙家瑜等在北京犯了些自由主义，对领导不满，议论领导，如说：“生科长与夏科长加起来不如董科长。”他是知道一些的，但未作什么批判。对王桂轩常与局里局外人吵，他也是知道的，但对王却不进行教育，甚至其他同志反映了还不大相信。王桂轩与钱学良吵架，他装作听不到，马虎了事。

4. 曾一个时期工作有了问题，找物资处张处长研究，向局长请示回[汇]报很差。这与他“无事不进三宝殿”的思想有关？

5. 在贯彻党代会时，小组在座谈。生科长发言时谈到关于和孙主任为电灯泡的问题，董科长说：“不能光加给人家。”两人于会上争吵了。以后他曾在会上说过，看到问题不公平，“要打抱不平”。（董科长）把封建时代那些江湖上绿林兄弟的一套，把所谓侠客义士“打抱不平”的做法，搬到革命阵营，搬到党内来，这是极端错误的。

6. 在学习小组会上说：“在辩论大事[是]大非时，自己有顾虑，害怕搞上个右派份[分]子。”自己身为党员科长，并为学习小组长，竟说出这些话，是多么荒谬。暴露思想是好的，但必须有场合，说这些话，使群众听起来，好像党员对党的政策也有怀疑。这对群众起个什么影响？

7. 对待父亲自杀问题，并未承认错误，在群众会上曾这样说：“我把他弄来养活他，他不知足”，“喊爸爸不喊爸爸没什么，我一向不喊爸爸”。这些做法是很错误（的），在群众中政治影响很坏。

三、对符科长意见：

1. 与局长抖[兜]圈子。局长去上海参观捷克展览会时，他知道后，不与局长见面，马上乘车来杭。局长返局后，又不与局长见面，马上返回上海。

2. 在经济手续上满不在乎。在上海时常欠公款，据说工业厅同志托代买东西的款也借用掉；代李鹤舫、王哲友领薪金用掉不还，向陈平等借钱长期不还，而自己却每月向银行储蓄四十元。

3. 态度粗暴,与孤山煤矿的老刘相互大骂,“妈那屁,小舅子,什么养的”,与公安厅劳改局一个经办人在电话里大骂,“叫你科长讲话,你屌毛厌”。影响很坏。

4. 有一段时间与颜承俊扯拉;也与董科长在宿舍里犯自由主义,评这个,议论那个;党代会时跑到蒋萍宿舍里议论领导。

5. 对未提级不满。在王祥家里吃酒,酒醉后,哭着骂党组织。事实上这是一种实际思想情况发泄。

6. 有一次符科长与李局长吵架后,晚上到生科长宿舍里,很气愤的说:“他真是个恶霸,对干部就像奴隶主对奴隶一样。”我与周为俊同志都在那里,曾批评他这样发疯不对。

7. 储运科在物质分割及运输中,造成了许多损失事故。在事故发生后,符科长签章送会计科报销。许多大的损失事故及仓库物资短缺情况不向局长请示回[汇]报,这是严重错误的。

8. 符科长负责盖仓库,雇用了小孔。据他说小孔嫌工资少,顾局长曾指示,小孔既不愿干,可解雇,并派李鹤舫同志去负责管理。符当时虽答应,但还是不通,一心想给小孔加工资,曾对我说:“反正我每天补贴他几元钱就行了,这一点我还补得起。”我曾对他说:“你这样做,就是你有钱,也要犯严重错误。”他说:“那有什么办法,李鹤舫确实不行。”

董服海同志对同志之间的一些意见与看法

一、对生杰仟同志的意见：

与生科长接触几年来，感觉他有许多自己所没有的值得我很好学习的优点：工作上大胆、泼辣、有魄力、积极负责，作风正派，联系群众也较好，政治上比较敏感，对党内一些错误倾向能展开斗争等。但同时亦感觉他有许多严重的缺点：

1. 骄傲自满情绪严重：

自以为是，看不起人家，对同级之间不够尊重。前党组三人之间的不团结与他这种情绪有很大关系，对孙主任有些看不起，认为孙主任拖拖拉拉，工作不行（当然孙主任也有许多严重的缺点）。这种情绪往往自觉或不自觉的在群众面前表露出来，影响到孙主任对群众的尊重（原文如此——校者注）。1956年在贯彻党代会精神前，在小组讨论酝酿意见时，对孙主任的问题，这种情绪就表露得比较明显。在小组会议上说孙主任如何如何，当时使人听了，确实有些不服气。平常也常说："孙主任就是那个样，有什么办法。"

他与我的关系一般的说比较疏远一些，平常除工作上的接触外，就没有什么谈了。这个关系当然我有毛病，要负主要责任，将来要很好检查，通过这次整风相互消除。但我总感觉他对我有些看不起，认为我很难弄（这也可能是我的敏感）。对我不大诚恳，有些做作。

2. 看问题主观，往往自以为是，在讨论问题时坚持不接受他人意见。记得在一次学习联共党史时，不知为了某一问题争论，大家意见都一致了，他一个人到最后还独自坚持他那显然错误的意见，与大家争得脸红耳赤。象[像]这样的事是较多的，一时想不起来。

3. 自我批评精神不足，缺乏闻故[过]则喜的谦虚态度。对人家意见接受不够虚心，有时甚至有报复情绪。与他接触中我很少听见过他作过自我批评，承认过他自己的毛病。在贯彻党代会时，我存有一些错误的观点提意见，某些地方言词偏激，使人难以接受，但生杰仟同志当时确实不够虚心。在党的小组会上我对他在小组讨论时发表的一些意见提出批评，说他缺乏自我批评精神，有抬高自己打击别人的情绪。当时他就火了，说我不善意，观点有毛病。在贯彻党代会时,我向他提过意见之后的那天晚上,他回宿舍打了老酒找王科长谈,问“你对老董提的一些意见,怎么看法?”王科长表示:“我基本上同意老董看法。”(原词我已记不详细),他听了这句话之后,当时就蹦了,说:“我与你相处这么久,你对我还这样看法。”于是就不欢而散(这是王科长在贯彻党代会时谈的)。由于我向他提了意见,他记下了一帐[账]。在后来给我提意见时,有报复情绪,有以牙还牙的情绪,说我是在一边窥察方向,等待时机大反攻。其他词句也很不好听,有时鼻子啃啃[哼哼]的。这也是使我形成“贯彻党代会时有报复情绪”这个概念的因素之一。

平常联系到有关他的意见时,往往沉不住气,急于解释说明,有时候明知错了还硬说不错。

4. 自由主义较严重,常背后议论他人。建局初期,对李局长曾散布了不少流言蜚语,说李局长这个“老头”真厉害,他的态度作风很少见,以前在某某单位人称“李老虎”,在某单位他调走时人家都“拜”。整风前我曾听到过一些。一次与王科长谈“反右派时李局长真有些翘尾巴了”(当时这话我也是同意的)。对其他领导干部也有一些说法,如“本来叫边到物资局当局长,边不肯来”,“计委王处长如到物资局来当局长,那搞得一定比这好”。当顾局长要来局时曾笑嘻嘻的说“顾到物资局来,与李局长二人一唱一吹,你看,将搞得很有劲”,“顾也是部队转业下来的,与孙主任一样是少校”。物资局归计委领导时思想也有一些不通,说将来文件、电报见不到了,党组要撤销,一些会议也不能参加,将来我们什么事都不知道。这些话在群众中起的都不是什么积极作用,相反的都是增加消极因素的。但是由于我与生科长接触不多,听见的也不多。

5. 工作中官僚主义较严重,作风飘浮,不踏实,对下情了解不够,对下面缺乏具体帮助,有些工作心中无数,没有个底。工作中能大胆放手使用干部这是很好的,但对下面提出一些意见、办法、表格、计划等审查研究不够,处理马虎、草率。综合科建立以来拟了许多表格,但很多执行不通,结果流于形式。去北京订货有些同志回来谈,很多时间(生杰仟)坐在办公室里不出门。

以上意见仅供生杰仟同志参考。

二、对蒋萍同志的意见

平常与蒋萍同志接触中有以下感觉,一些事实可能与实际情况有出入,本知无不言精神提出供她参考。

我觉得蒋科长最主要的缺点：是个人主义、自私自利、享乐思想表现比较严重，生活上不够艰苦，有些地方缺乏应有的自觉。她的身体本不太差，但看病时间特别多。生了孩子差不多每两三天就吃一只鸡，并且化[花]了 30 多元买了一支别墅人参。平常一家人吃饭，菜两样，较好的东西都自己吃，她母亲、妹妹都吃不到；吃油冻儿菜，自己吃菜心，叶子叫母亲与妹妹吃。这次过阳历年机关里统一买的花生，每人半斤，也有她妹妹与母亲的份[分]儿。可是拿到家里就放起来了，她母亲与妹妹一颗也未吃到。第一次机关里统一买的西瓜，有大有小，她却光挑大的；买 25 斤西瓜结果拿回去 40 来斤，后来老陆与叶福媛去拿回来。57 年过什么节，她以前的那个保姆在食堂点了一个菜，有一大块肉，她给吃了大半块。保姆在外面不满的说："我很多时间没吃过肉，点了一块肉也叫她吃了。"

她母亲与妹妹来帮助做了很多事情，据说一个另[零]用钱也没有给她；替她妹妹做了一件衣服，据说还是她妹妹自己带来的几元钱。不仅如此，事情做得不如意，就高声责备(这一点整风以来有好转)。57 年夏天，自己坐着让妹妹给打扇子，有时夜里打得很晚。房东的保姆有一次轻声的对我说"妹妹给姐姐打扇，有这样的事"。我当时亦不敢相信。有一天中午我特地去看了一下，果有此事。那天中午她抱着一个小孩子坐在地板上，她妹妹坐在凳子上打扇，打得满头大汗。

以前她的保姆曾说过一句话："在办公室里是马列主义，回到家里是资本主义。"这句话值得蒋萍同志深思。

另外关于公私的界线问题也值得提起蒋科长注意。使用的家具也较多，办公室要调也调不动。会议室的藤椅也搬到宿舍用，阅览室的画报也有拿到家里给小孩子玩(撕破了)，食堂的菜盆子也拿回去用，并且有时放在炉子上当锅子烧，宿舍里的电灯有时一夜开到天亮。这一些问题我在贯彻党代会时也曾提起过，以后虽然注意了一些，但有些地方还是如此，所以我觉得有重提一下的必要。有一些问题殷切地希望蒋科长注意，当然一些问题蒋科长可能不是有意的，或者是小事，但在人家看来却是大事。特别我们住的楼上是资本家，影响问题要特别注意。当然这一点我也有许多毛病，也要努力克服。

上面有一些话是出自你母亲与妹妹。当然在外面讲这些话是不对的，但也不能全怪她们，责备她们，首先应该自己注意。

再我还觉得蒋科长工作热情不高,工作疲沓,平[时]对劳动纪律遵守不好。上班常迟到,工作也不深入艰苦,思想意识也不大健康,坚持真理不够。有些地方看风驶[使]舫[舵],看形势办事。在贯彻党代会时,她对会议的贯彻也有意见。在贯彻党代会后不久,有一次她曾与我说"你提意见怪大胆","我看也有些报复情绪"。思想是如此,但她一直未暴露过。

王祥同志对同志之间的意见

一、对符长松同志的意见：

1. 对上级的工作指示、政策贯彻不坚决。

(1) 矛盾小组给储运科提出许多意见，局务会也布置过由各科抓紧时间处理。可是储运科直到今天还没有很好地来召集大家研究，提出今后措施的意见，只是他叫郑永年写了一张大字报，还是不符合实际情况的(连人员如何安排的计划都没有研究)。

(2) 对中央及省人委招用临时工人的指示根本就没有执行。不但不执行，还采取私人拉拢手段安置工作，将杭市房管处的一个干部儿子(小王)安置到我们新仓库里做临时工，不通过劳动局介绍，也不签订合同。今天来看我们仓库的临时工只有四个人是经过劳动局介绍来的。另外如〈是〉南星桥的一个工人，不知有什么问题人家不要了，但也不经任何手续，就放到我们仓库里，并住在仓库里。科务会议上给符科长提出来，他当成耳旁风。

2. 挑拨党与群众的关系

孔庆和的儿子(小孔)原在化仙桥仓库作临时工，每月 36 元，后来改为计件工资。新仓库建成后，就把小孔调到新仓库里。工资问题，他为了讨好老孔说："小孔的工作很好，给他增加为每月 48 元。"以后领导上发觉不同意给他增加，他就向领导反映钱少了，小孔不干。回来对老孔说："小孔的工作很好，我没有意见，领导上不同意小孔在仓库里工作。"把好事都说成他的，坏事都推到领导上。

3. 一贯对领导不满，特别是在反右派后，还恶毒煽动群众向党向领导进攻，与右派份[分]子颜承俊一唱一和，企图挑起群众否定李局长的检讨。在两次讨论李局长的检讨报告时，右派份[分]子颜承俊给李局长提出帽子大，没有内容，自由主义严重等。他即表示态度："我完全同意老颜的意见。"并又补充说："李局长一贯地是只能批评旁人，旁人不能给他提意见。"表现最恶毒的是在第三次讨论会上，在群众中散布了许多毒素。在会议上很愤恨讲"李局长作为一个局长来讲，一点也不符合马列主义，拿一个党员条件来衡量，也不符合共产党员的条件，在业务上一点也不懂，可是又不接受群众意见(正如右派分子讲,外行不能领导内行)”。又说李局长官僚主义很严重,并拿谭震林同志在湖南干部会议上的报告作例子,把李局长比做农村干部,一点情况也不了解,空〈空〉谈了许多大帽子,也没有谈出一点具体问题,并主张继续讨论下去。

4. 掌握本组学习情况包含着右倾情绪,没有放火烧身的决心。讨论这次省党代表会议精神并〈连〉联(系)本局情况来时,他根本就没有把领导上的意图交待清楚,使小组群众一度迷失方向,后来谈到颜、杨的问题时,他的态度才算明确。

5. 对领导不满,与右派分子颜承俊一样到省监委控告过。他也讲过自己到省监委××处长那里去玩。他把我批评了一吨[顿]。

二、对生杰仟的意见:

1. 在中层干部放鸣开始时,生即找我谈话,批评我不应该给符科长写那样多的大字报,说我为什么不给领导上写,并煽动我叫给领导上多写大字报,提意见。他说我明天开始发言,你看我一发言就热闹了。这个问题我认为他是违背三人小组的指示的,为什么不叫我给符科长提意见,这是压制写大字报的具体表现。

2. 在评级后对符科长说:“这次应该给你提一级,只是因党组没有同意。”以此来挑起符对领导的不满。

3. 在贯彻省二次党代表会议前,到处拉拢人,如与王承祐、符长松等人。上班时集中在他的办公室里,讨论李局长的问题,在党小组会上讲“我们李局长现在顾虑很大,不知能否彻底的交待,党委要派人来参加,交待不好,他的工作问题要考虑”。

4. 在群众中散布说:领导上的态度凶、不民主,造成了我们的自由主义。有意见向领导上提,不能接受,所以同志们都来找我。领导上的态度是一贯的,在宁波市工作时,人家都叫他“李老虎”。

赵洪新同志对中层干部之间的意见

中层干部是执行我党方针政策的骨干分子，在这次整风放鸣中群众虽提了不少意见。我认为还差得远，而对放出的问题虽有所改进，但始终还是作[做]得不够的。主要问题对个人所存在的问题体会还不够深刻，很需要在中层干部中间引火烧自己，又要烧别人，以给改造自己创造条件。因此我对有关同志以同志式的态度为党的团结搞好党的工作，提出如下意见。

1. 对王科长的意见：

(1) 应接受历史教训，严防个人主义，加强组织观念。我认为王科长在一些小的生活方面过于计较，有几次和总务组为粮油票问题似有吵嘴现象，身为领导干部是不应该的。另外对局领导的态度亦是不够正确的，曾不分场合地屡次不断地和局长吵嘴，甚至对抗，确对群众造成了不良影响。符科长的有时对抗领导是受了王科长的影响。我认为王科长对组织的态度应很好的检查改正，否则对党的团结极为不利。我认为这与下级服从上级及党员的权利与义务亦是不相容的。为什么不断地与领导吵嘴对抗呢？这与你患得患失的想法腐蚀了你的组织观念(有关系)。

(2) 虚荣爱面子，喜欢奉承，不喜欢批评。我认为王科长的思想斗争不够开展，特别表现在自我批评上。曾记得多次同志们和领导上给其提出意见时，不是首先检查自己和照顾到党的团结为前提，相反地偏重于对方的态度如何及问题不是百分之百的对，因而即推卸责任，不接受甚至记成见待时反击的现象。如房子问题，个人是有责任的，但没有担担子的勇气，而推向领导。又如有次学习组长向局长汇报学习情况以后，李局长指出王科长今后综合一下汇报，抓住重点，不要将每个人谈的情况照读。我认为领导上这样指示是完成[全]正确的。应追究实质，不要过于计较领导上态度言语不当之处，更不要怀疑敏感，认为领导上对我就是不好的错误想法。

(3) 主观性较强，我认为如果领导上和同志们提出的问题与他所想的不对头时，偏重于个人一方，慎重考虑对方的意见不够，甚至给对方提意见有时不够尊重，有看不起人的现象。特别表现在1956年贯彻党代会议科以上干部沟通思想的时候，对领导、对主任提的意见存有偏激的现象，甚至在会前自由主义地谈论领导。这应很好的认识自己,为什么这样做,起了那[哪]些付[副]作用?我认为王科长的主观主义在本局中层干部内是较突出的,这与个人不能随时检查自己及农民的狭隘习气是有直接关系的。

2. 对生科长的意见:

(1) 有骄傲自满情绪,处处好表现自己,似有打击别人抬高自己的现象。对李局长有不尊重不服气的想法,曾见到与李局长谈话问题还未谈完(符科长的问题)态度表现不冷静,很不满意地走了。而对张奇镇处长表现有不服气的现象,在局长会议上研究物资处与物资局合并时,以及在北京订货时,曾守着不少的人员谈论张处长如何如何。再者还守着同志们不断地谈在反右派过程中宣本荣起马[码]给他个处分。这充分说明个人有很大权利[力]似的,主要是以显示个人的说法。孙主任在本局工作的时候,曾不断的[地]听到说"孙主任就是拖拖拉拉",意思就是不行,甚至说:"董科长你就是要小聪明。"

自满情绪还表现在:接受别人的意见不够虚心,业务钻研上不够,有不懂装懂的现象。而对下级同志的教育上不是耐心说服的办法,亦有偏重于批评,致使群众远离,不敢接近的现象。

(2) 自由主义现象我认为亦是存在的,特别是1956年贯彻党代会议时。这个会议的贯彻主要是维护党的团结,调动积极因素,改进本局的工作,而且生科长是党组领导核心之一,应该引火烧身和烧别人。我认为那时烧李局长的劲头较大,而烧个人是差一点。表现在个人带头在小组会上给李局长提供意见,并说"李老虎",而没有先以自我批评的精神。为此董科长给其提出意见,但生不但不接受,反说董科长要小聪明……吵了多时。

其次在贯彻党代会以前,特别是局长从北京返局后,据说李局长的态度不够冷静。科以上干部特别是王、蒋、符不断集合在生科长办公室里,谈论李局长。蒋科长曾谈:"生科长你要给我们作[做]主啊!"(生科长办公室)曾为自由主义的市场。在这种情况下,我认为生科长并没有批评大家的自由主义,甚至随着同志们谈些自由主义的话,因而对维护党的团结是起到消极因素。身为党组委员更是不应该的,是种不负责任的现象。

再者,在整风反右派初期,在计划和掌握学习上表现消极不管的态度,估计可能李局长抓得多或者没有和生科长研究所致。我认为不管客观情况如何,身为支部书记,又是党组委员,有权利[力]掌握学习。我认为生科长那时没有真正发挥支委会作用，及时研究学习情况和主动地与局长研究不够，形成李局长单干似的。整风初期放鸣没有放好和反右派在大会上有的发言有偏差（如我们局长大公无私，有主观主义的就是你高华等等），与支委会没有很好的掌握，尤其是支书是有关系的。甚至那时生科长与李局长对学习掌握在看法上不一致，而对局长抱有意见亦是分不开的。

3. 对王祥的意见：

（1）个人主义的思想较突出。首先我认为（王祥）转业来本局是抱着地位名誉的想法。到五金科时首先向张玉坦以自我介绍在部队里我任科长、主任等职务，意思是我不是一般战士，在使用时应酌情分配。同时刚来局为爱人工作没有及时安排，对组织上有些不满情绪。后孙主任不断地到组织部和人事局交谈其爱人的工作问题，曾与人事局为其爱人工作问题吵过嘴。以后（王祥的爱人）分配了工作，但王祥谈："我爱人找到工作不是组织上办的，而是我爱人自己写信给组织部要求的。"其次爱人搬房子问题是目无组织的行为，并强调说："我去湖南不了解情况，我爱人自己办的。"我认为王祥与其爱人共同研究商定的，今晚商讨明天王祥出发[差]。他爱人即搬了房子，这是实情。个人说不知道是不对的。

由于个人名誉地位没有达到满足，特别是想作为领导干部的思想没有达到，（王祥）来局以后曾与张玉坦、符科长闹不团结，其中有争权夺利的现象。我认为闹不团结王祥应负主要责任。王祥是多年的党员干部，比张、符受党的教育多，在科里又是被领导，业务工作又不熟练，应该很好的服从领导，虚心向同志们学习才是党员的本分，相反地为个人得失不尊重领导的威信，在群众面前说领导不行。但个人的办法事先又不主动的与领导研究，便拿到群众面前宣扬提高个人的威信。我认为这种作法不是从团结愿望为前提的，搞好我们的工作。

（2）主观性较强。主要表现在与人研究问题时抱着一种个人正确的思想，而不是与人商讨研究，更不是向人学习的观点。听取人家的意见很差系一种认为个人正确的观点，如《煤炭发运装车计划表》储运科符科长在科时作[做]得很好，临时由王祥负责科的工作时，便提出不作。我向他提出："为了工作着想，你们先作[做]，在局务会议上可以提出。局长指示我们科作[做]的话，我们作[做]好啊？"王祥马上对我谈："这是你们科的工作，我们不干。"张协祥把草稿写好叫王祥批后发供方,但王祥批示"下次不发"。又如据上级指示《煤炭里发现雷管,应指示有关用料单位警惕》,张协祥接到此指示后便办了个文化工科会签的,但王祥批示"不发"。理由是工业厅已发了。但其他单位(交通、水利、公安等厅)尚未知道,应该通知下。我认为王祥的主观主义已发展到对某些问题不通过领导,即可以盲目决定或推出不管,如不很好的警惕,个人将会犯严重的错误。

主观性强的另一种表现:对同志提意见不问效果,更重要的不是以同志式的、从团结愿望出发,似有"投石下井"、"一棍子打死"的办法。特别表现在这次放鸣时给符科长以大字报形式提了很多意见,这是好的。而对某些意见的提法上不是从团结愿望搞好工作为前提,如大字报上面的标题《符长松你哭什么?》、《符长松你有什么见不得人的秘密》等。又与张玉坦不团结问题,不但不很好的检查个人,反而说:"王科长是挑拨离间。"这些问题应很好的检查个人。

对生杰仟同志所提意见的摘录

（一）

1. 生杰仟来局后与李局长的关系表现上有三个时期：

开始对李局长有印象出发，受了一些途听道说[道听途说]的印象，如听说李局长在其他单位亦表现得很凶，称为“李老虎”等。以后见李的态度确实不好，就更加深了印象。1954、1955这两年是大不安心的。可能有两个因素：对李局长的印象；个人地位待遇的考虑。

肃反运动这一工作当时是由生杰仟同志负责的。掌握肃反运动这一时期对李的态度还正常。李当时对肃反有意见，认为肃反不由他来领导是领导对他不信任。因此以后他俩在问题的看法上就有不一致。生杰仟同志通过这次运动亦滋长了骄傲自满情绪。（孙秉夫提）

2. 生科长对党组书记李局长在思想上是不够尊重的，也有某些地方轻视。如去年省党代大会期间，他与我和王科长说：“李局长不敢向计委卜主任提意见，我叫他大胆地提，他反叫我起稿子。”他又说：“人家厅局都在大会上发言，我们李局长就是不发言。物资工作也应该讲一讲。”又一次他和几个科长又谈起局长说：“局长去北京订货真的没工作做。”又说：“他要请假回家看一看，要我替他写信向卜主任请假。”今年在整风与反右派初期，有一次李局长召集了一次学习小组长会议，汇报学习情况。他那一天在党委开会，回来听到老周讲后，他非常不满地在草地上说：“我知道的，都是他自己在搞。他要向计委会[汇]报我是第二个孙秉夫的右倾思想了，我反正不怕。”以后老符叫他不要讲才不讲了。而且他还认为李局长说右派分子是敌我矛盾是不对的，他认为右派分子是人民内部矛盾，认为局长不该在会上讲。总之好象[像]他自己比局长认识得正确。（蒋萍提，符长松也有类似意见）

3. 建局初期，科长们在一起时，生科长曾介绍了李局长是“李老虎”，说局长从财政干校调来本局后，他们干部知道了喜得是双手拜的。又说李局长在宁波工作时还要凶，“三反”中下不了台，省里把汽车装来杭州后没有去。（蒋萍提）

4. 我认为生科长的政治修养是不够的。对待问题往往夹杂着个人得失，如前一个时期大概生科长对李局长有些意见,他和我说:“计委顾处长很快要来了,是付[副]局长。如顾谦虚、工作深入,那么你看大家都要靠拢了他。而李局长呢,就要孤立了!”(蒋萍提)

5. 生科长对党组委员孙秉夫同志也是看不起的。这在他平时言语之间就流露出来,如认为孙秉夫同志工作拖拉,该做的工作不做。这些和王科长谈的较多,我自己平时也有这个感觉。董科长也有这样看法。其中在56年的工资会议上暴露得最明显,当提到孙主任可以提一级时,生科长就起来发言,说孙主任的思想意识有问题,说他有了意见当面不提背后提,又说他在宿舍里把路灯的电灯泡摘了,以及说他如何和保姆吵架,如何由王科长拉开等等,最后又说我看保姆替他作的结论就是不错,“国民党作风,资产阶级思想”。当时有群众孙家瑜参加,我当时听了很为不满。我认为生科长是党组委员,有意见为什么不在党组里批评而在群众性的工资会议上提呢?目的何在呢?大家听了对孙主任的印象如何呢?(蒋萍提)

6. 生科长与孙主任的关系上还常常表现得不冷静,主观性强,如选举党代会代表时,孙主任讲生科长有骄傲自满,生就大加否认,与孙吵了一顿。甚至群众在场也吵起来,给群众笑话,说领导没有涵养。同时生科长还很骄傲,自由主义也很严重。搬到这边新办公室后到处讲孙主任这样不好,那样不好,认为是拖拖拉拉,但平时却很少商量,对有些工作应该是孙主任搞的生科长也搞了,造成相互间的意见和隔阂。

7. 党组不团结,还有些是为了些小问题,如孙主任积压了文件(关于选举代表的问题)。生科长向孙提了意见,孙不满意;又如灯泡问题、保姆问题等事。孙又说生科长提得不符事实。另外生科长提意见时的讲话也很随便,结果两个人就互相找缺点。此后孙主任背后常找我谈,说自己受两面夹攻,不能当主任了。从这些现象上来看,我认为党组是不能算是团结得很好,不能说是没有影响工作的。(符长松提)

8. 我对生最不满意的就是自由主义。凡是党组内研究或争论一个问题,很容易表现自己,夸张自己,如经常说:“我们党组三个人孙秉夫不说话,叫我有什么办法?我要讲的就讲。”自认为原则性很强。亦有意无意地在客观上表现有打击情绪,如经常在人面前说我是“拖拖拉拉,还是老干部,怎么办,硬不起来嘛。”

因为李局长对人是采取强制性的态度，我有时亦少讲话，讨论问题仅表明态度。当然这亦表现出我的原则性不强，但我亦感到没有办法。因此生所以经常说我不斗争，但又不支持同志，所以我过去讲生有“两面手法”，即两面都滑的意思。

以后生与李关系不好起来，我看主要是党代会后，感到李是没有办法了，是改不掉的。李对生亦有不同看法了，如经常说：“还不是你与孙秉夫两人搞起来的。”

整风初期，李局长召开座谈会，并说我们这些科长特别是生科长在这次整风中要好好改。这亦引起了生的反感。

生平时亦表露出地位观念。过去的积极按我看有动机不纯，主观愿望想当付[副]局长是否有这种情绪呢？群众亦有反映。过去在与计委合并的问题上生就这样说过：“并就并吧，不是并过去，要他（指物资处）并过来。”结果宣布合并了，就有些泄气。这问题可以考虑。以往积极主张合并的劲头可以考虑。（孙秉夫提）

9. 生科长〈为〉对孙主任的评级问题为什么先不同意，后又同意了？内情我不了解。（陈平提）

（二）

1. 生科长过去较好，因为那时他经常和同志们谈谈，能倾听群众意见，待人接物较谦虚，没啥吵嘴，自肃反后就表现得很不谦虚，作风上不约束自己，态度有些粗暴。这不仅表现对局长常常不冷静、不尊重，而且对同级干部有看不起和不服气现象。如一次与董科长吵架时说：“你有什么了不起。”说他是“小聪明”。又如对王哲有[友]，生科长狠狠地批评他，但具体情况却未了解，以致问题并未得到解决。与陈平也闹不团结、吵嘴。一次对解主任也不分场合地议论。（张玉坦、王承祐、李鹤舫、符长松、华岐嵩等提）

2. 我与生科长主要是不服气，认为是个支委就训你训他，我对他冷言冷语也是有。另外人家说生科长是“二局长”，我也很敏感，认为生科长对我看不起。（董服海提）

3. 王科长在一次会议后曾说：“局长是组织上派来的，如果选举的话，我选生杰仟，不选他（指李局长）。”王这样说法当然是错误的，但生科长听了王这一奉承，却笑笑就算了。我觉得生身为支部书记，对王说这种话不给批评是不

应该的。生也有背后说李局长怎样怎样。我有这样感觉,生对李象[像]有些阳奉阴违(这是我的感觉,不一定正确)。(陈平提)

4. 56年修建靴儿河下宿舍。我和生科长一起到财政厅要求先用款,后补手续,经过要求财政厅同意了。以后我催促造预算,生说:“财政厅也不要,你为什么要?”我说:“如果再不造,财政厅要通报我们了。”他说:“财政厅要通报我哩,我要通报财政厅。”身为党组委员不但不支持我们维护财政制度,而且自己不执行,还怀疑别人有意麻烦他。我认为这是离开了原则的。(蒋萍)

5. 对于我与王祥的关系,我是有责任。但生科长那时已估计到这个问题,为什么一直拖延不去处理呢?不团结而且已经影响到工作,这是不是个大问题?不团结,争权夺利,这要不要教育?(张玉坦提,罗以东亦有类似意见)

6. 对下放干部表现教育不耐心,多批评,对本科的思想领导则更薄弱。综合科存在的思想问题,在本局讲来是比较突出的。(赵洪新提)

7. 生科长对上级指示贯彻不坚决是有着这种倾向的。就以最近几个例子:〈如〉那天生科长下去开除“四害”的干部大会,李局长一再指示老鼠夹由大家自己买,为公家节约,但是生科长下去没有讲,所以叶福媛还是照前天生科长布置的精神买了;又如星期天本来决定下午是学习的,而生科长却通知大家不学习,搞宿舍的清洁工作;再如 12 月 31 日晚上通知叫各科开科务会议,而他自己科里却不开。生科长身为支部书记,这种表现既对领导指示不坚决贯彻,反过来又会影响大家。(蒋萍提)

(三)

1. 生科长对计委张奇镇不分场合地议论,夸张自己。如在北京订货时说计委张处长怎么怎么,本局与计委的机构问题等等,甚至酒后也谈,与局外的同志也谈,别人听来认为我们与计委存在多大的意见。这次我们与计委合并了,生科长似乎不高兴,说局长过去是厅局长,现在不是了,讲我们科长也普遍降了一级。另外党组刚成立的那段,本局干部工作不大安心,而生科长说本局要就是合并,再就是撤销,而且会后还叫董科长和我去计委提意见。叫别人提,自己做好人。(罗以东、颜承俊、杨钟英提)

2. 生科长对计委物资处的看法问题。他认为物资局好象[像]在物资处领导之下,有些不满情绪。一次说:“现在张奇镇是名誉、地位、个人问题都解决了。”有时说物资处怎么怎么的,为砖瓦的事也说:“你省计委要放就放,不放

心的话就拿回去。”以前有些工作未请示科长直接与物资处联系了，他也不满意。（杨淑君提）

3. 生科长还认为张奇镇是来罗[啰]嗦一套，这一点他和李局长的看法是一致的。例如今年物资处打电话来叫我们去研究管理费降低问题，我去请示局长。他们两个人都认为不要去听他，物资处多管闲事。当时我想不去是不好的，所以派了夏纬和同志去。又如在今年省委决定物资局合并为计委下面的一个局时，生科长听了很不高兴。他曾说搞了两三年就搞这名堂，又说将来他们的处长可能要来当局长，他们的处长比我们要高。在生科长的思想上是否想提拔付[副]局长？这请生科长自己检查。（蒋萍提）

（四）

1. 去年党代会的贯彻先是由孙主任搞的。当时生科长对孙主任不满，认为主任没有和他研究，文件没有给他看。接着支部改选，并选出党的代表。在改选过程中要全体党员对上届支委会提意见，在小组会议活动上生科长光提出孙主任的缺点，自己缺点提也不提。这是我听吴爱琴讲的。党群党委党代会议后，局里贯彻时在小组会上生科长也光是提孙主任的缺点，这是我听董科长讲的。在党群党委党代会中生科长和孙主任统一起来了，都认为是局长的问题了。生科长在大会上发了言，揭发了李局长的错误和缺点。据吴爱琴当时说，生科长讲得真好，有些代表听了哭出了眼泪，特别是关于房子问题。从此以后生科长的劲头的确很大，他这个办公室已成为合法的自由主义市场，科长们在一块就是谈局长。当时分析局长北京回来后可能有三种态度：一种是继续粗暴；一种是表面检讨；一种是可能虚心。但第一种可能性大。当时我也同意这种看法，还有王科长、孙主任、符科长、陈平科长也同意。据孙主任谈，他们还分析了李局长回来要找三个人谈话，了解情况，估计我要给局长争取过去，不向局长提意见。李局长从北京回来后，他们三个党组委员交谈了。但交谈的情况生科长、孙主任都向外自由主义开了，说李局长是不虚心，生科长和他个别谈也谈不通，而且局长又发态度。那时，我记得生科长一次曾这样对我说过：“李局长这次如不虚心的话，党委劲头很大，就要调走他，局长当不成。”（蒋萍提）

2. 在去年贯彻党代会时生科长是抱自满情绪的，好象[像]光整领导，自己没有缺点。在中层干部交流思想会议上，大家向生科长提了许多缺点和错误。生一方面表现了对问题感到痛,同时还怀疑别人,好像他的缺点是别人替他制造出来的,而不是客观存在的。因而他向我们提意见时情绪上就偏激,用词上就不妥当(当然不是全部)。如对我提意见时把我在金华以及银行工作时的缺点也拿了出来;对董科长提意见时说他是窥测方向,待机而动等;向李局长提意见时说他已到悬崖勒马的时候了。(蒋萍提)

3. 贯彻党代会时,当时生科长是支部书记,由他发动大家积极提意见,现在说来就是"放火"。当时大家提意见的主要是针对两个人:一个是局长,一个是孙主任。我有些为孙主任抱不平的情绪。在提意见期间,生科长的情绪有些变化。我认为这是意识问题,自己点了火又去扑火,我认为这是两面手法,现在还是这样看法。孙主任曾与我讲过"大家提意见之后,党组开会时局长和生科长的意见一致了,有排挤自己",并说:"我现在事情很难搞,什么事都弄到我头上来,领导上认为我很阴险,是我孙秉夫兴风作浪,我真是(受)两面夹攻。"并叫我不要同旁人讲。这些话更证实了我的思想。(董服海提)

4. 下面同志有反映生科长有"老好好",生科长要考虑这些反映。(符长松提)

5. 王科长、孙主任都说生科长是商人出身,有商人意识,对人两面好好。我对生科长看法先认为好接近,后来也认为有两面好好的感觉。不过这一点我感到在去年党代会后好了一些。(蒋萍提)

6. 在学习全国党代大会后,我说,根据毛主席说的对犯错误同志不要一棍子打死而是要从"团结—批评—团结"的精神出发,在我们贯彻的过程中是有毛病的。但生科长却说:"我看一点毛病也没有。"在参加省党代大会时生科长回来说:"今天李局长向卜主任提意见了。他还提卜主任不信任他,还认为肃反运动中未叫他领导,局长就是瞎提。向卜主任提是不对的,根据中央的指示,局长就是不能领导。"(蒋萍提)

7. 对于大家应抱怎样的态度来对待贯彻这个重大问题,生科长事先工作是做得不够。(张玉坦提)

(五)

1. 工作上深入不够,掌握业务肤浅,了解情况差,有些地方不懂装懂,多坐小办公室。在建材科时架子还很大,有些工作该是科长办推给经办同志去做。二季度召集主管单位开会布置汇总上报的问题,到会同志提出了许多困难,如时间急、规格复杂等,生科长说规格难填的就不填,结果有的真的没有填,造成了我们工作被动,增添了许多不应有的工作量。(赵洪新等提,王祥、赵德英、罗以东等有类似意见)

2. 工作常有粗枝大叶作风。如统计局发来的经济调查表,内容是统计社会购买力(指日用品方面),这本来应由办公室搞的,但生科长却批给杨宛华办理,拖了很久。(罗以东提)

3. 对科里业务抓得不经常,有时为了开局务会议向我们要个数字,但对其准确程度心中很少有数;对待同志的请示回[汇]报工作,只要下面稍微讲些理由就说可以了;有时则好象[像]听不进去,开始时先问几个"什么",接着又来个"好好,就这样办吧",回答很干脆,但却不考虑分析一下,也不了解一下同志们有否困难。另外生科长对人有两种不同看法。如去年向我要数字,因没有马上交卷。(生科长)表现很冒火,但对赵连璧就不然。(孔庆和、陈品华等大字报摘录,罗以东、华歧[岐]嵩、毕兆岗等也有类似意见)

4. 我向生科长汇报工作及思想情况时,他用"简单扼要"把我的话堵回去了。给我的一个印象是:不大好讲话。对立卷的工作生科长肯定地认为就是行不通,看得很简单;对负责砖瓦工作的人员调整上也表现简单化。(邵汝瑾、颜承俊的大字报摘录,夏锦华也有类似意见)

5. 生科长对接受用料单位的批评也不虚心,甚至态度粗暴。如今年预拨订货时宁铁陈文潮同志写信给报社批评本局订货代表,生科长听了很冒火。后来误认衢铁于课长为陈文潮,大发脾气,吵得很凶,甚至要他马上出去,弄得于课长莫明[名]其妙。(杨钟英提)

6. 生科长在听取汇报时往往有偏听偏信情况,如杨宛华去北京开会的事。我局不一定去,但生科长迁就了她,化[花]了很多路费仅仅是为了满足杨的个人要求。(毕兆岗大字报摘录)

7. 去年向湖南要的1 500吨焦炭问题。我和王科长都说不能全部要,因为考虑到用方的资金和储存场地问题,而生科长主张全部要来。我认为生科长这样考虑问题是简单化的,如果物资真的无法安置,工作必遭损失。(张玉坦提)

8. 生科长对孙家瑜的救济是没有根据的。孙拉帐[账]是自己化[花]的,同时又是姊姊要用钱。这样的理由生科长也批了,群众很有意见。(周为

俊提)

9. 本局并计委后人委和省委发给我们的文件很少,计委又不及时转阅,我们工作造成很多不方便。此意见反映后生科长没有积极处理,也没有向上级反映。(周为俊大字报摘录)

10. 工作上大胆抓是好的,但有包干现象。如对支部工作,没有发挥其他支委的作用,领导团的工作亦如此。对业务方面也抓得很广,实际有些工作是可以放下给下面搞的。虽然抓了一些工作,但对自己整个工作计划却很差,不系统。(罗以东提,赵洪新也有类似意见)

11. 工作有虎头蛇尾现象,先紧后松,如上半年的检查工作。生科长说:"不急,物资检查成绩很大,物资紧张情况摸清了。"又说:"58年的钢材问题不大。"这种思想是不对的。又如局务会议布置会计科及本科会同检查仓库帐[账]目及内部制度等工作,事先生科长在科内亦进行传达,并确定参加人员,但不久却无声无息了。对有些运动也是这样。这些工作与生科长的作风分不开:开头劲头大,末了就摆在一边了。对待科里工作也有缺点,想到就开会,但事先却缺乏周密准备,会议质量不高,布置工作光分工一下,如这次总结就是这样。(罗以东、周为俊、华岐嵩等提)

12. 对干部的大胆使用是好的,但太过火。在建材科时连图章都交给杨淑君、张夕旻,当然不是说不相信他们,但出了问题怎么办?到综合科后认真研究下面反映不够,存在麻痹思想,如对许中声。生科长只认为他是幼稚,但不分析这个人物,据说在开会时他还画生科长的漫画。对杨淑君的问题,生科长过去也只是认为是作风问题。又如对张夕旻,有时生科长觉得这个人很鬼,但遇到具体问题时就没有细致考虑。另外还有偏信,如杨宛华向领导反映一些情况后,也不了解一下,就把那些意见转而向下批评。这些问题说明生科长是缺乏动脑子的。(王承祐提)

13. 关于兼职多的问题,生科长应该大胆布置给罗以东和周为俊,分别管理综合科和办公室的事务。(王承祐提)

14. 党组几次开扩大会,决定帮助颜承俊,但结果仍没有开,人民来信来了。生科长却把信给颜看。这封信我认为不应给颜看的,他看了反而有抵触,说要上法院打官司。生科长说要帮助他,但自己又不冷静。党组在这个问题的处理上表现了右的情绪。(王承祐提)

15. 关于生科长多做工作的问题我看法尚有距离。生科长工作做得多些,这表明积极性高,但对分房子、买汽车以及造房子等工作生科长是不该管的,行政工作与党的工作应分开。另外工作亦不深入。(符长松等提)

16. 去年浙轮上海营业所要我局归还前租给的仓库,解主任请示生科长,生科长说可以归还,但局里又不同意,使上海领导处理过程中有缺点。但省局领导意见未统一前就许愿是不对的。(居鹤鸣大字报摘录)

对王承祐同志所提意见的摘录

1. 王科长对领导之间的团结问题应该负责，对孙主任随处闹脾气，看不起孙主任，背后议论。一次在研究预算的局务会议上与孙吵了一次，如靴儿河下房子分配问题也吵了一通。王科长还说："你孙秉夫怎么样，我知道你怎么样。"吵得几乎要打起来。对局长亦如此。漠视组织，一遇到某些不恰当的批评就跳起来。王科长的态度是抱着对"一般干部要斗，对领导要刺的"态度，如在贯彻党代会时的发言，以及这次整风对领导的态度，仍然污蔑李局长是"李老虎"。王承祐不仅污蔑领导，而且还公开对抗领导，如建局以来与李局长大吵大闹过十一次。王对领导的狠比对右派分子还狠。而且还好象[像]以此来表现自己的党性和斗争性，构成了无组织、无纪律习气。（王祥、张玉坦、蒋萍、赵洪新、叶福媛、杨钟英等提）

2. 1954 年一次评工资的会上，王科长与局长争得很厉害。我认为王有个人主义，态度不冷静，同时还说局长"打一个，拉一个"。王科长应该检查，况且局长在会上当然有发言权。散会后王科长又说："嗳！我如果选举的话一定不选李骏升，而选生杰仟。"我认为王科长有一股情绪，王对评级有意见，几夜没睡觉。听说后来王科长向孙主任说："我看错人了，我看错了生杰仟。"另外还说我不冷静、不虚心等等。（生杰仟提）

3. 虚荣爱面子，喜欢奉承，不喜欢批评。思想斗争不够开展，主观性很强，表现在自我批评上。当同志们对他提意见时，不是首先检查自己和照顾到党的团结，而是偏重于对方态度以及提得是否百分之百对。如在贯彻党代会中情绪确实是较偏激的，似乎自己的意见领导一定要接受，否则就是不虚心，而且还自由主义的谈论领导。又如一次学习组长向局长回[汇]报学习情况之后，李局长指出，王科长今后综合一下回[汇]报，抓住重点。这样指示是完全正确的，但王科长就与局长吵。另外还有推卸责任，如造房子问题，王科长是有责任的，但没有担担子的勇气，而推向领导。其次平时还犯有自由主义，议论人家。（赵洪新、罗以东等提）

4. 1956 年贯彻十大关系，本局党支部进行改选时，王科长曾这样说："如果局长是选举的话，我就不选他而愿选生杰仟。"在党群党委开会回来王科长说:"孙主任报送李局长的材料不全。李局长在历史上犯过几次错误,而上报的材料上一点没有。"王科长的思想上对局长的印象为什么那末[么]不好?在王科长看来生科长的德才好象[像]比李局长要强。这种看法我认为是王科长的个人意气,因为生科长不批评他,有时和他共同谈论一些看法,所以说如果选举的话要选生杰仟当局长。(蒋萍提)

5. 在55年上半年,一次我到王科长办公室去联系工作。他曾这样说:"生科长一点儿事就去和局长谈,经常去找局长有什么事?我是有事才去的,反正不想当付[副]局长。"另外一次还说:"你们为什么不向党委提意见?支部这么长久应该改选了。开始不了解情况,支委可以指定;现在这么长的时间了,大家已了解了,为什么还不改选?"这种话我认为是不利于团结的,而且王科长是组织委员,有意见为什么不在支委会上提,而是对我说?(蒋萍提)

6. 王科长对我与张玉坦的关系也偏于采取斗的方法,而且还夸大我向局里打电话的事来挑拨我与张的关系。关于回收局分配废钢铁的事,王说这是我打击张玉坦。我认为这正是王科长自己打击张玉坦。我认为王承祐身为支部委员,对我不是从团结出发而是"整"人。王科长常用"科长是组织部批准的"等等来压人,前王哲友也认为张玉坦的后面有王科长支持,叫我不要闹。(王祥提)

7. 王科长对王祥与张玉坦之间关系的看法不全面,当时还主张要"正[整]"王祥,表现在:

(1) 把王祥的个人主义问题提到与张的关系方面来混淆不清,如房子问题,以及老婆找工作的问题等等。我认为这些问题与张是没有直接关系的。

(2) 偏[片]面的讲王的缺点多,没有指出张应负的那些责任,并且在办公室里也讲王祥的什么什么毛病,甚至偏信张反映的情况。总的我觉得王祥去湖南是没有什么毛病的。有毛病的话也是我们家里意见不一致,使他电话多打了一些。王科长在这个问题上说王不好是不全面的。

(3) 在解决王祥与张玉坦关系的党小组会上,王科长片面地强调领导与被领导的问题。我认为也不妥当。(生杰仟提)

8. 应该接受历史教训,严防个人主义。我认为王科长在一些小的生活方面过于计较,有几次和总务组为粮油票问题似有吵嘴,身为领导干部是不应该的。(赵洪新提)

9. 王科长对业务的掌握不够深入。如建局以来既没有参加过中央的订货会议,也没有参与具体的订货工作,因此对争取分配数字和订货中的一些经验教训就没有一个深刻的体验。另外工作光布置不检查,如建造本局办公室的工作,到了结束阶段时就抱不闻不问态度;对科里订的业务计划也不检查,形成为订计划而订计划;工作上安于现状,对如何进一步提高工作效率和加强思想领导调动积极性方面重视不够,因此每天只忙于事务、批公文、开会等等。(杨钟英提)

10. 王科长好求色采[彩]美观,缺乏精打细算的节约精神,如建造办公室变更十多次。这对经费的超溢及返工情况是有关系的。(孔庆和提)

11. 王科长主观性很强,听取意见很不虚心。如造本局办公室片面地认为只要30元的造价;又如砖瓦问题,不与我们联系就向公安厅要来95砖,结果在使用上有问题,事后还批我没有按自己的意图做。再如56年要金属科的同志搞一个数字,研究中不听取大家意见,一定要批自己意见做,结果同志们辛辛苦苦搞了一夜却没有用。对别的科、室也不谦虚,如一次会计科要收漓渚铁矿空气压缩机的管理费,王科长气呼呼地跑来责问道:“老蒋,你们管理费根据什么收的,没有供应科的供货通知单,你们不要乱收。”(孔广和、王钟英、蒋萍)

12. 王科长的思想方法较狭隘片面,对事印象观念很深,如一次对航运局供应氧气问题。因为我们与该局在上海的仓库问题上有一些争执,因此王科长说这个单位很气人,不给他们。实际上氧气需用的是各修理厂,与航运局马牛不相关的。(杨钟英提)

13. 王科长对业务学习不够重视,不仅没有经常地组织同志们学习,自己学习也很差。对政治学习兴趣也不浓,钻研不够,有时打瞌睡,有时迟到、闲扯。(马益良、华平、杨钟英提)

14. 王科长在学习中用了简单化的态度的办法来代替细致的思想工作,而且当同志们提出不同意见时就吵。(宣本荣提)

15. 王科长上班经常迟到,一次超过二十多分钟了还在家里睡大觉。局里有工作找不到他。(华平提)

16. 王科长在回答一同志问他干什么时,王说:“还只是个科长。”好象[像]有嫌低的意思。(高华提)

对蒋萍同志所提意见的摘录

一、阶级立场有些模糊，除包庇反革命的弟弟外，还表现在银行学校任教务主任期间与那些留用教员如杨少诚、于爱孙、唐炳林、朱可铭等关系密切。这些人中肃反时有些已逮捕，有些政治面目不清。蒋科长那时与总务主任严海不团结。据说教员闹年底双薪，严批判教员，蒋则支持教员。因蒋平时生活作风、工作态度很不好，常躺在宿舍里，很少到办公室办公。严领导新"三反"时对蒋揭发了些问题，蒋借教员对严不满，支持教员反对严。我那时刚到银校，情况不大了解，以后分行机关党委书记俞清同志来处理时，蒋科长那时很不虚心。(王承祐提)

二、据说教员朱可铭(是私仇分子)，参加民主党派，以前还向蒋征求过意见(原文标点如此——校者注)。(王承祐提)

三、蒋科长弟弟在金华逮捕后，在地方管制时，于53年曾叫来杭州看病。蒋科长住在医院，她弟弟一个人住在她的宿舍里。对她的书籍文件随便看，白天不出门，晚上到街玩，临走时向公家要求补助路费。分行赵处长不同意，她曾很不满。(王承祐提)

四、她调加[嘉]兴工作时，将公家东西带走。总务处向她追回，她一直不睬。临走时自行将房子让给三户人家，搞得总务组不好处理。到加[嘉]兴后经常与那些教员通讯，宣扬她升了法院院长、宣传部长，但对那些党员老同志则不理睬。几次到杭州都到那些教员家去拜望，不与学校负责同志见面。(王承祐提)

五、学校改新[薪]金制时，后来上级指示留校的人改期补发了两个月应补的薪金，她便发动已调出学校的几个教员(中的)四五人，联名上报财委任一力主任，给予补发。(王承祐提)

六、肃反时前阶段思想消极，借故请假去南京，时间很长才回来。回来后以身体不好为名，经常不来参加运动，以后自己常说："不知怎的，我现在身体反而好起来了。"(王承祐提)

生杰仟等也有类似意见。

七、在贯彻党代会时，蒋科长曾喊着叫撑腰，说自己顾虑很大，但发言又

发不出什么名堂。(生科长、张玉坦提)

八、蒋科长有旧思想,思想意识不大建康,坚持真理不够,提意见不够直爽,喜欢奉承,有些地方看风驶[使]舵,看人眼色,看形势办事。在贯彻党代会时她对会议的贯彻也有意见,在贯彻党代会后不久她曾与董科长说:"你提意见怪大胆","我看也有些报复情绪"。思想既如此,但一直未暴露过。(陈平、董服海、颜承俊、王承祐、生杰仟等同志意见综合)

九、自由主义很严重,到处搬弄问题,拌口舌,党代会时表现较为突出,甚至局里的问题随便告诉房东。56年孙主任在她院里租了两间房子,叫我搬进去。她便对孙主任说:"我们房东说过,不让山东人去住。"要孙主任考虑。这个问题房东怎会晓得是那[哪]个去住的?如果真的房东不让山东人去住的话,你是一个党员科长,遇到这样的事情,你应该用什么态度来对待?这虽是小事,但分析起来这种做[作]为就不能看成是小事。(王承祐提)

十、反右派时把薛在善列为积极分子。那次排队时我说:"不能看薛一时表现,写了不少大字报。他刚刚处分完,这一时的表现其思想实质也是投机的。"她说:"哎!薛在善怎么不行?"同意把薛列为积极分子。(王承祐提)

十一、机关长期以来帐[账]实不符,帐帐[账账]不符及帐[账]款不符的现象是严重的,一直未能及时处理。如会计科与储运科长期帐[账]实不符,会计科与业务科、储运科三者帐[账]不符,总务组帐[账]款不符。虽目前已进行了集体检查,但对这些错误迄(今)未找出原因与采取办法来处理。另外长期以来没有损益制度,储运科发生了这样的损失和涨益[溢],自行予以报销,未向局长回[汇]报。(王承祐提)

十二、蒋科长平时工作不深入。对科里的每个同志很少过问,缺乏检查督促,掌握情况又不具体,又怕动脑筋,所以一次办一个公文三番四次地没有办好。一次帮助夏纬和开管理费单据,差错竟达50%;有些问题一直拖了两年了还未解决;仓库物资多少也不知道;审核工作平时未做,到后来赶着叫别人替自己盖图章。(薛在善,徐道存提,大字报摘录)

十三、对同志的批评不分清责任,如一次气呼呼的批评汪厚发没有搞日记表。而实际日记表已搞好,蒋科长自己没看到。蒋科长对有些工作的责任都推到具体工作同志身上。(马蒙天,张桂芳大字报摘落[录])

十四、对科里同志政治教育做得不够,很少找同志们谈谈思想情况。汪厚发是不安心会计工作的，工作上好推就推，好拖就拖。蒋科长就没有帮助教育，反而强调由她在自觉的基础上提高。（徐道存大字报摘落[录]）

十五、蒋科长对夏纬和特别照顾，说是“高级知识分子”。在准假医病等问题的处理上甚不妥当，由此助长了夏的优越感，处处表现“鹤立鸡群”。（朱晋铿、薛在善、张桂芳大字报摘落[录]）

十六、不遵守作息时间，在办公时间化[花]在个人及家庭方面的功夫不少。有工作找不着她，跑医院和陪小孩看病，蒋科长是本局最多的一个。（薛在善、符长松、马蒙天、张桂芳、朱晋铿、徐道存等提，董服海也有类似意见）

十七、蒋科长的个人主义、自私自利、享乐思想比较严重。生活上不够坚[艰]苦，生产后每两三天吃一只鸡。还化[花]高价吃人参。家里吃菜自己吃好的，妈妈妹妹吃差的，有的东西藏着不给妹妹吃。妹妹帮她做很多事但一个钱也不给用，夏天自己坐着叫妹妹打扇子，有时还骂妹妹是“十三点”。对保姆的态度也不好，弄得保姆哭哭啼啼嚷着要回家。保姆曾说蒋科长“在办公室里是马列主义，回到家里是资本主义”，这话值得蒋科长深思。另外家里少了东西乱猜人家拿。（董服海，薛在善、朱晋铿等意见综合）

十八、蒋科长过份[分]溺爱小孙（子），使养成极其蛮横，毫无礼貌，给群众的影响也不好。（薛在善等提）

十九、蒋科长在购买物品上没有从节约出发，如夏纬和爱人来要双人床问题。本来可以调整使用，但也主张买。对借公家东西的问题，蒋科长说：“自己买不好，以后调动起来带走不方便，还是借。”因此很多东西都拿到自己宿舍去用。（叶福媛、邵汝瑾、董服海等意见综合）

廿、蒋科长自己收入富裕，去年还提出补助。自己有钱存银行里，还向公家借。（胥建群提）

廿一、蒋科长拿了公家的报纸，经常放在自己办公室里搁了几天，并常有缺少。（胥建群提）

对董服海同志所提意见的摘录

一

（1）从董在贯彻党代会上以及昨天的发言中看出，严重地表现了骄傲自满和不虚心，没有接受党代会上提的意见，反而认为是打击报复。有些同志都反映党代会的帮助是伟大的，而董科长却消沉、不愉快，好象[像]那个会只能批评别人，不能接受别人的批评。我记得党代会的贯彻时曾反复讨论局长的检讨，当通过时董科长并没有保留意见。那么董科长现在的意见为什么那个时候不提出来呢？另外董科长说自己对孙主任“打抱不平”，又说“天下那[哪]有公平事”。那么我们局里有那[哪]些事情值得抱不平呢？这说明董科长是有掀[兴]风作浪的情绪的。这种打抱不平的看法是错误的，其次董在会上还曾阻止我的发言。（生杰仟等提）

（2）贯彻党代会中董科长对李局长的看法象[像]有些狠。（周为俊提）

（3）董科长说党代会有报复情绪，我认为这是思想意识问题，或者请拿出例子来。董科长说我在会上有两面手法，推卸责任，我觉得自己有什么意见都提了，没有玩两面手法。在会议上的相互教育是党章规定的。另外是不是我不能领导运动？（生杰仟提）

（4）董科长在党代会上提出说局长不走本局工作很难搞好，业务不懂作风又粗，过去的“李老虎”很出名，并说：“干啊！我们是省委批的科长，局长撵不下。”（张玉坦提）

（5）在贯彻党代会时，小组在座谈。生科长发言时谈到关于和孙主任为电灯泡的问题，董科长说：“不能全加给人家。”两人于会上争吵了。以后他曾在会上说过，看到问题不公平“要打抱不平”，把封建时代那些江湖上绿林兄弟的一套，把所谓侠客义士“打抱不平”的做法搬到革命阵营，搬到党内来，这是极端错误的。（王承祐提）

二

（1）骄傲自满，自以为聪明，觉得一切比人强，对别人瞧不起，好凭自己记忆主观想象，对问题不把证据摆出来，是很难说服他转变看法。如柴油机的数字，他是凭记忆，我是每天统计起来的。他却坚决[持]自己的正确，使局长把我大训一顿。又如对沙、杨的处理问题，曾说："对沙、杨右派分子听了局长传达后才明确了自己看法，沙、杨的错误是不可容忍的。"对宣本荣是姑息的，直到最近两次反右派时，才算彻底转变了对宣的看法。（王承祐提）

（2）关于反右派开始，局长布置小组会集体读社论。宣本荣强调都有阅读能力，反对集体读。我批评宣后，董便竭力支持宣。第二次小组会我宣布还是继续读社论，虽有的同志不同意，我说硬就硬一点吧。这时董便站起来说："学习方法问题应该大家研究，为什么硬就硬一点吧？我反对这种说法。"弄得学习会很僵。我会后找他交换意见，我说："你是个党员科长，你这样做法对你究竟有什么好处？你如果认为学习方法不好，你是领导一员，应该提出研究，为什么在会议上用这样态度？"这时他虽已承认自己的做法不对，但说："我认为做法上好象[像]肃反时那一套。"（王承祐提）

（3）在学习小组会上说："在辩论大是大非时，自己有顾虑，害怕搞上个右派分子。"自己身为党员科长，并为学习小组长，竟说出这样些话，多么荒谬。暴露思想是对的，但必须有场合，说这些话，使群众听起来好象[像]党员对党的政策也有怀疑。这对群众起个什么影响？（王承祐提）

（4）三年来董确有政治落后，对党组、局长都有意见，而且远离组织。我认为董科长不能迷信自己。董曾讲过自己有不问政治，说"不愿搞这一套"等等。这种说法不对头。我认为不问政治的人想搞好工作那是幻想。这次大放大鸣中董科长没有大字报要考虑，例如科里的政治思想领导不是不够吗？另外董没有向支部汇报过思想情况。（生杰仟提）

（5）思想很落后，表现在重业务轻政治。对于要干部他是不要文化低的，认为低一点就不能做工作。不要党员，说老干部或党员难领导。据说去北京订货时把我们数字多加一个零向国家多要物资，这是为了回来显示自己能干有办法呢，还是思想意识问题？我看是意识问题。（陈平提，周为俊也有类似意见）

（6）自由主义比较严重，平时好评说人，而对些青年则很迁就，真正站在党的立场上以领导者的身份大胆批判一些错误的言行则很差。象[像]杨钟英、孙家瑜等在北京犯了些自由主义，对领导不满，议论领导，如说："生科长与夏科长加起来不如董科长。"他是知道一些的，但未作什么批判。对王桂轩常与局里局外人吵，他也是知道的，但对王却不进行教育，甚至其他同志反映了

还不大相信。王桂轩与钱学良吵架,他装作听不到,马虎了事。(王承祐提)

(7) 曾一个时期工作有了问题,找物资处与处长研究,向局长请示回[汇]报很差,这与他"无事不进三宝殿"的思想有关?(王承祐提)

(8) 我们局里刚成立时分三个组。董科长是负责会计组的,但不安心,闹等级,后来调到化工科后又想到会计科。董科长与蒋科长那时常有自由主义,如董说我"二局长"、"揽得多"等等。还有到底讲些什么这次可谈一谈。总之董科长对我和局长放的自由主义是不少的。(生杰仟提)

三

(1) 董对父亲的态度是极不应该的,如说父亲死就让他死去。对待父亲自杀的问题,并未承认错误,在群众会议上曾这样说:"我把他弄来养活他,他不知足","喊爸爸不喊爸没什么,我一向不喊爸爸"。这些做法是很错误的,在群众中政治影响极坏。通过这次整风应该自觉地叫爸爸,挽回党的影响。(生杰仟、王承祐、蒋萍、陈平、叶林福等同志意见综合)

(2) 董科长对其爱人缺乏政治思想教育,而且片面地不加分析地听取他爱人的反映,影响家庭团结,也影响干部之间的团结。如在去年在贯彻党代会中向我提的某些意见就是片面地从他爱人那里听来的。(蒋萍提)

(3) 董科长对孩子的教育有过份[分]之处。如一次他小孩哭了,他竟想丢在新宫桥里,居民反映说:"丢死了他自己也要坐牢。"(蒋萍提)

对符长松同志所提意见的摘录

1. 一贯地对领导不满，特别是在反右派后还恶毒煽动群众向党向领导进攻，与右派分子一唱一合[和]，企图挑起群众否定李局长的检讨。在两次讨论李局长的检讨报告时，右派分子颜承俊讲李局长帽子大，没有内容，个人主义严重等。他即表示态度，说自己完全同意老颜的意见，并又补充说："李局长一贯地是可能批评旁人，旁人不能给他提意见。"表现最恶毒的是在第三次讨论会上，在群众中散布了许多毒素。在会议上很愤恨地讲："李局长作为一个局长来讲，一点也不符合马列主义；拿一个党员条件来衡量是不符合共产党员的条件；在业务上一点也不懂，可是又不接受群众意见（正如右派分子讲，外行不能领导内行）。"又说，李局长官僚主义很严重，并拿谭震林同志在湖南干部会议上的报告作例子，把李局长比做农村的干部，一点情况也不了解。〈空〉空谈了许多大帽子，也没有谈出一点具体问题，并主张继续讨论下去。（王祥提）

2. 掌握本组学习情况时，包含有右倾情绪，没有引火烧身的决心。在这次贯彻省党代会议决议并联系本局情况进行讨论时，他根本就没有把领导意图交代清楚，使小组群众一度迷失方向，后来谈到颜、杨的问题时，他的态度才算明确。（王祥提）

3. 挑拨党与群众的关系。如孔庆和的儿子在仓库里当临时工，他为了讨老孔的好，给他增加工资，每月为 48 元。对此领导不同意增加，并说如小孔不愿意干的话，可派李鹤舫去负责管理。但他便向老孔说："小孔工作很好，我没意见，领导上不同意小孔在仓库里工作。"把好事都说成他的，坏事都推到领导上。事后并说："反正我每天补贴他几元钱就行了，这点我还补（得）起。"另外一次，我们已发给临时工的计件工资了，符科长还发给半个月的工资。我们向符提出意见时，他还很不冷静。（王祥、王承祐提）

4. 对领导不满，同样与右派分子颜承俊一样到省监委控告过。他讲过，我到省监委××处长那里去玩，他把我批评了一顿。（王祥提）

5. 与局长抖[兜]圈子。局长去上海参观捷克展览会时，他明知道却不与局长见面，马上乘车来杭。局长返局后又不与局长见面，马上返回上海。（王承祐提）

6. 有一次符科长与李局长吵架后，晚上到生科长宿舍里很气愤地说:“他真是个恶霸，对干部就象[像]奴隶主对奴隶一样。”我与周为俊同志都在那里，曾批评他这样发疯不对。(王承祐提)

7. 对未提级不满。在王祥家里吃酒，酒醉后哭着骂党组，说:“党组没有原则，片面听取孙秉夫的意见，孙秉夫是什么人。”事实上这是一种实际思想情况的发泄。(王承祐、王祥、李鹤舫提)

8. 有一段时间与颜承俊扯拉，也与董科长在宿舍犯自由主义，评这个议论那个，党代会时跑到蒋萍宿舍里议论领导。经常说局长批评他太过火，说王科长怎么不好等。另外一次还把领导决定下放郑云清的问题告诉下面，造成下面思想波动。(王承祐、吴爱琴、李鹤舫等提)

9. 蒋散布空气说我的骄傲自满是局长支持的，我向局长反映学习中的一些情况，符又说我是不应该反映的。平时我叫老符不答应叫符科长才答应。(王祥提)

10. 一次综合科开会，我因车站有货来没有参加。而符就批我:“以后发生什么事要你负责。”而符科长见我未参加自己为什么不去听听而溜回来呢?一次为我到福建搞木材并与上海交换物资的问题，符批我是“多管闲事”。(王祥提)

11. 关于科里的团结问题，一次我与符说:“王林工作不负责。”而符却把我的话告诉了王林，使王对我有意见，写了大字报。这样对团结是有影响的。

12. 符科长对上级意图贯彻上不坚决。如局务会议布置及时处理矛盾小组提出的意见，但没有很好召集大家来研究。又如对中央的《关于招用临时工人的指示》根本没有执行，而且竟采取私人拉拢的手段，按[安]置人员;再如一次局务会议决定本科要派两人到上海，符科长迟疑未决，叫别人去又不信任，自己去又怕总结没人搞，结果仍没人去。(王祥提)

13. 态度粗暴。与孤山煤矿的老刘相互大骂:“妈那屁[×]、小舅子，什么养的。”与公安厅劳改局一个经办人在电话里大骂:“叫你科长讲话，你屌毛灰。”航运局还收到符的态度不好的人民来信。对本局同志亦是这样，如对待林成荣、王哲友态度就是很粗暴。一次为解决木材问题，向孔庆和乱扣帽子说“你对抗领导”,“你不愿意干”。造成影响很坏，损害了自己威信，但符科长却说自己的威信不好是领导上造成的。(王承祐、王祥、孔庆和提)

14. 符科长在处理问题不注意方式。如今年九月份追回生铁缺少的问题上就是处理不当,结果使小河业务站对我们有意见。(张仕民)

15. 符科长工作上拖拖拉拉。在科里 20 多天不开会研究工作,有时人也不知跑到那[哪]里去了,工作找不到他。平时工作还有粗枝大叶,不负责任的现象。如去年上钢发货缺少的□□,我们发两个文两个数字,符科长也不问一下就自作主张的发出去了。另外工作上光布置不检查,如发货后发货单的开发问题就是如此。(李鹤舫,张协祥、王祥等同志意见综合)

16. 符科长的主观性很强,不虚心,对改进入仓手续的问题就没有听取同志们的意见。去年建材科总结时大家在讨论中认为符科长的工作是不踏实的,作风飘浮。事后符科长大发脾气,结果生科长把改为"领导工作缺乏具体按[安]排"(原文如此——校者注)。一次符科长出发[差]到上海,一天上办(即上海办事处——校者注)开会研究分工问题,符科长在会上主观地主张要按储运科的形式来分工,不听取上办同志们的意见,结果会议没有开成功。另外工作上不够深入。一次将角钢误运至化仙桥,自己未了解情况,却责备金属科搞错了。(钱学良、张协祥、居鹤鸣、杨淑君等提。张仕民、陈品华、程浩然也有类似意见)

17. 储运科在物资分割及运输中造成了许多损失事故,对这些事故符科长并未引起重视,而且曾自己签章送会计科报销。许多大的损失事故及仓库物资短缺情况,不向局长请示回[汇]报,这是严重的错误。(王承祐、张协祥提)

18. 上半年总结研究时,又叫曹鼎诚、张协祥等研究,后来草草地写起来,时间又急,单纯的任务观点。因此张协祥很有意见,写好后来征求我意见,我是不满的。此外以往总结自己亲手写的也很少,写好后也没有慎重讨论就上交。(王祥、郑永年提)

19. 在经济手续上满不在乎,在上海时常欠公款,据说工业厅同志托他代买东西的款也借用掉;把李鹤舫、王哲友代领的薪金也用掉不还,向陈平等借钱也长期不还。而自己却每月向银行存款 40 元。(王承祐提,杨钟英也有类似意见)

20. 不遵守劳动纪律,上[在]办公时间与他爱人出去玩。在上海工作时亦有此情况。(郑云清等提)

对王祥同志所提意见的摘录

1. 王祥来局时的表现就不甚好。如：

(1) 王祥老婆的工作问题。他的老婆是个随军家属，也没有介绍信。王祥到本局时趁自己还(没)有分配工作的时候，要求替他老婆分配工作，抓住孙主任。当主任最后替他老婆找到了工作时，王祥相反地却对孙主任有意见，还说自己老婆两个月没过组织生活了。

(2) 分配房子的问题，说明王祥无组织无纪律，当时并未通过办公室就擅自搬到原来王科长住的那间房子里去，大家意见很大。

(3) 来局后开始是分配他到金属科，但王祥认为组织上分配不妥当。在小组会上说自己从部队里转下来懊悔了，说如在部队的话可以做科长。我说你来这里不一定会做科长，他思想就苦闷。我认为这是王祥与张玉坦、符长松闹不团结的主要根源。(生杰仟提)

2. 王祥的地位观念很严重。到金属科后就向张玉坦同志介绍自己在部队里任过科长、主任等职，说自己不是一般战士，而后与张闹不团结，有争权夺利思想。王对局长宣布的张、夏、王分工的精神领会不足，好似领了圣旨一样，不与张玉坦商讨自己制订了一套业务计划，并挑挑拨拨，这里谈那里谈。到处谈科里工作怎么忙乱，认为张玉坦的历史及能力都不如自己。开起会来张布置工作王常反对，一次开科务会议还不辞而别。平时对张也是不尊重，公文自己批，不给张看，到湖南去来电话张去接搁断，写信也只给王、生科长。王祥对其他科长也看不起，如说王科长、赵洪新也没有什么了不起。(生杰仟、赵洪新、王承祐、张玉坦、杨钟英等同志意见综合)

3. 王祥与符长松的关系与张玉坦的关系是一个类型，有严重的地位观念。王从符长松学习回来后，什么事情不是协作，而是推脱，有些问题往往站在圈子外面说话。王祥的工作情绪也很不正常，思想意识是不健康的。(董服海、陈平提)

4. 反右派当中王对符为闹意见而搬出了科长室，坐到大办公室里办公，而且非常消沉，请示工作不管，符科长在否都推给符科长，外勤工作也分不好了，甚至不敢支配郑永年。一次计委开会，符不在叫王去，王说："这是符科长

的事,我不管。”(张协祥提)

5. 王祥对同志提意见不是以同志式的态度和从团结愿望出发,而是采取一棍子打死的办法,特别表现在这次放鸣中对符科长贴的大字报,如标题上写到《符长松同志你哭什么?》、《符科长你有什么见不得人的秘密》等等。(赵洪新提)

6. 我现在还认为王祥与张王坦及符科长的问题首先应从领导与被领导角度上来检查。致[至]于王祥说我挑拨离间,希望举出些事实来。我是支委,对王祥这种思想,我对他批评没错,当然我也不是说张玉坦没有缺点。王祥在会上对我这些骂,我只原谅他水平不高。(王承祐提)

7. 王祥说我给他一封信,说这封信又没有了,好象[像]给他什么密信一样。王为什么假意弄上这么一句,应该弄清楚。(王承祐提)

8. 王祥的思想有毛病,向上级汇报多谈好的方面较片面。如一次在仓库为工作我与工人吵的问题,回来汇报时只是说我吵了,实际自己也吵了。另一次为发炸药出事故,责任不明确,推来推去结果检讨还是没有写。(李鹤舫、符长松等提)

9. 王祥讲生科长有挑拨离间,用组织委员的身分来压人,说张玉坦有报复情绪等。这些话都是有毛病的。(生杰仟提)

10. 王祥的工作情绪一直是忽高忽低的,分割单的工作搞了一下又不搞了。一次科务会议,意见事先我、王祥、李主任三人研究好的,但后来张仕民有意见了。王向领导汇报却说“符科长的主观已遭到群众一致反对”。又如对总结问题,定稿前不发表意见,定稿又有意见。(符长松提)

11. 王祥的主观性很强,独断独行。表现在:煤炭发运计划的工作,本系储运科业务,但王却擅自决定不干;又如关于煤建公司叫我们转知用料单位警惕煤中夹有雷管,王祥也不拟公文。一次和工业厅打电话时还摔电话机。(赵洪新、孙家瑜等提)

12. 去福建订木材的问题,事先未征得领导同意,自己业务又生疏。在那边就擅自决定订下本省可以解决的300M3 杉元木,而且事后还叫会计科汇去5 000 元给人家用了100 多天。(陈品华、薛在善提)

13. 王祥去湖南丢失了四张介绍信,事后亦未作检讨。(罗以东提)

14. 王祥同志不遵守劳动纪律,工作时间出去洗澡、理发。(徐道存等提)

图书在版编目(CIP)数据

中国当代民间史料集刊.3/ 华东师范大学中国当代史研究中心编.—上海：东方出版中心，2011.10(2025.6 重印)
ISBN 978-7-5473-0281-1

Ⅰ.①中… Ⅱ.①华… Ⅲ.①中国-现代史-史料 Ⅳ.①K270.6

中国版本图书馆 CIP 数据核字(2010)第 247836 号

中国当代民间史料集刊.3

出版发行：东方出版中心
地　　址：上海市仙霞路 345 号
电　　话：021-62417400
邮政编码：200336
经　　销：全国新华书店
印　　刷：上海万卷印刷股份有限公司
开　　本：710×1020 毫米 1/16
字　　数：300 千
印　　张：20
版　　次：2011 年 10 月第 1 版 2025 年 6 月第 3 次印刷
ISBN 978-7-5473-0281-1
定　　价：68.00 元